U0106292

我和我的角色

濮存昕 著

坐，喝點兒茶，聊點兒什麼吧。

嚯，快七十了，歲齡比我演過的李白、曹操、弘一法師、魯迅都大了。

我生於一九五三年，那一年斯大林去世；在我出生前幾天，《朝鮮停戰協定》在板門店簽訂，在上甘嶺犧牲了多少烈士；新中國發展國民經濟"第一個五年計劃"開始了頭一年。

現在二〇二三年開始了。我幹演員四十多年了，快謝幕了，像老前輩們一樣……

目錄

有記者採訪我父親蘇民，說："大家都稱濮存昕心靜如水淡如菊，您怎麼看？" 我父親坦言："良好的家風使然。"

清白吏子孫

第一章

据我父亲讲，我爷爷从不置房产，意在不给儿女后辈留下不孝孽债。他非常知道老年间家族传承兴衰中间的教训，他也许是警惕这个东西。我父亲当年干革命是跟着我四大爷，但我爷爷不愿意和我四大爷住在一起，所以解放后他就跟着我父亲住，住在我母亲的单位中国银行的宿舍。当时按照人口分的，还算宽裕。我母亲人很好，我父亲人也挺好，爷爷愿意跟着他们过。

我爷爷个儿很高、又很清瘦，留着一撮胡子。他不苟言笑，我基本没见他笑过，他喜静，总有一种自持，写诗抄诗消磨时间。我爷爷穿的是老式的衣服，冬夏穿一样，里面空的裹脚布要厚一点才能把它给撑起来，在裹脚、裹完脚再穿着袜套。所以说我觉得我爷爷是一个旧式文人。

我爷爷从不打我，他要是教训我的话，只是卷起报纸打我屁股，那就算很厉害了。我记得他曾经在北新桥给我买过一双皮鞋，因为我父亲特意嘱咐说要买大一点，这样能多穿一年，所以我穿着那双鞋走得磕磕绊绊，我爷爷就老是在那里不高兴的样子，他总怕我摔跤，就一路上几次三番把我拎起来，说："买这么大的鞋子，孩子怎么走路。"那时候都那样，做衣服也要做大一点儿，要多窝边，生活要勤俭。

我小时候跟着奶奶睡觉，早晨一起来常看见她坐着念经，摇摇晃晃地念。她老在那念，我们也不知道她在干嘛。她给我们准备的最好吃的早餐就是用桃酥泡成的粥，我小时候觉得那是最好吃的东西。我奶奶拿桃酥用水稍稍泡一下，稠一点儿，当粥喝。早上要是吃这个，就说明我奶奶心里高兴。隔三差五的，我们喝点儿这种稀糊。二十世纪五十年代我奶奶去世了，她后来甲状腺肿大，脖子很大。她去得早。

一年之后我们去给奶奶上坟，为了这件事我爷爷生了气。当时我四大爷是装甲兵政治部主任，是师级干部，我们就从他家出发往八宝山走。那时候哪儿有公共汽车呀，路旁也没有那么多房子，甚至没有柏油马路，我们就一直走。我爷爷一个人很生气地走在最前面，所有人都跟在他后面。那时候我很小不懂事，但我知道爷爷生气了。多年后我曾经问过为什么当时爷爷生气，我又仿佛记得我父亲说是他们反正都觉得要移风易俗，只鞠躬就行，可爷爷坚持要按老式祭扫方式做，要烧纸钱。关于这个在家里没说通，所以一路上就不高兴地走，爷爷走在前面，不说话，非常生气，别人都在后面跟着。四五站的路程，我小，走得很累

一　古度老人

我們濮家祖上的事我了解得不多，知道是書香門第，家學淵源。同治乙丑年（一八六五），濮家出了"一榜雙進士"，就是兩個人同時榜上有名，皇上便賜了一方玉章。濮家立了祠堂，以祠堂匾上的十六字對聯為家譜：世守賢良思存方正，敬承德蔭克振家聲。可到了獨生子女時代，家譜這種傳代的排序漸漸少了。我們家族大概到正字輩以後就很少再有排名了。我們濮家曾是大家族，分佈各地，有在江蘇的，有在河南和山東的，還有在四川的。濮家還和巴金先生有淵源。巴金原名李堯棠，濮家和李家早年有聯姻。巴金的奶奶姓濮，是我們濮家人嫁到李家去的。巴金先生童年受他奶奶的影響很深，最初的識字始於奶奶的啟蒙。巴金小說《家》裏的"覺新"角色原型是

這張照片是我父親三四歲時拍的全家合影，最小的男孩是我父親

我的爺爺　　　　　　　　　　　　　　印章 "清白吏子孫"

他的大哥 —— 李堯枚，他大哥的兒子李致是原四川省委宣傳部副部長，論排行我與他還是同輩人。七十年代末、八十年代初，巴金先生的書和《曹禺戲劇集》在李致部長的主持下於四川出版。

一九五一年抗美援朝時，我爺爺把皇上賜的那方玉章捐給了政府，由此我爺爺被稱為 "開明紳士"，一九五四年或一九五五年他還當過東城區人民代表，對他是很高的榮譽了。

我家祖上還有一枚印章，刻有 "清白吏子孫" 五個字。這枚印章是我們濮家家傳的，我父親在《藝術人生》節目中講過這枚章。"清白吏子孫" 直譯是 "清白吏的子孫"，可以理解為 "做清白吏才能夠利及子孫"。這句話挺棒的，而且這章也刻得很好。關於這枚章，還有一個故事。我爺爺把它傳給了我父親，曾經就放在我父親的書桌抽屜裏。我父親走後，我特意把 "清白吏子孫" 這枚章保存好，我很在意它。那年，尚長榮先生來北京，在梅蘭芳大劇院講京劇傳承，我要去幫襯，就拿著這枚章去了。我沒帶包，就直接裝在兜裏頭。沒想到我拿的時候順手一帶，這章掉在地上，從中間斷成了兩截。

我心裏"噔"的一下——傳家的東西被我給瓶了！請玉石大師蘇晉雲先生幫我修復。他用骨粉什麼的，以傳統工藝把瓶的部位粘接上了，說："這東西太寶貴了，一定要保存好。"可是就這麼邪門，我想放在家裏收藏好，可直到現在也不知道它藏在哪兒掖在哪兒了，一直就沒找到。那盒套我都知道是什麼色什麼樣的，但就是找不到。我在家裏頭翻啊翻啊，火上來，舌頭都要起泡了。我想總有一天會找到的，它肯定在家裏。蘇大師還幫我原模原樣地又刻了章，他是大師，刻得是一模一樣。原來的章是壽山石，有一些芙蓉的紋路。蘇大師找了個相近的石料。上面的獨角獸也是原模原樣的，整體比較接近於原來的樣子，挺好的。但是那枚章找不著，我心裏一直有負罪感。我冥冥之中就覺得這是我父親對我的不滿意，這件事一直壓在我的心裏。

蘇大師複刻的"清白吏子孫"章就在我的書桌上，我時常看著它，便會想到我爺爺。我爺爺是十六字家譜中的良字輩，叫濮良至，字青蔬。他是光緒年間山東大學堂早期畢業生，在北洋軍閥時期出任過江西財政廳廳長，後來到遼寧的綏中縣做過縣長，當時正在賑災，他做縣長的時間很短，大概只有兩個月，我猜想可能因為他做縣長的時候日本人正在侵略東三省。後來他辭職到了北平。爺爺從政期間的記錄一直都很清廉。我聽說新中國成立後我爺爺的身份曾經可以被評定為偽官吏，但是他一直平安無事。按我父親講給我的話，爺爺任縣長時是很清廉的，而且只有兩個月就離開了。從這當中能夠猜測到他的人生態度。

我爺爺的齋號是"古度老人"，"古度"即無花果，無慾功名，有清高之情愫。四十年代我爺爺辭職後便賦閒在家，以變賣字畫為生，拉扯著一家人。家裏現在還有他留下來的王雪濤的《雞冠花》，枝幹挺拔，素淨極了。

據我父親講，我爺爺從不置房產，意在不給兒女後輩留下不孝孽債。他非常知道老式年間家族傳承興衰中間的教訓，他也許是警惕這個東西，所以新中國成立後他就跟著我父親住，住在我母親所在的銀行分配的宿舍。當時按照人口分的，還算寬綽。爺爺願意跟著他們過。

我爺爺個兒高，很清瘦，留著一撮鬍子。他不苟言笑，我基本沒見他笑過，他喜靜，寫詩抄詩度日。我記得冬天爺爺穿的是老式的棉袍，穿一雙氈鞋，裹腳布要厚一點才能把它給撐起來。

我爺爺是喜歡我的，他要是教訓我的話，只是捲起報紙打我屁股，那就算很厲害了。我記得他曾經在北新橋給我買過一雙皮鞋，因為我父親特意囑咐說要買大一點，這樣能多穿一年，所以我穿著那雙鞋走得磕磕絆絆。他總怕我摔跤，一路上幾次三番把我拎起來，說："買這麼大的鞋子，孩子怎麼走路。"那時候都這樣，做衣服也要多窩邊，做大一點，穿合身了也舊了，生活要勤儉。

我小時候跟著奶奶睡覺，早晨一起來常看見她坐著唸經，搖搖晃晃在那兒唸，我們也不知道她在幹嗎。她給我們準備的最好吃的早餐，就是用桃酥泡成的白米粥。隔三岔五地，早上要是吃這個，就說明我奶奶心裏高興。二十世紀五十年代我奶奶去世了，她患甲狀腺腫大，所以脖子很大。她去世比我爺爺早。

我的奶奶

一年之後我們去給奶奶上墳，為了這件事我爺爺生了氣。當時我四大伯是裝甲兵政治部主任，是師級幹部，我們就從他家出發往八寶山走。那時候哪兒有公共汽車呀，路旁也沒有現在這麼多房子，甚至沒有柏油馬路，我們就一直走。我爺爺一個人走在最前面，那時候我很小不懂事，但我知道爺爺生氣了。多年後我曾經問過為什麼，我記得我父親說是他們都覺得要移風易俗，只鞠躬就行，可爺爺堅持要按老式祭掃方式，要燒紙錢什麼的。在家裏沒說通，所以一路上就不高興地走，爺爺走在前面，不說話，別人都在後面跟著。四五站的路程，我小，走得很累很累。

我家在東城的內務部街。內務部街，顧名思義，是北洋政府的內務部所在，美其名曰"街"，並不走公交車，只是條胡同，現在是條只能單行的胡同。這條胡同裏有著名的北京二中，有時胡同還來小汽車，因為巴基斯坦大使館在胡同中間，時常會有外事活動，大夥就看新鮮。姜文拍的電影《陽光燦爛的日子》中的總政五號大院，就在這條胡同的東口，我家在胡同的西口第一個門，那也是我人生的起點。打從記事起，我家就在那兒，內務部街三十六號。那是個日式的兩層小樓，大概曾經是個日本人開的咖啡店，東山牆上留有廣告舊跡，一九四九年後是我母親所在的銀行宿舍。五十年代爺爺奶奶和我們都住在那裏，我們和爺爺奶奶一間，我奶奶因為要帶我和我姐就睡在雙人床，我爺爺睡一單人床，我父親我母親住在另一間。外邊還有個小陽台。我家住樓上，樓下還有兩家——李大爺和田大爺，都是我母親在銀行的同事。李大爺原來給銀行做飯，會做西餐，後來去東德大使館做飯。田大爺一直在銀行工作。那個日式小樓裏就住著我們三家。

改革開放初期，大夥兒都做櫃子，比如大衣櫃、組合櫃，可我爺爺那年頭的組合櫃是裝書的木箱，可以摞起來。我爺爺的書箱就是個老式的組合櫃，上有"古度齋藏書"幾個字。書箱裏有《資治通鑒》、全套《三希堂法帖》，還有他抄的詩和寫的詩。不過我小時候天賦一般，學習成績不太好。

我爺爺一九六〇年去世。他把書箱留給我父親了，現在還在我父母的房

我爺爺的書箱

子裏。

　　大概是因為我爺爺留下的印象，我對二十世紀初的舊式年間家族文化有
體會。比如《家》這部話劇是曹禺先生根據巴金的小說《家》改編的，我演
長子覺新。體會那個年代的生活挺難的，包括解釋梅表姐和瑞珏之間的關
係，但是我對這些有些感覺——穿上長衫大褂，往那兒一坐，我心裏就會想
到我爺爺年輕時會怎樣，他也是大家族的長子。第一幕要演覺新抉擇時的那
種慌張，被媒妁之言的婚姻弄得緊張得不行，倆弟弟攛掇他快逃，逃跑不就
完了嗎？但是他不敢逃，因為祖輩在這兒，家族文化在這兒，他就忍著。在
巴金筆下，這個大哥擔當著家族的延續，他必須忍字當頭，所以巴金敬重這
個大哥，因為他得扛住這個家族的傳承，放兩個弟弟走，支持兩個弟弟去追
求光明，而他自己讓家族、讓老太爺不失望，以孝悌之心對待兄弟和長輩。
他心裏雖有新青年之向往，但卻有超越不了的那個時代的局限性。

二　從“沙龍劇團”到人藝

　　一九四二年夏天，北平男三中一名學生從家裏拿出兩塊大五幅布，加上
一批便宜木材，和幾個同伴動手，製作了一套藍色、咖啡色的小佈景。這個
小舞台使得一群愛好話劇的學生聚在一起。這個三中的男學生叫濮思洵，當
時十六歲，他就是我的父親。巧的是，十六歲的父親開啟了自己的話劇表演
生涯，後來十六歲的我也面臨著一段不尋常的人生經歷。

　　“濮思洵”這個名字是按家譜起的，父親是第五代，思字輩。取“洵”字
有仰慕歐陽詢、蘇洵之意。關於我父親，大家更熟悉的不是“濮思洵”這個
名字，而是“蘇民”，其實這是他的字，姓名是父母定的，字是文筆代稱。當
時出於地下工作的需要，他以字代名，既有“江蘇人民”的意思，也有“蘇
聯人民”的意思，還有“甦醒人民”的意思。就這樣一直沿用下來。在他的
戶口本上，戶主欄裏寫著“蘇民”，曾用名那一欄裏寫著“濮思洵”。

　　當時話劇被稱為“文明戲”，自西方引進，完全有別於中國傳統戲曲，在
這群年輕人心中是全新的藝術情操。暑假學校聯歡會上，他們第一次登上舞

台，表演了田漢的《藝術家》和《獲虎之夜》，由北京大學法學院的學生鄭天健導演。演出效果很好，於是鄭導演提議趁熱打鐵，成立劇團，並取了個很洋氣的名字——沙龍。沙龍劇團走出象牙塔，以進步話劇啟迪普通民眾。之後，沙龍劇團不斷擴大，成員來自六個學校，先是發展為祖國劇團，最後組建了北平戲劇聯合會，不斷在青年中擴大共產黨的影響。沙龍劇團的這名創辦人鄭天健導演就是我姨父，新中國成立後他支援廣西去了，在那裏他導演了最早的歌劇《劉三姐》，後來拍了電影。于是之老師年輕時也在那個劇團，他是由我的父親介紹入團的。後來他寫過一篇《我和祖國劇團》的文章，記錄了"苦，但快樂著"的那段生活，他寫道："回憶起來，覺得大家都很天真，過著這樣的日子還都不改其樂，還能夠非常熱烈地在沙龍咖啡店小樓上開會，討論劇團未來的組織機構，使我這個困難戶也能樂而忘憂。"

自從北京人藝建院，我父親就成為職業話劇演員，再沒有離開過人藝。建院之初，他被送到中央戲劇學院導演師資進修班學習，由蘇聯專家教了兩年，學習斯坦尼斯拉夫斯基表演體系。他認真學習，得到了蘇聯專家的認可，畢業時演了《偽君子》中的第一大主角。從師資進修班回到人藝後，我父親演了曹禺先生的名劇《雷雨》，飾演大少爺周萍，這個角色他從三十歲演到五十多歲。

一九六一年十月，北京人藝第一次組織全國範圍的巡迴公演，第一站是攜《蔡文姬》《伊索》《同志，你走錯了路》三個劇目赴上海演出，轟動華東。我父親後來回憶說："那可是一段風光的日子。"他先後在《蔡文姬》中扮演周進，在《雷雨》中扮演周萍。後來人藝復排這兩齣劇時，隨著年齡變化我在《蔡文姬》中飾演過董祀，幾年後又演了曹操，在《雷雨》中演過周萍和周樸園。

我父親曾經擔任北京人民藝術劇院副院長，二〇〇四年獲中國話劇藝術研究會"金獅終身成就獎"。年輕的時候他在《雷雨》《蔡文姬》《智者千慮，必有一失》《膽劍篇》等劇中擔綱主演，後來兼做導演，執導了《王昭君》《李白》《虎符》《天之驕子》等劇。到晚年，他在總結人藝舞台實踐、編研戲劇理論方面花了不少精力，比如他主持撰寫了《論焦菊隱導演學派》。焦先生是學貫中西的一個大家，劇院裏許多經典保留劇目都是他導演的。他在歐洲留學四年，回到北京開創了中華戲校，由此戲曲從科班變成學校了。京劇前輩李世濟他們都是這一撥人。焦先生後來是北京人藝的總導演，雖然他並不是劇院的行政領導，但所有排戲的主要意見都是向他徵求，包括夏淳排《雷雨》的時候，也是請焦先生提意見。焦先生有一種戲劇創新的能量，永不停歇，他創造性地提出中國話劇民族化的方向。我父親非常敬重焦先生，他曾是焦先生導演辦公室副主任。大概二〇一六年的時候，解璽璋打電話告訴我有拍賣公司在拍賣焦先生的東西，只預展三天，問我去不去看看。我就讓我的朋友和我媳婦去看，他們告訴我一共有六捆東西。北京人藝有博物館，而且是全中國唯一的戲劇博物館。得知焦先生的東西

父親寫的自題詩

要拍賣後，我跟人藝匯報了。劇院和博物館說想要這些東西，但是一時拿不出錢，也不許挪用資金，那就先由我拍吧，院裏按照正常手續向市裏申請資金，下一年再還給我。他們問我大概多少錢，我說還真不知道。劇院說這筆支出最高不能超過二十萬，最後還真就沒有超過二十萬，八九不離十。當時的起拍價接近十萬，我挑了其中和北京人藝有關的東西，比如焦先生給北京人藝同行的信，或者是跟北京人藝有關係的信札，包括焦先生給《雷雨》劇組的信。還有焦先生的出國護照、留學法國的學生證、歐洲旅行的各種證件、北京師範大學的任命書。

　　人藝建院一年後我出生，何冰開玩笑說我是"人藝的長子"。我的名字是我爺爺敲定的。按家譜到我這兒是存字輩。我姐姐叫濮存曄，我弟弟叫濮存明，我叫濮存昕，都和光有關係。

　　特別有意思，六十年代，"破四舊""立四新"，我姐姐參加紅衛兵，出主意把我們姐弟三個的名字改為革命的名字，她叫濮永紅，我叫濮永革，我弟弟叫濮永兵。後來復課又該上學了，到派出所想改回來，警察叔叔不幹，誰叫你們瞎鬧的。我父親出面才又恢復了存字輩原名。只是也許是性格使然，我姐把

"存"字去了。從我這兒再往下就是方字輩的，要是男孩就得在"方"後面再加一個字，我就給我們家女兒起名濮方，不用再想那麼多有寓意的字了。

我上小學三四年級的時候，學校曾經請我父親到校做報告。那是個夏天，我正在操場上玩，就看到校長引著我父親走向禮堂。他那時剛剛在中央人民廣播電台朗誦過長篇小說《紅岩》，那段時間電台每天中午十二點半的小說連續廣播節目中，總傳出我父親朗朗的播音。我也是在那時知道了江姐、許雲峰這些英雄的名字。學校請他來做革命烈士主題報告，聽講的都是老師和高年級同學。我在禮堂外，他在台上講，台下傳出一陣陣的掌聲。第二天很多同學問："昨天做報告的是你爸爸嗎？" 我表面裝得沒什麼，心裏卻樂開了花 —— 享受著作為演員的兒子被關注的榮耀。

當年我父親有一身西裝，淡藍色，還有頂禮帽，出席活動時他就穿這一身，像電影《紅色娘子軍》中喬裝打扮的洪常青。即使作為孩子旁觀，我也隱隱能感到，父親在劇院是個受尊重的人。他說話大家都會豎耳去聽，在親戚聚會的場合，他往往是中心人物，大家都願意聽他講人藝、講演戲的事情。

我跟著父親在劇院長大，看戲於我而言和吃飯、睡覺一樣，是生活的日常。雖然小時候看戲似懂非懂，但"戲比天大"四個字很早就刻在了我的心裏。"戲比天大"，不僅在劇院，也在我家裏。父親在家裏是絕對的"太陽"，家裏無論什麼事，都要以劇院的事、演出的事為中心，都不能影響父親晚上演戲。只要父親晚上有戲，家裏一下午誰也不能大聲說話，他得睡午覺。

我父親在人藝工作，母親在銀行工作，可家裏的話題永遠是戲。有一回，我父親一進門就哈哈笑個不停。笑什麼呢？原來那天他在俄國名劇《智者千慮，必有一失》中演男主角，呂齊伯伯演男爵將軍，演戲時吊杆上的燈泡突然炸了，呂齊伯伯嚇得一激靈，後半段台詞吭哧半天才接上，惹得台下觀眾一陣笑，甚至到他下次再上場，有些觀眾還止不住地笑。我父親在劇院沒笑夠，回來又跟我母親學，學著學著又開始笑。這就是演員家庭的生活，好多劇院的樂子會自動灌到耳朵眼兒裏。

父親常帶我去人藝食堂吃飯。二十世紀六十年代初，家家戶戶生活都精打細算。人藝食堂物美價廉，不到兩毛錢吃一頓飯，而且那兒的飯比家裏的好吃，所以我喜歡跟父親到人藝食堂吃飯。去了就有人跟我父親打招呼："你好。哦，這是昕昕，又長高了啊。"一來二去，我認識了許許多多演員叔叔和演員阿姨。再有就是到劇院洗澡。那個年代家裏沒條件，就藉父親演出的機會去劇院洗。這當然算走後門，按規定是不許的，劇場後台有個姚大大，人特別好，再平凡的事都認真對待，細心周到，人藝有許多這樣了不起的工作人員。姚大大特別喜歡孩子，我每次去，他都笑呵呵地胡嚕一下我的腦袋，我就進去了。小時候我還去過老北京的澡堂洗澡，清華池、寶泉堂，都在燈市口附近。那些大澡堂花一毛錢就能洗，如果來得早，洗完澡還有床可以歇著，還有搓澡的。很多很多年以後，我拍了電影《洗澡》，拍攝現場在大紅門附近一個將被拆的老式澡堂，很像我小時候曾經去過的寶泉堂。寶泉堂原址就在金寶街口上，現在是一個富麗堂皇的酒店。電影《洗澡》上映的時候，那個老式澡堂已被拆了，也許那是北京最後一個老澡堂。

父親給我洗完澡就上台，我就賴在後台化妝間玩。我特別喜歡道具間，裏面有戰爭戲裏用的各式道具槍。那時人藝的道具槍可都是真的，只是沒撞針。長槍、衝鋒槍甚至還有日式歪把子機槍，我都拿不動。玩多了，看會了，就特想有一把屬於自己的槍，於是我就找了一塊大小差不多的木頭，硬是做出一把小手槍，還用銼刀把彈槽銼出來，手柄上刮出些魚尾紋，墨汁刷黑。總之弄得像那麼回事兒，揣在兜裏，好像有膽兒誰都不怕，跟李向陽似的，挺得意。小時候家裏沒有空調，夏天一熱，我就願意跑到首都劇場，前廳陰涼，在裏面玩捉迷藏，玩得餓了，仰頭一看，劇場天花板上白色的頂棚、包牆的大理石上面那白色的雕塑花紋，就像奶油蛋糕上的那層裱花，讓人有點兒饞。

　　人藝的演員和導演們常在我家聚集一堂，父親和他們談劇本、聊創作。大人們高談闊論，年幼的我就守在旁邊聽，看著他們對話劇癡迷、費心琢磨的樣子。多少年後，我有幸聆聽了英若誠先生的最後一場朗誦，不禁回憶起當年他在我家與我父親、梁秉堃一同創作劇本《剛果風雷》時的情景。那是一個關於世界革命題材的戲，為了支持布拉柴維爾剛果（布）人民的反帝鬥爭。他們三個編劇在我家沒白天沒黑夜地聊劇本，抽著煙，喝著小酒。我在一旁東串串西跑跑，聽不懂他們在談什麼。我大舅是水利專家，那時正好援非剛回國，大舅拿來好多在贊比亞拍的照片，三個編劇如獲至寶，豐富了很多創作構想。戲排練時我看了，記住了一些好玩兒的事，比如跳非洲舞。那時誰知道非洲舞怎麼跳？跳著跳著就有人把腰扭了，或者把胯傷了……

　　在人藝，這種樂子真是看也看不完。看《三塊錢國幣》，最有趣的是朱旭老師摔花瓶，演一場就碎一個。記憶中花瓶很大很精緻，可後來我長大了在人藝當了演員，看到博物館中的劇照，花瓶很小，也不太好看。可當時我坐在台下就想，這麼好的花瓶，得碎多少個啊？《祖國萬歲》裏的大炮，那真叫個像。《南方來信》中劉駿阿姨演潛伏在南越傀儡軍內部的女兵，穿美式掐腰軍裝、筒裙、絲襪、高跟鞋，戴船形帽，那時真沒見過這麼高的高跟鞋，劉駿阿姨還燙著頭髮，塗著眼圈，多新鮮呀，多好看呀！戲看多了，自然會模仿。小學四年級的我，看了我父親演的亞·奧斯特洛夫斯基的《智者千慮，必有一失》。我其實懵懵懂懂的，在學校課間的時候，我學著戲裏王公貴族向小姐求婚的動作，右手畫倆圈，再往前一伸，就向一個女同學單膝跪下

全家福

了："啊，我愛你！"同學們一下子嘩然了，"臭流氓""臭流氓"的一通大叫。老實說，"流氓"這個惡名使我難受了好一段時間。這就是戲的影響。不知不覺中，戲劇這些幻化的東西，連同一些感官記憶，已經一點一點地浸入我的血液與肌體。我現在的化妝間就是我父親當年用過的化妝間。那時的化妝品大概是用植物油調出來的，老年間卸妝用的像是香油，香味彌漫著整個後台，現在的化妝間裏，沒有了這種氣味。

我第一次化妝用的就是我父親從人藝拿回來的油彩。那是我小學四年級的時候，父親用油彩，用京劇勾臉的畫法，先給我弟弟化成孫悟空，再給我姐姐化了個花旦，我被化了小生妝。第一次上妝，心裏那叫興奮。我們三個趴在二樓窗前，惹得胡同過路的人都仰臉看。美了一天，直到睡覺前才捨得把妝卸掉。等正式在舞台上化油彩的時候，我已經當知青在千里之外的黑龍江上演樣板戲了。

我父親的習慣是演出前不進食，所以我常常承擔送飯的任務。在化妝間通向舞台的長廊裏有條黑黑的甬道，這條甬道不准小孩子進，我去送飯的時候就常常站在這條神秘甬道的入口等父親，我知道甬道的盡頭就是充滿燈光的輝煌舞台，那是一個圍繞著光環的謎。

三 《烈火金鋼》小粉絲

雖然是人藝的孩子，演員夢卻不是從小就有的，我曾經是個瘸子。我兩歲時得過小兒麻痹症，學名叫脊髓灰質炎，是一種病毒性傳染病，會導致神經性的肌肉萎縮。在我們那個年代，還沒有研究出預防這個病的疫苗。兩歲時，我在幼兒園出現了發燒感冒的症狀，機警的老師想到我床邊的一個女孩剛確診小兒麻痹症，趕緊把我送去醫院檢查，結果還真是這個病，好在因為發現及時，治療還見效。北大醫院正在研究中西醫結合治療的方法，我算走運，治了四十來天，病情算是給控制住了。塞翁失馬，福禍相倚。我作為成功案例"觸電"上了鏡，新聞電影製片廠拍了我康復的新聞紀錄片。兩歲上鏡，是不是這輩子當演員的兆頭？可惜現在膠片找不到了。

雖然我沒有就此癱瘓下去，但也不算全治好，留下左後腳跟著不了地的缺陷。出院時醫生說，只能等孩子發育到一定歲數再做整形手術。所以，在幼兒園階段，我只能踮著腳走路。我當時在宣外大街西側的人民銀行康樂里幼兒園上全託，很少能回家。關於幼兒園，我的記憶不多，只記得有個女老師挺漂亮，愛美，穿有跟的紅皮鞋，我喜歡看她坐在那兒伸出的好看的腳。她對我很照顧，老帶著我曬太陽。

但到了小學就有點兒麻煩了。小學就在內務部街相鄰的史家胡同，據說這條胡同以抗清英雄史可法家的祠堂命名，我上的史家小學就建於這座祠堂的舊址，北京人藝的宿舍院兒也在這條胡同。人藝子弟全在史家小學上學。誰的爸爸、媽媽演哪齣戲，扮什麼角色，學校老師都門兒清。學校還經常請人藝演員到學校做報告，我父親也是受邀的演員之一。

一上小學，我就得了"濮瘸子"的外號。我不能腳踩平地走路，上體育課接力跑，沒有人願意帶既不能跑又不能跳的我入夥，所有人都拒絕我："不要他，不要他，要不我們肯定會輸。"我聽了又生氣又傷心，無奈只能在操場的台階上看他們開心地奔跑，羨慕他們，也恨自己的命運，甚至埋怨父母讓我得了這個病。學校有些光榮的事也沒我的份兒，比如國家外事活動給外賓獻花。我唯一能做的就是鍛煉。我父親說他有一次透過窗戶看我拄拐上學，一出樓門，我就把書包往胸前一挾，收起拐杖，鍛煉用壞腿走路，他很心疼。大概五十年後，我參加了一個在雲南大山裏拍的電視節目《同一堂課》，遇到一個被同學們嘲笑的女孩，她的頭髮被父母剪得短短的，大家都叫她"男人婆"。她很想參加節目，鼓起了勇氣來報名，但是小夥伴們笑話她，使她緊張得說不出話來，她很難過。我摸著她的頭看著她，就像看到當年的自己 —— 九歲之前我拄著拐杖走路，被人嫌棄，自尊心被傷害，曾經達到想自殺的地步。我對她說："很多得世界冠軍的女運動員都是短頭髮，不要理他們。"她聽了之後笑得真燦爛。那一刻，我想我也體會到了父親當年的心疼。

父母因為我的腿疾一直很內疚。小學三年級的時候，我做了整形手術，是積水潭醫院的榮國威大夫幫我做的。拆完全包的固定石膏一看，腳能放平些了，腳跟著了地了，剎那間，我知道我可以裝得與常人無異了。打那以後我就拼命校正自己，走路時盡量把步子走穩，好讓別人看不出來。二〇一九年，我參加央視的《朗讀者》節目，讀了一段老舍先生的《宗月大師》，以老舍先生對宗月大師的感恩之情表達我對榮大夫的感恩之情，榮大夫是第一個幫助我改變命運的人。沒有榮大夫，我這個殘疾的孩子的人生一定是要改寫的。榮大夫為我做了手術之後，我慢慢開始跑，還慢慢開始打球，喜歡各種體育活動，什麼都會點兒，以至到今天仍是個滑雪、馬術運動的愛好者，而且在舞台上演到今天。

雖然做了手術，但"濮瘸子"的外號仍然在叫著。於是我盼望著上中學，換一個地方，換一撥同學，甩掉"濮瘸子"的外號。但是手術後，兩條腿力量還是不一樣，我平時走路可以讓人看不出來，但快走或跑起來還是露餡兒。同學說："你走道怎麼還不太穩當？"我說："沒有呀，是地不平。""地不平"又成了我的第二個外號。沒辦法，我仍舊刻苦地練病腿，讓它變得有勁兒。可以說，在一生中，我的注意力就在這條腿上，在學校時為了練腿我參加各種運動。人家不讓我加入，我就在邊上等著，一逮著缺人的機會我就上。我甚至去和女生玩跳皮筋，那是男孩子一般不玩的遊戲，女生們歡迎我參加，因為我個兒高、腿又長又軟，"大舉"的時候別人夠不著，我一抬腿就夠著了。總之，我就是想多參與，因為不行，所以特別想顯得自己行。

我還敢跳房呢！那時我們家小樓伸出一個陽台，陽台下面一邊是樓下李奶奶家住的屋子，另一邊是我們小學校的後院。一次上學要遲到，我就從陽台上翻到學校平房的屋簷上往下跳，下巴頂到了膝蓋上，差點兒沒把舌頭咬下來。太懸了，一想都後怕。騎自行車也出過好幾檔子事。之所以常騎車還撒歡，就是想模仿《烈火金鋼》裏的肖飛買藥，想象自己騎著三槍牌單車、腰間別著二十響駁殼槍，還戴著禮帽，整個一孤膽英雄。我騎的是母親的女車，車牌上有個鑽石圖案，據說是德國貨，倒輪閘，閘靈極了，小孩子手小，捏不好手閘，正好倒腳蹬子來剎車，倍兒管用。如此苦練車技，就是為了和胡同裏的孩子比試比試。人騎在自行車上，腿不好看不出來。你腿好，論騎車，你還未必得過我。剛學會騎車那陣子，癮大，我都騎瘋了，後來還敢手撒把地騎，兜風的範圍也越來越廣，順著原來環行四路汽車線兜一圈北京內城都沒問題！這樣瘋騎，出事也就難免，有一次因為騎得太猛，人和車追尾，撞到卡車拉的腳手架上，險些送命。回來也不敢跟家裏人說，暗自胸口疼了好幾天。

這都是小時候的淘氣事兒。也
虧著淘，自卑心反而沒那麼強烈，
即使是在體育課上跑接力賽，人家
不要我參加，恨得我牙根癢癢，可
睡一覺，又沒心沒肺地玩開了。後
來想想，小時候多吃點兒苦、遇
點兒難，後頭的苦和難就不在話
下了。多少年後，我媳婦說了一
句話讓我一直記著："多虧你腿不
大好，要不你不知會怎麼狂呢。"
我一琢磨，她這是誇我呢，說明
我別的方面都優越呀。

我一直喜歡騎自行車，在交通擁擠的城區，騎車
有時更方便

※　　　※　　　※

我這一生從內務部街開始，沒離開過燈市口，上小學和中學都在這裏，
誰想我後來的媳婦家住燈市西口，空政話劇團也在燈市口，自然結婚後也住
在燈市口，最後我工作的人藝在燈市西口以北兩百米，再後來我買的房子在
離燈市口很近的東四。說來說去，我這一輩子，離不開燈市口了。

一九六六年我十三歲，小學畢業。我們這個年級的人統稱"六九屆"。那是個特殊的年代，廢除了六年級畢業考試，停了課，我的實際學歷就一直定格在那裏了。三年後我主動要求註銷了北京戶口，去了北大荒。

第二章

熱血的少年

接保险。人多，又让家长来，书说在学校领导队的引导下走向胡同口。到了说家门小楼下，招眼看之窗户没说母亲没露来。心里还挺高兴，说是怕她知就说母亲在生说弟弟那年，被划为右派，新了她无下放到山东劳动？她那时患了神精官能症我情失控进医院。她事在家因小事发失，一定得的。现在我带了她那是在单位受了委曲回去要证明事之自己对，要把不痛快发出来，可惜树小，很抗拒，不喜欢，这中是我很远走高飞理。我收回目光，以为并不会见到她了，可胸上了那时很高纲的捷克大芸车，长同学嘻闹呢

一　錯失合唱《東方紅》

我在小學是文藝積極分子。畢竟是演員的孩子，在學校裏經常演各種小節目，背背詩歌之類的，還參加過北京市少年兒童合唱團。記得是一九六四年，我們史家小學合唱團加入市少兒合唱團，為革命史詩《東方紅》唱節目尾聲的《我們是共產主義接班人》。那是我第一次到人民大會堂，在孩子眼中這殿堂更宏偉了，還有這麼多專業團體的叔叔阿姨在休息廳練節目。我們規定了紀律，不許亂串，集中在一個廳裏等待最後一個節目上場。我趁著上廁所在別的廳的門口看了一會兒叔叔阿姨們排練，沒有及時歸隊，被開除了。

可過了幾個月，傍晚，我父親和母親也許有別的事，一進家門，拿著一張《東方紅》大歌舞的票問我和我姐誰做完了功課，我說我做完了，我姐沒做完，票被我拿到了。我趕緊扒了口飯，騎自行車到了人民大會堂，從高聳的台階一階階地向上走，心裏開始緊張了：我才上四年級，第一次自己到大會堂看節目，要是人家看我年紀小，不讓進怎麼辦？突然想到我父親教我畫人像，說小孩的五官集中，眉線在中橫線左右，而大人的五官要拉長一些，眼睛的位置一般在中線，於是我向檢票員遞上票時，臉故意拉得長長的，像個馬猴兒，結果還真讓我進了。坐在還挺好的位置上，我這個得意啊 —— 沒讓我參加演出，我來看你們演了。

後來我還是參加了合唱團，也許缺低聲部的孩子。那是一九六六年五月初，我參加了一次難忘的演出，是國家政治任務，市少年合唱團到首都機場歡送阿爾巴尼亞謝胡率領的政府代表團，那時還沒到五月十六日，"炮打司令部"那張大字報還沒發表，劉少奇、鄧小平還和中央領導人一起到機場送行。原計劃中午的任務，一大早就到了機場待命，那時還沒有民航業的大發展，記得在機場從早等到晚也沒有飛機起降。

歡送隊伍人山人海，各種節目排成一個馬蹄形，有解放軍儀仗隊和軍樂團，有專業團體的歌舞和群眾的秧歌，我們少年兒童合唱團陣勢最大，幾百人站在合唱梯台上，排在整個歡送的最後一個節目，唱的是阿爾巴尼亞的兒童歌曲《雖然年紀小》，我們中國歌曲《地拉那 —— 北京》和《我們是共產主義接班人》。上午依次聯排完畢，我們獲得了最熱烈的掌聲。可左等不來，右等不來，太陽太曬了，領導也許接到指示，一時來不了，宣佈休息。大家被安排在小樹林裏，飯來了，餓壞了的我們吃起發的牛奶、麵包加一根腸，太好吃了。那時生活還不富裕的我們，那餐飯的香能記一輩子，以至等到晚上歡送的人還沒來，又吃了一樣的飯，放現在會厭煩，可我那時候還是喜歡再吃一頓。太陽落山後又很冷，我們穿著單薄，特別是穿裙子的女孩，被凍得發抖。終於晚上八點多，集合的命令來了，我們站上了合唱梯台，燈光大亮，謝胡的身高一米九多，他在領導集體簇擁下走進了歡送現場。儀仗隊和軍樂儀式後，開始了文藝大歡送，領導們來到表演最後一個節目的我們面前，這是我唯一一次見周總理。他提議停下來聽我們合唱，一直把《我們是共產主義接班人》唱完，才最後列隊握手送外賓。我印象最深的是鄧小平同志個子矮，與高大的謝胡擁抱身材反差有些大，誰能想到沒有一個月他就被“打倒”了。我們在軍樂聲中看著偌大的飛機啟動了，飛走了，那可真是第一次見。各領導人紛紛上車走了，唯有周總理帶著三四名工作人員又重回歡送人群，全場歡呼、鼓掌，畢竟大夥等了一整天呀。周總理揮手示意安靜下來，大聲提議讓我們再唱一遍《我們是共產主義接班人》，兒童指揮手勢一起，交響樂團前奏，我們當著全場面對周總理高唱起來，比剛才唱得更響亮。周總理也一同指揮，後來怎麼結束的忘了，只記得那個幸福的小指揮被周總理抱了起來。

當時，班主任曹老師把我當作文藝骨幹。有一年年底，她讓我幫助發放小獎品，把我扮成了聖誕老人，穿上她的紅大衣，用棉花粘上鬍子眉毛。這是我記憶中第一次有裝扮的表演，第一次以角色的名義唸唸有詞。

因為我的腿病，父母覺得我當演員似乎無望，父親希望我能掌握些其他藝術特長，但他很尊重我的選擇，同時，只要我喜歡什麼，他就幫我找老師學。比如參加文藝宣傳隊想學打快板，就帶我去劇院跟著李光復老師學。父親在演話劇之前曾經在國立北平藝專學中國畫，畫畫是他的終生愛好。我跟著他去探望過他的繪畫老師。他請藍天野老師教我畫畫。畫畫也成了我一生的愛好，直至現在我仍在畫畫，畫的是弘一法師和魯迅的素描。我現在演戲總是自己化妝，在臉上創造人物形象，這跟小時候喜歡繪畫分不開。書畫不分家，我也喜歡書法。現在在一個書法班裏和大家一起學習，我很認真地臨帖，按時完成作業。

一九六六年，我小學六年級，不考試可畢業。不可想象吧？現在畢業班的孩子是最累、壓力最大的。我們那會兒不上課了，跑去“鬧革命”了。晃盪了一年多，那時候玩兒得特別瘋，特別喜歡參加社會上的活動，常常幾天不回家，樂得自在。因為參加紅衛兵，幫助處理全國“大串聯”滯留在京的外地人員，幾晚未歸的我有一次半夜回家，很擔心父母發火，沒想到我父親開了床頭燈，問明緣由後只說了一句：“沒關係，經風雨見世面。”我懸著的心落下了，倒頭就睡。那一段時間，我在北京火車站紅衛兵指揮部裏，和年紀大幾歲的紅衛兵一起，感覺特別刺激。有一次我被幾個大高個推搡得後退了好幾步，一幫人上來保護我，跟那幾個人打了起來，那時我熱血賁張，好像長大了，像個男人一樣會打架了。我有一陣子參加了首都紅衛兵第三司令部紅色造反團“一一五師”戰鬥隊，駐扎在景山公園裏的北京市少年宮。那時候我們這群十幾歲的孩子，真是恣意張狂，一夥人常常幾十輛自行車縱隊狂騎於街市，根本不管路口的紅綠燈是紅是綠，無法無天，高呼著什麼口號就衝過去了。好在那時沒有這麼多汽車，要不然早就出車禍了。

為了自省，現在我還保留著那個時期的一張照片，身後寫著標語，照片裏我正在喊口號。那時候真是熱血青年，但經歷了那個時代，我們真的知道不能再這樣鬧了。

我還參加了文藝宣傳隊，常常在街頭和北京站前表演節目，在天安門廣場也表演過。正是從那時起，我開始朦朦朧朧地意識到自己也許有點兒文藝細胞。

一陣革命熱潮過後，沒我什麼事了，整天在家，閒得有些發慌。父親看我沒事，就到劇院給我借小說看。我看書的速度非常快，完全是憑興趣速讀，隔十天讀完一堆再換回一堆。小說也讀，科幻也讀，也看了好多俄羅斯文學作品。現在我很感恩，父親在孩子最適宜讀書的時候引導了我，這對我後來的人生影響不小。當知青的時候，若有本小說看，可是福氣，要不然就是聽故事。比如一九七一年“林彪事件”後，十一期間，我們在邊疆地區備戰，每人發個木棍當槍使，守在戰壕裏沒事幹，就在那個時候聽了《基督山恩仇記》《第二次握手》，是聽先搶到書讀過的人神侃，後來還真被我搶到了，看了一點兒又被搶走了，都是手抄本。

　　一九六八年復課了，我進了七十二中，那是北京二中的分校。其實就砌了一道牆，誰知道為什麼一定弄個分校！說是復課，基本上沒有文化課。這年十二月全國上上下下號召知識青年到農村去的運動達到高潮，基本上我們這屆所謂初中生都要離開城市去農村、去邊疆。那時叫"連窩端"，所有"六九屆"的所謂的初中畢業生（其實是才上了一年中學，而且沒上文化課），除特殊情況外都要去黑龍江和內蒙古的建設兵團、陝北、雲南，還有黑龍江的嫩江插隊，五個地方自己選。動員會上，我們班報名黑龍江的最多，因為當年三月份珍寶島戰鬥剛過，去黑龍江保家衛國多光榮呀。因為腿有毛病，我其實可以不去，但我一直是積極要求進步的學生幹部，就是要去，寫了請戰書，根本不戀家。我也不和家裏人商量，當時我父親被安排在北京郊區南口的農場勞動，母親帶我弟弟在河南淮濱"五七幹校"勞動，我姐頭一年已經去了內蒙古牧區插隊落戶，也沒辦法商量。我跑到設在燈市口中學（現在的二十五中）的招生辦公室強烈要求下鄉，人家檢查我正步走、蹲下去站起來，還要我寫保證書。寫就寫。很快就被通知準備照片等等，到派出所辦手

續銷戶口，每個人能憑票買到一隻松木箱子，二十四塊錢一隻。可惜後來沒留下，否則就是知青文物了。

　　告別的頭一天，一九六九年八月二十七日晚上，我在人藝劇院食堂吃了最後一頓飯，從劇院後台窗前走過，裏面傳來了"打虎上山"的圓號聲，那是上海京劇院正在北京人藝的劇場演樣板戲《智取威虎山》，樂手正在練習呢。當時我只是覺得圓號好聽，真好聽，每一個音符都飽滿圓潤，清晰極了。十六歲的我伴著"打虎上山"的圓號聲，於第二天離開了北京。

　　聽說我要走，我母親頭兩天特意從河南"五七幹校"趕回來給我送行，幫我準備行裝。臨行前她要去火車站送行，我不讓，說學校集合，人多，不讓家長來。當我在學校鼓號隊的引導下排隊走向胡同口，到了我家的小樓下，抬眼看二樓的窗戶，沒打開，沒見我母親露頭，我心裏還挺高興，我是怕她動感情。我母親在生我弟弟那年被劃為右派，斷了奶後就被下放到山東勞動了。她那時患了神經官能症，常感情失控進醫院。從山東回京後，在家她常因小事發火，一定得聽她的。現在我懂了她，她那是在單位受了委屈，回到家一定要證明事事自己對，要把不痛快發洩出來，可惜我那時小，很抗拒，不喜歡，這也是我想遠走高飛的心理。我收回目光，以為我不會見到她了，可出了胡同，上了那時很高級的捷克大客車，正跟同學嬉鬧呢，有人衝我喊："你媽來了。" 被同學揭發也躲不了了，我只好不情願地到車窗邊問："什麼事？" 我母親舉著勺對我說："勺沒帶。" 我接了勺，說了句 "您回去吧"，就又和同學說說笑笑去了，我母親一扭臉走了。我回頭看到了她離去的背影，後背和肩微聳著，像是已經哭了。唉，那時候的我真是不懂事。多年以後，回憶起當時母親哭的樣子，我深深理解了小時候還看不太懂的話劇《伊索》。伊索被嘲笑長相醜陋，不會被女人愛。伊索回答王公貴族們："最愛我的女人是母親。"原台詞是這麼說的："世界上只存在兩種女人，一種女人使我們痛苦，另一種女人為我們而痛苦，在為我們而痛苦的女人當中，我只知道一個：我的媽媽。" 當時演伊索的是呂齊伯伯。後來我成了演員，我母親最為我高興，最愛聽我的新消息，最高興我帶回戲票她去送給她的友人看。聽別人誇獎我是她最開心的時候。我不敢給她丟臉，我不能讓她對我失望。

說到《伊索》，直到現在我也沒演過。話劇《伊索》是南美作家的作品，是呂齊伯伯從海政調來後排的第一個戲，那是一九五九年。呂齊伯伯演的伊索讓我佩服至極。我想摸摸那個劇本，看我能不能排，但到現在也不敢動。

一九六九年八月三十一日，我到了黑龍江生產建設兵團，第一個被分配的農活是養種馬。當年弟弟隨我母親在河南淮濱"五七幹校"養豬，姐姐在內蒙古牧區放羊。我們家成了畜牧之家。北京的家空了。

那一年我十六歲，到二十四歲返城回京，一去七年半。

二 "戰士迎來了黎明"

我是知青,是千里之外的黑龍江人了。因為我們都是銷了戶口走的,要是沒有後來的返城,這一輩子就是黑龍江人了,可那時候怎麼就跟開玩笑似的。

我剛到兵團,就碰到水澇災害,必須趕緊搶收麥子。每天都是上千人的大會戰,用不上鐮刀,排起橫隊一起在水中一邊撈一邊拔那麥子,那陣勢真壯觀!當我直起痠疼的腰喘口氣時,突然發現我放在地頭的水壺和挎包忘了拿,回去怎麼找也沒有。大隊人馬已經一窩蜂似的走遠,孤獨襲來,十六歲的我一臉茫然。一天沒水喝了。

那年的年初還發生了珍寶島邊境武裝衝突,所以搶收完麥子就要趕緊備戰。團裏組織了架線連,要奔赴六師所在的撫遠(在祖國版圖的東北角雞形的尖嘴處),沿邊境架設從撫遠到虎林的國防電話線。大家都喊著"保家衛國"的口號報名,小小的食堂裏開會,口號把人喊得熱血沸騰,我幸運地被選拔出來,被唸到名字的人都能獲得一陣掌聲,真的很光榮。那時,我的腿還為我掙了一個外號 ——"大夯",就是腿長的意思。那時我又高又瘦,反正每個人都得有外號,大夥一起哄,誰隨口一句便被叫開正式命名了。現在老知青聚會,誰一叫我"大夯",我就知道是二十九連的。

出發那天早上,全連集合歡送卡車上的我們,那時還講究男女同學授受不親,可當時一下子那麼多女生都特真誠地淚別我們,真有點兒妻子送郎上戰場的感覺,讓我特感動,心裏還一時挨個選一選,我最喜歡誰呢?

我們坐大卡車到佳木斯轉乘火車到富利屯,再從火車轉坐卡車,三天三夜經富錦到了撫遠的目的地。那裏是前不著村後不著店的公路旁。說是公路,其實是剛修通的泥沙土路,一下雨車轍翻漿,再一上凍,坐在卡車上那叫一個顛。路邊是大片大片的沼澤地,打前站的人還沒來得及為我們搭好帳篷,第一個晚上我們只能在卡車上過夜,擠進別人帳篷的人都被打了出來。黑龍江冬天的夜晚,你想象不出有多冷。趁別人還跟連長吵,爭著想擠進已住滿人的帳篷,我和兩個從北京來的同學趁早翻上卡車,在糧食麻袋中弄出個窩窩,把所有能穿的毛衣、絨衣、棉襖、棉大衣都穿身上,將就了一夜。

胸有朝陽的兵團戰士，這是一到黑龍江，穿上新發的大衣，在團部照相館照的，合影的是兩位一塊兒去的兵團的同班同學

早上眼睛睜不開了，原來眉毛和睫毛連同口罩全都結霜凍在一起了。

開工了。我們的任務是沿路在草甸子裏挖坑埋電線杆，每坑間隔五十米。每人發一把鐵鍬，三人一把鎬，鐵鍬得在出發前在電砂輪上磨鋒利，所以開車前搶著磨鐵鍬的人擠成了一鍋粥。這活兒是先用鎬把冰鑿開，然後用鐵鍬以最快速度挖出一個一米六長、六十釐米寬、最深處有一米六深的坑，最後將電線杆連泥帶水往坑裏一杵。幹這活兒手不能慢，因為一邊挖一邊在滲水，慢了水就會越滲越多，也就越難挖。經驗告訴我們，穿棉褲和雨靴沒用，反正都得濕，乾脆穿絨褲和球鞋，先把乾衣服擱在一旁，幹完活，別人幫忙拿大衣圍個圈擋風，脫下濕褲濕鞋，換上冰涼涼的乾衣服和棉褲，要是耽誤一會兒，鞋帶就凍住解不開了，脫光了腿穿上冰涼涼的褲子的滋味現在我還記得。我們連長年紀大，是抗美援朝的老兵，他揣著酒瓶挨個兒問：“誰喝？”有一次我逞能，接過去一仰脖，六十度的北大荒酒，大半瓶下肚沒事，只覺得一會兒手腳的血管就麻酥酥的，像千百條小蟲在血管裏爬，不久就有了溫度，從此有了個“海量”的美名，再被敬酒可跑不掉了。

我們白天幹活，晚上輪流站崗。站崗的人持一支槍和兩顆子彈，小倉庫帳篷前必須有一堆火，主要是防狼，要守住帳篷裏存放的半扇豬。狼的眼睛真的像藍色的鬼火，牠挨近了，我們就朝牠扔準備好的木棒子。每次我站崗的時候，身子躲在帳篷裏，頭露在外面，看著東方一點一點地天亮，我感覺夜這麼靜，彷彿世界上所有的人都睡了，只有我一個人在保衛大家，在保衛祖國，自豪感油然而生，心裏背著聯歡會節目上要朗誦的詩句：“槍刺挑落了晨星，戰士迎來了黎明”“淋一身雨水，就讓我們用青春烈火烤乾衣裳”。那豪情壯志，真覺得解放全人類都在我一人肩上擔著呢。

三　自導自演《蘋果樹下》

“烽火連三月，家書抵萬金。”那時的知青最能體會到杜甫這句詩的親切感。我覺得當年寫信的生活方式真是提高書寫能力的好辦法，越來越能把心裏話真誠直接地寫出來，讀回信時回想十多天前說的話，感受著漫長的相互

劉英俊烈士墓前

對話和心裏的感應，真是溫暖。你看每個人讀家信時那個認真勁兒，那個珍惜。一瞅寫信呢，都互不打擾。現在不興寫書信了。

　　我們一家五口身在四地，寫信得用兩張複寫紙複寫出三份，給三個地方投。在一封信裏，我總是先跟父親說，然後跟母親和弟弟說，最後跟姐姐說，一家人的信都互相看，說的事全家都知道，我還提議起個"紅家信"的冠名。寫信是知青生活的一部分，寫信提高了我的文化水平，這是真事。父親對我要求很嚴格。我寫信寫了錯別字或病句，我父親就圈點出來，再寄回來。有一回，我因為想介紹自己的生活情況，把連隊伙房、營房包括馬廄、農機庫的位置畫出來，父親在回信中劈頭蓋臉批了我一頓："你那裏是祖國的邊疆，備戰那麼緊張，怎麼能在信中暴露連隊的方位圖呢？"

　　還有一次，那時候我已經在團部宣傳隊了，我們一起去佳木斯演出，大家在江濱公園的劉英俊烈士塑像前合影，因為我那時積極要求進步，要革命不講私情，原則總掛在嘴上，大夥背後給我起外號"極左"，見我來了，故意走開不照了，我心裏挺難過，就給父親寫信訴苦。父親在回信中引了《大戴禮記》和《漢書》中的話，可當時他卻說是毛主席說的："水至清則無魚，人至察則無徒。"慢慢地我才明白，要嚴於律己、寬以待人，不能凡事總覺得自己對，與同事相處不容別人，那肯定不成。

　　我在連隊生活只有兩年，當時從撫遠架線連回來，入了共青團，因為種馬班養馬要選個老實有責任心的人，就派我去，從此開始了我這一生和馬的緣分。我當年曾經夢想在北京能夠騎著馬奔馳在燈市口大街上，讓父母姐弟，還有認識我的人看看。我寄回家一張牽馬的照片，父親在照片後面題詩一首："目窮碧野盡，胸橫白雲輕。挽彎思遠志，昂首寄豪情。秣馬壯秋草，礪兵逆朔風。神駿騰汗血，戰士煉心紅。""遠志"倒談不上，不過那時真的是"心紅"。幹什麼都好像為了革命，有使不完的勁兒。

　　做牧馬人的日子，天高雲淡，自由自在。別人扛著鋤頭下地幹活，我吹著口琴去放馬，我趕著馬車或騎在馬上與下地幹活的隊伍相遇，我還記得他們那羨慕的眼神。馬撒開在草地上吃草，我割完草，找一片乾鬆的地方鋪上麻袋，仰臉數雲朵。餵飽了馬，中午回馬廄，我興許還能抽空睡一小覺。這樣的好差事連長為什麼會找上我？可能我看上去像是那種認真負責的人吧。

目睹碧野尽，
胸横白雪经。
挽辔思远志，
昂首孝豪情。
秣马壮秋草，
砺兵逆朔风，
神骏腾汗血，
战士炼心红。

一九七一年为
在明梦北牧马
此照诗。

（上）種馬"阿爾登"　　（下）我父親為我這張照片題的詩

在農場，除了拖拉機，種馬要算是連隊最貴重的資產了。種馬都有檔案，戶籍在哪兒，父系母系上溯幾輩，都記錄在案。我負責的主要是兩匹種馬，都已經十多歲了：一匹叫蘇宛，一匹叫阿爾登，都是蘇聯純種馬，渾身毛髮緞子似的亮，蹄子有碗口大，都被馬蹄毛蓋住，真是好看。別看那是艱苦歲月，人再窮，種馬享受的可是貴族待遇，要吃雞蛋、麥芽、胡蘿蔔。我不敢偷吃雞蛋，胡蘿蔔堆在那兒，有的是。以前我是不吃胡蘿蔔的，自從養上馬就開始吃了，洗乾淨了牠嚼我也嚼，看誰吃得香。

要保持種馬渾身的毛色光澤，就要每天刷馬。檢疫員一個星期不定期檢查一次。他要跟誰過不去，就專門摸馬腿和肚子，那都是最容易髒的地方。我給馬洗生殖器的光榮事蹟上過連隊的黑板報。

開春是動物們發情的季節，馬也不例外。配種的馬必須是乾淨的，可是經過一個冬天馬的生殖器裏髒得很。這不是一件容易的事。在清洗之前，要先領一匹發情的母馬來，這樣才有可能清洗種馬伸出的生殖器，先用溫水清洗，還要消毒。我洗得可乾淨了。養馬的繁衍常識，成了我青春期的生理衛生課，似乎懂了生孩子是怎麼一回事。

忙裏偷閒在後山打獵可是個樂子。馬班的老辛頭兒有桿雙筒獵槍，還養了一隻大狼狗叫黑子。師傅槍法準，一抬手就能打下一隻野雞，黑子興奮地躥著高衝上去，叼回野雞來放在師傅腳下，尾巴拼命地搖，倍兒得意。我們還常到河裏下 "掛子" 網小魚，回家裏上麵粉一炸，大家一起圍上炕，喝兩口本地北大荒小燒酒，吃飽喝足就睡，過癮極了。

在種馬班發生過一次險情。我在山坡上割草，馬籠頭脫了，馬就順著坡跑下了山。山下放牧的是一群懷孕的母馬，要衝撞起來，麻煩可就大了。只要流產，就算事故。眼瞅著我的種馬衝上去，母馬一下炸了群，放母馬的兄弟趕緊將馬群往圈裏趕。我氣喘吁吁地跑回了馬圈，想給種馬套上籠頭，可馬不老實，我幾次接近牠都套不上。這時候馬班的老張頭兒從馬屁股後摸了上去，趁種馬只顧嗅母馬的時候一步躥上去，用胳膊把馬脖子抱住，張嘴就咬住了馬耳朵，牙縫裏傳來喊聲："戴嚼子！戴嚼子！" 種馬立刻就老實了。我這才有機會給套上籠頭，把馬制住了。老張頭兒據說是當年蘿北馬隊的，雖然是土匪，但也跟日本鬼子戰鬥過。

跟馬打交道，哪有不出事的。一九八四年我在新疆吐魯番拍武打片《大漠紫禁令》，演武士李七郎。戲裏有一個情節是我騎馬揮劍衝進寇群。雖然十年前在東北放牧騎過馬，可誰承想我騎的馬是從甘南藏族自治州買來的，和新疆當地的馬不合群，經過幾番調教，終於可以進新疆群眾演員的馬群了。正式開拍的時候，我衝進馬群，向"匪徒"一揮劍，馬就受驚了，一個後閃就把我從馬頭前甩下了馬鞍。可是我穿的是唐裝的靴子，靴子頭上的尖兒鉤住了馬鐙，我便一隻腳鉤在馬背上，一隻腳在地上跳，被馬兜了一圈。眾人看得嚇出一身冷汗，我當時沒慌，想到了老張頭兒的做法，就死死不撒韁繩，拼命不讓馬頭抬起來。後來一位新疆兄弟奮不顧身衝上前，也像老張頭兒一樣抱住馬頭，用身子壓牠低頭，眾人上來，制服了馬，我才得以脫險。我特別懷念在北大荒的那段日子。前幾年我回了趟北大荒，特意到當年放種馬的地方看望了我當時的老師傅們。他們都已經老了，要不就是去世了。

牧馬人天蒼蒼野茫茫的愜意生活曇花一現，一年後的某一天我接到通知要被調到文藝宣傳隊。於是我搭車到了團部。等宣傳股龐股長談話，一直等到五點，他下了班。見了面，他問我願不願到宣傳隊，我滿心想的是養馬，就說"不願意"。他也許沒想到，因為一般人都會願意離開連隊調到團部工作。他說宣傳隊需要人才，你父親是著名演員，你一定適合從事文藝類工作，大概是這一類的話。說完他安排我住招待所。我不知哪來的勁兒，連夜趕回了連隊。十七歲的我，走了十七里的路，那是我一生中第一次在大自然中獨自走那樣長的夜路，也是難忘的一次體驗。月亮把雪野照得亮如白晝，四周靜寂一片，好像整個世界都在沉睡，只有我一個人在原野上走，真可謂披星戴月，聽得見的只有我自己的呼吸，還有腳踩在雪地上的咯吱聲。從來沒有過的安靜。這時我遐想林子裏藏著熊，躲著狼，也許有蘇修特務在搞破壞，我立功的時候到了。第二天，連裏表揚我紀律性強。我也覺得自己很有革命精神。在那個年代，大家都這樣，只要聽到"共青團員，跟我來"，就能在寒秋季節穿著褲衩往冰涼的水裏跳，去撈漚在水塘裏搓麻繩用的臭麻。那種艱苦都受過了，何況走夜路？！

調令下達，我還是得離開連隊，到了業餘宣傳隊，演了樣板戲《沙家浜》，還有《海港》。雖說是業餘宣傳隊，其實嗓子好並且唱得好的知青有的是，可我是個中低音，京劇調門兒高，就分我飾演小角色 ——《沙家浜》裏的縣委書記程謙明，全劇就四句唱，他們想：四句怎麼樣也能唱下來。可最後一句「草藥一劑保平安」我就是喊也唱不上去，只好有人幕後幫腔，得以蒙混過關。

我們業餘宣傳隊的隊長是個老知青。所謂老知青，就是高中學歷的知青。他當時已二十四五歲，在我眼裏是大哥哥。他多才多藝，能演能寫能導，在《沙家浜》裏他是導演兼演國軍司令「胡傳魁」，生活中他和女一號「阿慶嫂」相戀了，「阿慶嫂」還懷孕了。在當時這是嚴重的生活作風問題。事情露了餡，師裏和團裏都派來了工作組，停止排練演出，所有人參加整頓，號召大家面對面地揭發批判。「胡傳魁」被限制自由行動，以防串供，讓我們幾個看著他。有一天上午，天下起了小雨，我們都在一邊打牌一邊等開會。一直躺在炕上的「胡傳魁」突然說要上廁所，我們打牌正在興頭上顧不上，就讓他自己快去快回，結果半天不見他回來，再去廁所一看，沒人。大家急了，到處找，找到行李房，門從裏面鎖著，只聽有蹬凳子的聲音。大家心裏就毛了。一位上海知青一拳砸開了玻璃，果然「胡傳魁」把自己吊在行李架上了。大家伸手掏著拉開門插銷，衝進去救他。好在「胡傳魁」沒經驗，只是把繩子轉一個圈套在脖子上，沒繫死扣，還沒等大家上手，只見吊在行李架上的他懸空轉了一個圈，頭一揚，掉下來了。摔得夠狠的，經繩子一勒，他脖頸動脈痙攣，已經捯不上氣兒了。有一位天津知青能翻跟斗懂武功，用手指夾著喉結往下一捋，又給他搓脖子，一口氣喘了上來，他又活了。這麼大的事，得趕緊向上級匯報，正這時，「阿慶嫂」得了消息，淒厲的一聲慘叫著撲過來，這場面我們小青年誰見過呀，有人就開始抹眼淚。上面的人很快也到了，板著臉，呵斥「胡傳魁」為什麼想自絕於人民。「胡傳魁」閉著眼躺著。我看到他的眼淚靜靜地流著，積在耳窩裏。命案未遂，上級工作組也不敢再批判了，聽說領導第二天晚上就請「胡傳魁」和「阿慶嫂」到家裏吃餃子，安撫一通之後讓他們盡快返城回家。

在業餘宣傳隊，我們閒暇時候也會學著唱點兒小曲兒，「燦爛的燈火把門衝破，散會的人群笑呵呵，大樹下站著那一男一女呀，親親熱熱把心事兒說呀哈哈……這男的名叫張二虎啊，這女的名字叫李秀娥」。這詞多好呀！

怎麼到了生活中，在那個年代，愛情之事就有點兒可怕了呢？

我看過一張合影，是同一群知青，仿著三十年前下定決心的姿勢拍的。看著相隔三十年的兩張照片，回想那個"淋一身雨水，就讓我們用青春烈火烤乾衣裳"的年代，我在每個人的臉上看到皺紋那青春已逝的痕跡，看到了一種美好不再的裝飾感，我的感動是複雜的，夾雜著憐憫與感慨。我們這一代人的人生，曾那麼的真實，又那麼的不真實。二〇〇七年姜文的電影《太陽照常升起》上映後，媒體上評論"梁老師為什麼死"，他們不明白一個人昭雪了怎麼還要上吊。對我來說，這個疑問並不費解。就像"胡傳魁"，心裏有對生命難以言狀的失望：他曾把愛的秘密分享給最好的夥伴，卻被夥伴揭發；他沒想到初享生命最隱秘的歡愉時，卻有一雙被他信任的眼睛盯著，並被詳細記錄，成了揭發材料；被多少文藝作品讚美的正常的男歡女愛，在

第一次演戲是演《沙家浜》裏的縣委書記程謙明，妝還是自己化的

我們這些二十上下的小青年眼裏是荊棘四處……那是我的第一堂愛情課，真的是被震懾住了，從此不敢逾越雷池。男女青年之間的那種眼神收藏起來了，善意、好感和真情開始掩飾，對於人生、命運，我更覺得雲山霧罩。

在宣傳隊工作了一段時間後，我當了宣傳隊副隊長，正值秋收，已下了雪，政治處把我從連隊叫到團裏，說："團裏沒煤了，必須在一個星期內組織一台文藝節目，到鶴崗煤礦慰問演出。"用現在的話講，就是拉關係買煤。我說，"一星期哪能排得出一台節目，再說，大家都散在各連裏幹活呢！"領導說，"不行，這是任務。"見我還有為難的面色，他接著補了一句，"你要是不幹，就下連隊去。"他說這話口氣硬硬的，意思是不聽話就離開團部宣傳隊幹農活兒去，我當時沒再頂嘴，只用沉默抗議，心裏很瞧不起這種官僚。這種心理說真的一直影響到我現在，所以我害怕自己當了官也會成這樣的官僚。後來我當了人藝的副院長，我不太想幹，擔心官也做不好，演員也做不好。于是之老師當年在當院長時有句牢騷話：非讓演員當領導，倆事都幹不好，一個內行變成倆外行了。

大家紛紛從各連隊回到團部，一起商議六天時間到底能演什麼。商議的結果是，排幾個新節目，弄幾段老相聲，最好來個小話劇撐時間。話劇本子從哪兒找？正好看到《解放軍文藝》上有個現成的獨幕話劇叫《蘋果樹下》，說的是遼沈戰役期間，打錦州的解放軍再渴也不吃老百姓蘋果的故事。現在想來，那應該是我的導演處女作，也是我的主角處女作，當然，都是業餘的，我同時還負責舞美設計和製作。我用木方和豆包布做佈景，搭起老鄉家的小破房子，用一個網子和細豆包布做蘋果樹的軟景，掛起來的樹冠軟景接上三合板做的樹幹，用紙漿做蘋果，最後把蘋果掛到畫上樹葉的網子上。可能我當時對佈景的興趣大於當演員的興趣，整夜整夜地製作佈景，累死累活地排練，等領導審查節目的時候，音樂奏起來，我的台詞卻忘得一乾二淨，一片哄笑，領導拂袖而去。就這樣，鶴崗還是去了，演出也順利演了。後來煤買沒買到也不知道，反正那年總捱凍。

我是宣傳隊的，但不會唱歌跳舞，我就做道具。做道具的時候，我還找到了磨煉自己心性的方法。為了節約，我把那些不用的道具上的釘子都撬出來，砸直了，接著用。一大堆釘子，最終都敲直了，擱到盒子裏。一幹就一天。這類事挺鍛煉耐心的。我那時候遇到全團會演，還負責過組織工作，事無巨細，要管三四百號人的吃喝拉撒睡和評比頒獎。真不知道那時候我怎麼有那麼大幹勁，遇到問題只想著解決問題，任務一定要完成。只能用年輕解釋吧。

在田間為兵團戰士演唱：「一壺水沒喝完，你說這是為什麼？」

　　　　　　　※　　　※　　　※

　　海子的詩《面朝大海，春暖花開》頭一句就是："從明天起，做一個幸福的人／餵馬、劈柴，周遊世界……面朝大海，春暖花開。"在黑龍江放馬時我曾夢想騎著馬回北京，讓親人們羨慕我。現在快七十歲的我，真的有一匹馬陪伴我生活了十多年，我給牠起名叫"知青"。因為熱愛馬術運動，我如今背不駝、腰不彎，身體狀態常被人誇，這要感恩我的馬友"知青"讓我永遠年輕。在黑土地的八年，我非常真誠地投入那段知青生活，幹什麼都渾身是勁，無論多苦多累都熱血沸騰。這一時期是我邁進社會生活的第一步。能吃苦，不惜力，有責任感，追求完美，養成的性格為日後的人生道路打下了基礎。我覺得，還有一條，苦難給予我的承受力是北大荒生活的收穫。

我的人生有點兒峰迴路轉，值得回味的有三大關口。第一個當然是從黑龍江回來，再就是當兵，穿了軍裝進空軍政治部話劇團。第三個是能進北京人藝。這之後再讓我想，真就沒了。因為那種關口，突破了，就意味著你的追求、渴望，又向前躍進了一大步，不再猶豫，路好像可以一直走下去。那種人生的大歡喜使自己都懷疑 —— 這是真的假的？

第三章

人生三大關口

人逢喜事精神爽，工作起来劲头便足。拍摄《周郎拜帅》，王贵导演这位诗做大胆使用，日事能东，舞伎所样的腔调念台词，但形体却作秦汉像砖图画中的人物造型，侧脸正身，拉开式。演员哪觉有难度，这在他强力要求的追理新戏的风格显魂。我和王学听被导演個动班班，争为A组。我试拼练，努力符合导演要求。连排了，王贵导终于宣布，A组是好，但我和王学听一起至B时，互相也演，围读夜课时两人对话显魂。学听大度，有老大哥风范，但谁都通想争第一也，特别是在那个百废待兴，改到初期。我们差不多理得班好，记得那时我来听末匠，劳在那人是每人做上衣和书柜，造大衣柜的人多，还是三开的。师保拟计帮代，我方到意，于是许陰隆三轮車，騎三輪代時的行车，把衣柜送到了西直门他的家。（7）一起奋力，起大衣

当心紧俏商品

一　回城的 "熊熊烈火"

一九七一年，下鄉兩年後，我第一次回家探親，又坐上了火車，可這次是向北京開，不是專列，同行只有兩個人。

那個時候到處在 "鬧革命"，坐火車很亂，沒有票也可以上，大家都往上擁、往上擠，上車大家都搶座。搶座還靠人多勢眾，靠誰橫。男生佔到座位就讓給女生坐，自己基本坐在行李上，或者在車廂銜接的地方，那地方挨著廁所，有味兒。就這樣一天下來，看到有人要在下一站下了，注意力要高度集中，像狩獵一樣把握時機撲上去，坐下了就算勝利，表現得豪橫一些才行。現在的小年輕們真的不知道當年我們是怎麼過來的。

我在火車上坐了兩天一夜的硬座，出了北京站，天蒙蒙亮，我拎著兩個大包出站，包裹裝的都是我插隊當地的土特產，有木耳、人參、豆油、蜂蜜什麼的，聽到火車站大鐘的報時傳來《東方紅》的曲調，我的眼淚一下就流出來了：這是生我養我的北京嗎？怎麼那麼陌生而又熟悉？幾年前全國 "大串聯"，北京出現人口大爆炸，我和革命小將們曾在這裏遣散外地人，現在我又算什麼呢？站在北京站，我彷彿站在命運的十字路口，四顧茫然。

早上六七點我就到了內務部街的家，父母剛起床。那時家裏哪有電話，更別提手機了，他們不知道我這天回來。所以，父母真的是又驚又喜。母親趕在上班前給我煮上了粥。我洗漱一番，父母說："你累了，先歇歇吧。"他們就都上班去了。我躺在曾經睡過的床上，腰痠背疼的身體一下子軟下來，一抬頭看見了牆皮和屋頂上的水漬，那

牆上洇的水漬是我兒時的記憶

些小時候讓人浮想聯翩的各種形態的圖案還原封不動地懸在屋頂上，像是做夢，真的是到家了！

有一天，我拿出一支煙抽，不巧被母親撞見了，我下意識地扔了煙。母親愣了一下，只說：「扔了多浪費。」我知道這是默許，意味著在母親眼裏我長大了，可以與父親平起平坐抽煙了。

我同許多知青一樣，曾經喊口號、發誓言，要扎根邊疆一輩子。說老實話，那時的我革命決心算保持得比較長，真的是追求進步，勞動不落後，積極參加政治學習，一直是積極分子。四年後，我才真的起了返城的念頭。一是人皆有之的思鄉情緒。因為我身邊許多人已厭倦知青生活，早就開始盤算怎麼離開，八仙過海各顯神通：部隊子女去參軍，愛學習的偷偷自學考大學，打一架成殘疾也能回城。二是日復一日的艱苦生活。舉個例子，夏收季節，一天的勞動後，我們拖著灌了鉛一般的腿走回連隊，路上看到當地職工為了過冬，扛起利用田間休息時打的柴草，腰被壓彎地往家揹。觸景生情，我的心裏一陣發慌。東北的嚴冬是殘酷的，沒有辦法買到煤的話，只有燒這打的柴。難道真要這樣在這兒過一輩子？我們這些知青當年是銷了戶口，落戶黑龍江，真的是要離開家鄉在這兒過一輩子的。可是眼前的現實，讓我曾想遠走高飛去戰天鬥地的熱情漸漸降了溫，「扎根邊疆一輩子」的口號也有些言不由衷了。無望的等待，忍著苦和累，冬春夏秋在地裏幹活，北大荒的莊稼地，直起腰，看不到頭。想扔了鐮刀或鋤頭哭一哭的時候，眼見一道從北京來的同校同班的同學，特別是可憐的女生們，不也還在堅持著嗎，你哭個啥？太陽曬，寒風吹，她們那臉蛋說不好聽些跟猴屁股似的。陝西話管女子臉長得美叫「心疼得很」，北大荒當年的這些女生那才叫讓人心疼得很呢！為使下鄉女知青不得婦科病，當年中央對黑龍江還專門下達文件，落實搭建防風廁所。

人心浮動，我的心也在動。我想我不能真在黑龍江待一輩子。我不是部隊子女，參軍沒門兒；文化水平低，考大學輪不到我；也不是獨生子女，享受不了困難戶的政策。大概是一九七三年或一九七四年，我想來想去，只有一條路——文藝，通過部隊文工團招生離開這個地方，改變自己的命運。

其實之前陸續有機會，但都陰差陽錯地錯過了。雖然我生長於文藝家庭，我自己也一直熱愛文藝，外人可能覺得我想當專業演員應該順理成章，不費吹灰之力，但於我而言文藝夢並不容易實現，我畢竟有個病腿的障礙。有一年原瀋陽軍區歌舞團到我們知青宣傳隊招人，看我長得不錯，就招呼我過去。我非常怯懦地小聲告訴他們，我的腿曾經得過病，我癱瘓過，他們的眼神馬上就收回去了，"哦"了一聲就轉身走了。人家自有人家的標準啊！一九七四年中央樂團合唱團招生，著名男中音楊化堂老師來到我們兵團挑人。我那時沒被推薦為工農兵學員，正在二十七連割麥子。可聽到消息我充滿好奇心地跑到團部。我從門縫往裏看時，有人指著我說："這也是我們團宣傳隊的。"楊老師就說："來來，唱一個。"我亮開嗓子唱了一曲《我愛這藍色的海洋》，楊老師說："哦，次中音，挺好嘛。"我趕緊說我沒被推薦，他說："那咱們爭取一下吧，你到醫院檢查一下嗓子。"可是，我沒有介紹信，團部醫院就是不給檢查。一分錢難倒英雄漢，一封介紹信斷了我去中央樂團的路。後來我當演員出了名，有人對我說："幸虧你沒考上。"那時我可不這麼想啊，我多想抓住那根救命稻草遠走高飛啊。一九七六年九月，中央戲劇學院的盛毅和何治安兩位教授來兵團招導演系學生，我敲開他倆住的招待所房間的門，自我介紹是蘇民的兒子，他倆馬上特別熱情起來。我將我與人合作編寫的小話劇《熊熊烈火》給了他們，其中有些情節引起了他們的興趣。可第二天傳來毛主席逝世的消息，一切活動，包括那一年的導演系招生都因此停止了，我又失去了一次機會。受冷落的滋味不好受。但也正因為受冷落，反而激發出我一定要走這條路的決心。

我和父親談我的文藝夢，他很支持我，幫著我練小品、背詩歌。特別感謝我父親幫我拜師中央歌劇舞劇院男高音王嘉祥老師。我原來說台詞、唱歌的時候喉結都在上頭，那其實是不會使嗓子。王老師在發聲上有獨特的訓練方法，許多歌唱界和戲曲界的演員都找他學習。當年為了學習，利用僅有的十二天探親假在北京，每天早上我騎著自行車去陶然亭或他家，路程不短，但那時一點兒不覺得遠，憋著一身的勁呢。王老師為我打下了很好的發聲基礎，後來我的呼吸氣息通了，喉結就下來了，大聲說話也不累了。現在給年輕演員上台詞課，我很喜歡一個非常好的說法——把自己的身體當作樂器一樣使用，學會隨心地撥動每一根"弦"。

　　戲劇表演和影視表演不同，在舞台上"舞台腔""話劇腔"不是貶義。舞台上發聲要有爆發力。我父親晚年時得了肺氣腫，但他說話仍然有膛音，靠丹田氣來發的聲渾厚有力度。還有北京人藝的表演藝術家董行佶老師，他是我非常尊敬的一位前輩。他個子不高，但在舞台上他頂天立地，聲音的能量非常大，他能很好地控制，拿捏分寸得當，音色也充滿魅力，到今天朗誦界的人都推崇他。

　　從一九七三年起，我就利用每年這短短的十二天探親假，練發聲、練形體、練朗誦，可一次次報考文工團都沒有成功。到了一九七七年，我終於回

到北京，靠的卻是一齣"戲"。命運有時很吊詭，一條病腿曾經讓我的童年很艱難，但後來又成全了我的返城。古話說："福兮禍之所伏，禍兮福之所倚。"說來這是我人生中的一個秘密：為返城，我下決心瞞天才能過海。

"返城"這兩個字，應該是每個知青埋在心底的夢。當時的我又是模範又是骨幹，天天給別人做思想工作，教育別人扎根邊疆，怎麼能自己找機會拔腿離開？我做不出來。但是眼瞅著機會從身邊一個個失去，回家的願望更強烈了。這時候出了一件事。

下連隊演出，我們從十連到八連，天已經很冷了，剛一到連隊我們就在食堂搭台掛幕布，準備演出。我爬上爬下，全身是汗。我演的節目是評書《批〈水滸〉宋江》，那時候宋江被批評招降納叛。我穿著單薄的服裝站在舞台上，很冷，說到一半時我的病腿就麻木了。我堅持演完，腿失去了知覺。我記得最後我是一條腿蹦著下台的，回到團部，我被直接送到醫院。第三天，我的發燒就好了，腿也恢復了知覺，但我心裏突然閃過一個念頭──機會來了，我可以有條件病退了。很多人以為我這條腿真的完了，領導也催我趕緊回北京治療。這事發生在一九七五年年底。對中國人來說，一九七六年是個特殊的年份，國家發生了很多大事。而我這一年差不多都在尋找著個人命運的轉機。周總理去世後，我在春節後返回黑龍江，申辦返城手續，整整一個夏天我沒脫棉褲，拄拐為的是做給人看，使得領導能說一聲："就讓他走吧。"要的就是這個。這條腿成了我的救命稻草。七年前我千方百計證明自己的病腿不影響上山下鄉，還寫了決心書，如今我橫下一條心，千里華山一條路。要走必須到上一級醫院開病退證明，我到了師部醫院。醫生看了團部醫院的病歷，問了我的病史，一邊開證明一邊說："你怎麼不早來？"我的眼淚差點兒掉下來。

一九七七年一月，我終於結束黑龍江的兵團生活，與仍舊無出路的夥伴們喝酒道別。面對一雙雙真誠的眼睛、一句句祝願，我覺得自己對不起他們。回到了北京。在家第一天，我第一次感到命運的幸運轉彎：我睡醒一睜眼——居然這是我家呀，靜靜的，沒有連長催著下地幹活兒的喊聲，也沒有近一年做假的心理重負。昨天這時我還在返鄉的火車上，現在我竟已懶洋洋地躺在家裏的床上，父母剛去上班了。而且，最重要的是，北大荒我再也不用去了，我離開它了！

帶去的松木箱子又帶回來，已經很舊了。我在家老盯著這箱子想，我真的回來了？不再去了嗎？夜裏做夢卻是反夢，夢見我接到命令又回去了，醒來驚出一身冷汗。

北大荒長時間的生活，是磨難，也是考驗，大喜大悲能增加對人生的理解力和承受力。這對於男演員尤其重要。男人的形象中應該有立得住、擔得起的氣質。北大荒的田壟長得望不到頭，割麥子的時候必須一壟一壟、一刀一刀地割，每天腰累得真像折了一般，那種疼痛我至今記憶猶新。這也許對我後來的生活與創作有積極的影響。我這人之所以還比較踏實，是因為我有過那段黑龍江生活。直到現在，我總覺得我在舞台上演話劇就像割麥子，一天一場戲，八九百觀眾，幾十場、上百場演出才有幾萬觀眾，真的是一刀刀割，一場場演，生命也一步步走。

苦難和挫折，是人生要經歷的！好在苦盡甘來。後來我主演的《光榮之旅》的主題歌的歌詞——"感謝生活""感謝生命"，我聽了會有感動。我感恩曾經的苦難讓我知道了現在的甘甜。我筆記本上抄過萊蒙托夫的詩句："……我在你身上愛著我往昔的痛苦，還有那我早已消逝了的青春……"

二　刷著馬兒進空政

不能吃後悔藥，有失必有得。回京之前，我就開始了報考之路。二十來歲的我，沒有文憑，沒有專業，只有點滴業餘文藝宣傳隊的經歷。我知道父親絕對不會給我開後門進北京人藝，但他還是用了他的關係，用了他的面子，費了勁兒幫我聯繫到幾個文工團考試，包括戰友文工團和總政文工團。那是一九七三年，他們當時都在招生，聽說蘇民的兒子報考，就說："那來吧。"

考試之前我在家裏練習。家裏就那麼大點兒地方，得把椅子搬開，才能排練小品。我準備的是小品《刷馬》，父親指導我無實物表演：我模仿牽著一匹馬走出來，餵草，摸一摸，刷一刷，通過刷馬的動作把馬的體形都比畫出來，嘴裏加上"哦哦——""籲——籲"。我根據自己的養馬經驗設計了幾個動作，有點京劇《三岔口》的意思。我父親告訴我這個地方怎麼演，那個地方加什麼環節。我沒有正式學過表演，但還有些半瓶子醋晃盪得很，雖然表面上全都應著，但心裏總有自己的想法，覺得反正考試父親不去，我可不能全按他教的來，肯定得有一些不一樣。第二天早上臨出門的時候，父親又囑咐我。我敷衍地答應著，他很不滿意，覺得他替我操心可我還不當回事。突然他聲調高了八度："行了，你去吧！"我就走了。先坐公共汽車到動物園，再從動物園到八大處，進了原北京軍區大門。戰友文工團的老師們對我很熱情，這能體現出他們對我父親的尊重。在他們的熱情下，我一點兒也沒緊張，很好地發揮了《刷馬》小品。當時主考老師就說："一看你就有生活，我們眼前就像是看到了你的馬。"我父親特別說明了我有腿疾，讓他們審查。於是我又被訓練一番跑跳、走直線、轉身蹲起，經過認真考察，告訴我："還不錯，等通知吧。"然後我就回黑龍江了。

苦苦等待了近一個月，終於接到原北京軍區的信，要我寄檔案政審，那年月沒電腦沒有電子郵件，叫"函調"，我得從人事處借檔案還得找團政委批，這可是道難題。他總板著面孔，我知道他不大通人情。我拿著原北京軍區寄來的信在政委門前徘徊、輾轉，終於沒敢敲門。因為我一直在積極要求進步，還剛被選為師共青團代表大會的代表，我知道他不會批准。後來我聽到過一首歌，張楚在搖滾裏唱"我把理想埋在土裏"。多少年後，我演哈姆雷特，唸"生存，還是毀滅"台詞時，我想到了那個政委的那扇門。

最後直到一九七七年一月返城回京，半年後，我考空政話劇團，還是表演《刷馬》，考官們覺得我的表演生動，特別滿意，我通過了考試。通過考試後還有最後一關——政審。我母親當時是所謂的"摘帽右派"，就是說她仍有歷史問題，還沒有開始全面地為老幹部平反。幸好母親的單位比較客觀地反映了我母親的情況，空政最終批准了接收我。這是我對空政話劇團心懷感激的地方，一生都充滿感激，若沒有登上這個台階，不可能有後面的我。

我還記得，第一次從總務處領到一大包軍裝，捧著軍裝，聞著新膠鞋的氣味，我的心怦怦直跳。穿好自己縫綴紅領章的軍服，戴上鑲了紅五星的軍帽，宿舍裏沒鏡子，就跑到老遠的練功房的落地鏡前，去看自己。那鏡前已經擠了好幾位了。我在那兒自我陶醉了半天，當時想：論階級成分我可是工人、農民、軍人都幹過了，工農兵全活兒呀。去北大荒之前，我以支工的身份到北京雙橋的廣播器材製造廠當了三個月的刨床徒工，製造車間的機油味我可聞過，印刷體的"工人階級領導一切"的大標語是我在牆上寫的。在北大荒我是種地養馬的農民。現在是軍人。而且我很努力，積極要求進步，入伍第二年我就加入了黨組織，老同志議論我："小濮多虧了有知青那段生活，和從城市來的新戰士比就是不一樣。"

其實與和我一起返城的知青朋友相比，論唱歌跳舞有不少都比我強，回城後他們卻沒有我這樣的機遇。命運就是這樣不可思議。從一月回北京到七月在空政入伍參軍，穿上夢寐已久的軍裝，在等待工作的半年多時間裏，我填個人簡歷時，叫"待業青年"。

進入空政話劇團，像一根火柴將灰暗的日子擦亮，以前做夢都不敢想。那是我人生的重要轉折點。那年七月就要舉行第四屆全軍文藝會演，參加演出的人員必須是現役軍人。這加快了我們正式入伍的節奏，我很快穿上了軍裝。這可是人生一大快事。小時候，有一次我父親演《李國瑞》的戲，角色是八路軍，要到部隊體驗生活，他穿著一身沒有星沒有銜的軍裝出門，胡同裏的人看了問：「怎麼，當兵了？」他回答一句：「體驗生活去。」然後他坐上人藝的大車走了，牽走許多羨慕的眼光。我現在穿的可是正式的軍裝。集體乘車，別人都愛乘大客車，我願意上卡車，一路上特別希望有熟人能看到我，可惜沒碰上一個。可以說，有好長好長一段時間，我都沉浸在人生的大歡喜裏。那是一種幹什麼都快樂的狀態，生活充滿陽光。

因為沒有上過藝術院校，甚至連中學都沒上完，之前的表演完全是野路子，可想而知我的基礎有多差。進入空政話劇團後，我開始了三年基本功訓練學習——發聲、吐字、形體。不過作為演員，我有兩個與其他演員不同的地方，一是我有過下鄉插隊經受磨煉的經歷，另外一個是我有北京人藝對我從小的影響。

在空政話劇團學員班的生活很正規。早上六點半起床，出操、打掃衛生、台詞訓練、形體訓練，開班會、開大會。還隨團下部隊演出，可以走南闖北，甚至可以坐飛機，因為我們隸屬空軍，可以坐運輸機。第一次站在江西樟樹機場的跑道旁，如此近地看伊爾-18，那麼大的鋼鐵機器在震耳欲聾的轟鳴中拔地爬升，覺得真是不可思議，太神奇了。

在空政的九年時間，我跑龍套，積極主動在團部出勤，抄寫文件，刻鋼板蠟紙，油印劇本，出黑板報。我知道，我起步太晚了，我下鄉回來二十四歲，將近半年時間沒有工作，專業上也沒有學習過，中學等於沒上過，別人都有學歷有資歷，我什麼事都得趕緊追上，把以前耽誤的時間補回來，所以好像有用不完的勁兒。因為我幹什麼都快，人送外號「快節奏」。

那時我和李雪健作為學員住一屋，兩個比著早上誰先起床。我眼一睜，一看他動了，我就趕緊起來，我倆總是比大家早，到樓道裏爭笤帚、搶簸箕打掃院子裏的衛生。我倆還比著幹好事，吃飯都緊吃快嚥，幫食堂洗碗筷。那個時候再苦的活兒也不覺得苦，再小的角色也想演好，每天都笑著生活，不知道憂愁為何物。我們都是從演群眾角色開始。一般他演匪兵甲我演匪兵乙，他演轎夫甲我演轎夫乙。我們互相切磋、互相說戲。在這裏，我和李雪健都遇到了帶領我們走上戲劇道路的引路人——導演王貴。空政話劇團當時在部隊文藝圈不斷出創新作品備受矚目，很大程度上要歸功於王貴導演。我

後排最邊上的是我，背景的導彈已不先進，但它曾擊落過美製 U-2 偵察機

們跟著他排戲，總是非常高興。

一九七八年王貴導演的《陳毅出山》，講的是陳毅在贛南堅持遊擊戰爭的事，那是我第一回演重要角色，飾女主角的父親——鄉紳趙亞龜的 B 角，那時我二十六歲。演老年角色可是個挑戰，我知道這是王貴導演在培養我。這部戲我正經排練了不少次，最後 B 組角色只演了兩場，但是參加了建國三十週年獻禮文藝演出，獲得了創作一等獎和演出一等獎。在這部戲裏，李雪健扮演匪兵乙，王學圻演犧牲了的新四軍指揮員。我們三個人都特別認真。李雪健用海綿做了塊瘩子貼在臉上，王學圻在表演被擊斃時設計了一點兒絕活兒，多撐了幾下才“死去”。我演群眾角色時做了個牙托，給自己貼上了金牙，粘了鬍子。審查的時候，團領導沒認出我，這讓我得意了好幾天。

在空政我們常下部隊演出，有時還能乘軍用飛機。比如去福州軍區沿海前線部隊，是小節目的編制。十二月的莆田，遇颱風，多少天都在下雨，又冷又潮，棉衣、被褥全是濕的。午休時我們想去看海的驚濤巨浪，頂著颱風，大衣都濕透了，爬上岸邊礁石，眼前的海真可謂排山倒海，一層一層波濤撲上來在礁石上炸開，激起的浪花衝向天空，大海像一個狂躁的巨獸，像肆無忌憚地要摧毀這個世界。後來在《李爾王》《李白》中，我表演大段獨白時，我是用在莆田看海的這種感受與人生體驗，驅動自己的激情的。

空政話劇團最初的藝術創作形象，《陳毅出山》中的鄉紳趙亞龜

《陳毅出山》中群眾角色八大縣長之一的土匪

三　反擊戰慰問

　　那年去廣西參加自衛反擊戰慰問演出，在後方醫院看望傷員。見到一位所在連隊在武漢軍區大比武中獲得"尖刀連"稱號的副連長。他負重傷從前線下來，手術剛做完。他給我們講述了自己的負傷經歷：這是他們部隊第一次參加戰鬥，兩個加強連在副團長率領下夜行軍穿插敵後，天蒙蒙亮時到達一座小山前。部隊不敢貿然前進，可時間又來不及了，副團長命令偵察班上山偵察，大部隊稍後前進。沒想到敵人都是從中國軍校畢業的軍人，襲擊了偵察班，用步話機報安全，於是部隊受誤導進入了被埋伏的開闊地，幾層火力一陣掃射，把兩個連壓制在小路一側的水溝裏，戰士們被打得抬不起頭，傷亡慘重。這位副連長知道這仗敗了，敵人將從後面包抄，他迅速將犧牲戰友的血塗在臉上、頸上和身後，並卸下幹部的手槍套，用屍體蓋住自己，胸下壓著手槍、手雷和一壺水。敵人果然迂迴到背後，一陣掃射，副連長身中數彈，敵人上前補槍時他沒被發現。敵人走了，他等了很久才抬頭張望，自己的戰友包括副團長全犧牲了。可他還是不敢動，怕山頭上還有敵人。那壺水讓他能趴在那兒等到第二天，終於看到遠處開來兩輛解放牌卡車，不知是不是自己人，因為敵人也開同型號的卡車。當看到車停下來，跳下的人似乎被這場景驚呆了，站在遠處不敢走近，他判斷是自己人，不管危險不危險了，向天空開了一槍。那些人跑上來救下了他。兩百多人的部隊，僅找到兩名還活著。說到這兒，副連長痛哭並用緊握的拳頭砸床板。我們慰問的女同志哭了一大片，我們不忍他再說下去，可看到他真想說，也許，是因為他從前線剛下來還沒有人來和他說話的緣故吧。最後我們問他能為他做點兒什麼，他知道我們是文工團的，就說唱個"洪湖水浪打浪"吧。我在一旁流著淚，感到了戰爭真的很殘酷。副連長肯定是一身本領，可壯志未酬，一槍沒放就遭到如此打擊！後來看電影《芳華》，片中的伏擊場面讓我又想起了這位副連長，不知他現在還安好嗎？

　　七十年代末到八十年代中期的空政話劇團生氣勃勃，我很幸運經歷了空政話劇團的輝煌時期，我更幸運的是遇到了導演王貴，他的名字有個"貴"字，可謂我的貴人。當時他是話劇團團長，我參與了他執導的四齣名劇——

《陳毅出山》《9‧13 事件》《周郎拜帥》
《WM 我們》。

話劇《9‧13 事件》中的飛行員陳修文

在《9‧13 事件》裏李雪健出演反一號林彪，他為了演好這個角色，刻意讓自己變瘦，不吃飯，而且平時少說話、走路都找角色的感覺，慢悠悠的，在生活中他時刻都入戲，以至於那段時間我都不敢輕易回宿舍，生怕打擾他。我在這部戲裏依然是群眾角色 ── 一個出場不到三分鐘的角色：抗拒叛逃，毅然迫降與敵搏鬥的直升機駕駛員陳修文。我會一點兒武術摔打，正在籌備的後來大紅大紫的電視劇《蹉跎歲月》找我參加，但團裏不放。若是真演了《蹉跎歲月》，我也許能早點兒出名，但毫無疑問，《9‧13 事件》是非常優秀的舞台作品。王貴導演的這部戲讓觀眾耳目一新。他採用照相機快門的方式，弄兩個安上滑輪的景片，一場戲結束，景片就合上。戲在景片前演，後面就在換道具。經過這樣的舞台處理，整台話劇的五十多段戲就像歷史的快門，一幕幕歷史事件定格成一幀幀畫面。

王貴是二十世紀八十年代中國戲劇革新運動中的一員闖將，他對藝術有著非常執著的追求。在現實主義風格的《陳毅出山》大獲成功後，他沒有停止探索的步伐。一次隨戲劇代表團訪問日本時觀摩的幾部日本當代戲劇，觸發了他的現代戲劇思維，《周郎拜帥》就是一個新的探索。《周郎拜帥》自由表現心理空間的舞台，在今天也許並不稀罕，但一九八三年的觀眾們從來沒有見過這樣的話劇，看得目瞪口呆：舞台古樸空靈，只有一隻巨大的銅鏽斑駁的鑄鼎，一縷煙霧嬝嬝彌漫，時空轉換特別自由……幸運的是，王貴導演一九八三年排《周郎拜帥》的時候，把周郎的角色給了我。這是我人生第一個男主角。但我不是唯一的周瑜人選。除了我，還有王學圻。我當時自信下了很多功夫，但王貴導演遲遲不確定誰是 A 組，我想這是他調動演員積極性的辦法，真是有一種競爭的感覺。最後我排在了前面，我們又都互為 AB 組演員，演周瑜的本人和靈魂。

因為出演周瑜，我第一次在舞台上見識了意識流，比如孫權苦悶之時想到周瑜，周瑜就在後台出現了。我印象最深刻的是真假周瑜的設計，周瑜和自己的靈魂對話是王貴導演臨時起的靈感。他在排戲場突然從導演桌後面站起來，興奮地大聲說了句"有了"，不顧一大把年紀，在地上打了一個滾。對著我和王學圻說："演A組時，B組就演周瑜的靈魂。"為讓周瑜的靈魂也有戲，他請編劇王培公增加了不少內心獨白。這齣戲在當時具有很強實驗性，表現主義色彩濃厚。王貴導演希望整個戲的形式感要強，希望演員的形體造型表現出類似於漢畫像磚中人體造型的特徵，所以演員形體以大正面、側臉表演為主。台詞用近似日本能樂的發聲方法唸出，聲韻非常誇張。那會兒我已經和宛萍談戀愛了，她在台下看我演戲，看完說了句："你演的戲能把人嚇死。"她覺得太不生活化了。

　　那時我在空政的話劇團，宛萍在空政的舞蹈團。她十三歲進空政，從群舞跳到領舞再到獨舞，當時已經是舞蹈隊的主力隊員，級別比我高，衣服口袋我是倆，她卻有四個（幹部上衣是四個兜）。我當時還沒提幹。她還是她那批學員班裏唯一入黨的人。宛萍第一次見到我的時候我正撅著屁股寫黑板報，她覺得我的字寫得好看，就打聽這是誰呀，於是對我有了印象。

　　那時，她因為訓練，膝蓋半月板受了傷，再加上領導讓她"一不怕苦，二不怕死"，提倡"下定決心，不怕犧牲，排除萬難去爭取勝利"。她被領導樹成模範典型，長時間帶病堅持排練演出，直到不得不動手術，那年代手術水平低，結果她的半月板竟被大面積摘除了。

　　聽說了她的先進事蹟我還挺同情她的，一次在院裏碰到她，第一次上前打了招呼，主動問她，我們話劇團要去上海演出，你想讓我帶點兒什麼？她自然客氣地推辭了。可我到上海後，得說話算數呀，貴的買不起，沒提幹的戰士每月津貼只有十來塊錢，又得拿得出手。逛了半天的街，買了雙兔毛手套，粉色的，入秋了還合適。回來找機會送給了她，我記得當時她那雙大眼睛笑得彎彎的。

　　有一次我們空政文工團的歌舞團、話劇團和歌劇團三個團聯合在司令部大院體育館匯報訓練成果，她養傷沒有上台，孤零零一個人坐在場下。我匯報的是無實物表演炒雞蛋，演完了還得到熱烈掌聲。後來她告訴我，她們舞

《周郎拜帥》中精彩的靈魂對話場面，合演者是王學圻和肖雄

蹈隊的姐妹議論："這小子一定會做飯，要不演得怎麼那麼像。"那時我也有二十五六了，當然眼睛也沒閒著，自己團的女孩也都暗自打量過，但因為是個剛剛入黨的學員，不敢造次。

有一回團裏在五道口劇場演出，我們學員班的副班長是個從歌舞團調來的老同志，問我："小濮，考慮個人問題了嗎？"我說："沒有呀。"她說："咱們學員班的女孩你就沒考慮過？"我連忙說："沒有，沒有。"她認真地說："我給你提一個人，歌舞團舞蹈隊的宛萍，你覺得怎麼樣？"當時我的心還真動了一下。面對老同志的關心，又面對面等著我回答，我說："那讓我考慮一個星期好不？"

沒到一個星期，熱心的老同志拿來轟動北京的蘭州的舞劇《絲路花雨》的票，說你和宛萍一塊去看吧。我自然答應了，意識到這就算是安排好的約會吧。我們一塊乘車到了阜成門外的紅塔禮堂，沒想到是她們舞蹈隊集體觀摩，前後坐的都是她們的人，我可成了關注的中心了。一個話劇團的坐在宛萍旁邊，什麼情況？我心怦怦跳著看完了演出。她沒集體乘車回團，我們又

　　乘公共電車回到燈市口。我們話劇團在燈市東口，她家住在燈市西口的富強胡同，我心想，這麼近，夠巧的。

　　進了胡同，燈下樹影搖曳，越走話越少，開始緊張了，繃了一會兒，她開口了："你覺得我怎麼樣？"還怎麼樣，我已經認這層關係了，也喜歡上她，可嘴笨，只蹦出倆字兒："還行。"血脈有些僨張，現在忘了還說了些別的什麼。一會兒停下了，她說她家就在前面，公共廁所邊上那個門，一進院南房就是，甭送了。看著身材美好的她閃進大院門，我轉身回到燈市東口，那夜沒好好睡，平常沒覺得床板這麼硬，硌得我翻過來調過去的，有點兒幸福，大概誰初戀都得是這樣。夜裏下雨了，心生主意早點兒起，到她家送傘，好讓她趕去歌舞團練功。

　　大概早七點，我到了那個公廁邊，沒認門牌就進了院，見到南房，正猶豫怎麼叫，她母親出來到搭的臨建小廚房，可能要燒水。她問我找誰，我說找宛萍，我是她的同事。窗簾撩開了，露出好幾張臉。她有兩妹一弟，她父親也上班早，是在工廠食堂上班，宛萍正穿著軍裝，準備趕時間去玉泉路，當然又是笑彎了的眼睛。我匆匆向她家人告別，蹬著自行車帶上她送到電車站。這就是與她相識的記憶。她後來告訴我，她父親悄悄嘮叨：人還不錯，可就是個窮小子。那年頭，八十年代初，女孩興嫁高幹和有錢的萬元戶，我一個津貼十來塊錢的文工團小戰士，不怪她父親有想法。宛萍在家裏是老大，又是十三歲就當了兵，穿著軍裝在胡同裏走，是讓街坊四鄰羨慕的軍人，所以她父親在家裏最喜歡她。

　　話劇團的人慢慢也知道我和宛萍戀愛了，沒什麼，只是政委不太高興，認為我還沒有提幹呢，又剛剛入了黨，在學員班要起模範作用。政委不止一次讓隊裏、班裏找我談話。有一回，我從歌舞團回來，一進大門看見政委迎面走來，我趕緊繞著大轎車走，沒想到他也繞過來堵上了我，問我上哪去了，我老實地回答。他一低頭看我穿了雙皮鞋，就說："你怎麼穿皮鞋？你還沒提幹，而且戰士沒提幹是不准談戀愛的。"我回答我已經二十六歲了。他還勸我，歌舞團的人不好，打扮得花枝招展，男演員不剃制式髮型，留大鬢角長頭髮，而且歌舞團的人常自己改軍服。他自然打量我，轉到我身後，發現我軍裝的褲子也改瘦了，沒有了大褲襠。那年代的軍裝可不像現在的這麼合體，又肥又大的，宛萍按歌舞團男孩兒的標準給我的軍褲也往窄了剪裁了。政委火大了，指示演員隊點名批評。我記得自從和宛萍談上戀愛，我再也沒獲得過團嘉獎的榮譽。可誰擋得住愛情的力量呀。跟她要好的幾個人約我去歌舞團吃個飯，這不就是相親嘛。我自然想到自己身為戰士，身份有些卑微，可是左挑右選又沒有合適的便裝，一想戰士又怎樣？乾脆還是穿著倆兜的戰士服、大棉鞋去了歌舞團。進了兩居的單元房，小客廳已經擺上了那時時興的折疊桌，有的菜已經上桌了。我先被請進了臥室，坐在床邊的凳子上。聽著她和主人在廚房說笑。一會兒進來一個，一會兒又進來一個，都是女的，捏著嗓子問："來了嗎？""在不在？"……就沒聲了，只覺得開著的臥室門邊緣不時閃出半張臉，像在看怪物，我只覺好笑。宛萍正式介紹，我正兒八經地走出來亮相。她們的眼神好像要把人看透了。那頓飯可熱鬧了，舞蹈演員和搞話劇的性格上不一樣，能瘋，我倒挺喜歡。

　　我和宛萍結婚的時候，就在我母親單位宿舍的筒子樓裏，鄰居幫忙，讓出了不大的公用廚房。在家裏請親友請了好幾撥：我父親家族的一撥，我母親家族的一撥，知青同學一撥，好不熱鬧。我母親我父親都不會做飯，陪著客人說話，我姐動作慢，基本都是新娘做的，新郎打下手。那時候真有幹勁。做完飯，敬一杯酒，她還馬上坐地鐵，趕去排練晚上的演出。我和宛萍所謂的單位婚禮是等過吃晚飯，然後話劇團三十來人乘大轎車來到歌舞團，先鬧洞房。十多平方米的小平房輪著進來參觀。宛萍會弄家，牆面都用窗簾、床罩一個色系的布裝飾上，淡雅的花色，沒多用紅色，於是讓大家誇了一通溫馨。吃糖吃花生吃瓜子後移到大一點的女生宿舍樓房間。一保溫桶在商店打來的生啤，拌涼菜、拌土豆火腿腸沙拉，蛋糕、點心大約算下來八十元錢，就把兩個單位的人請了。那時哪有錢，也沒婚慶公司。就這樣，我們結了婚。話劇團的同事們湊份子，買了一套炒菜家伙什。有人送了一個衣服架子，一進門可以掛衣服。還有人開玩笑說：“送你個傳統的。”就是尿盆。自備喜糖是“大白兔”，託人從上海帶來的。其實剛說的結婚是九月了。我倆正式登記有了結婚證是五月二十日，那時真不知道這日子有什麼意義，反正覺得又五又廿的這數挺好，沒住房我好像沒法辦婚禮。我們倆就跑了一趟青島，旅遊結婚。我們經介紹住進了青島十一中學，出示了結婚證之後，給我倆安排了一間教室，把課桌拼起來當床。雖然比空政的硬床板還硌人，可第一次倆人住一塊兒睡到天亮，這點兒苦不算什麼。現在再去找十一中學，原來的校舍已經推倒了，起了新樓了。在青島待了五天，帶的兩百塊錢還沒花完。

人逢喜事精神爽，工作起來勁兒使不完，排練《周郎拜帥》，王貴導演讓我們大膽使用日本能樂歌舞伎那樣的腔調唸台詞，形體動作模擬漢畫像磚圖案中的人的造型，側臉正身，拉開架勢。演員都覺得有難度，不適應，他強烈要求我們，這是這個戲的風格，是魂。我和王學圻正被導演調動積極性，爭當A組，我就拼命地練，努力符合導演要求。連排了，王貴導演終於宣佈，A組是我，學圻大度，有老大哥風範，但我知道，誰不想爭第一呢，特別是在百廢待興、改革開放的初期。我們關係處得很好。記得團裏那時找來幾個木匠，為在職人員每人做當年的緊俏商品大衣櫃和書櫃。選大衣櫃的人多，還是三開門的。王學圻的大衣櫃做好了，可他不會蹬三輪車，找我幫忙。我當然願意，於是我蹬三輪車他騎自行車，把大衣櫃送到了西直門他的家，一起奮力把大衣櫃從樓梯搬進家門，也忘了幾層了，反正不容易。他千謝萬謝，給我一把香蕉算是答謝，我高興地蹬三輪車回了燈市口，吃了好幾根香蕉。

《周郎拜帥》的主題是重視青年幹部，赤壁之戰緊急關頭，孫權面對老帥程普，決定任用周瑜為大都督。當時，這個戲在戲劇界反映挺好。有了嶄新的象徵主義的舞台設計和角色的意識流處理手法。但是因為不是直接反映部隊生活的題材，只演了二十來場就結束了。但正是這部戲，為我日後的人生埋下了伏筆。

一九八五年的《WM 我們》，可以說是《周郎拜帥》後王貴導演的又一次創新，現代感極強。劇情是這樣的：一組年輕人在冬、春、夏、秋四個季節經歷自己的命運，每個季節代表一段歷史時期；"冬"代表知青階段；"春"是面對大學高考、重新選擇人生機遇之時；"夏"表現返城之後的掙扎；"秋"是十年後各自有了一番困惑的重逢，面對未來，回憶逝去的青春，大家有些許茫然，些許思索。整齣戲大起大落，痛就痛到極處，樂也樂到極點，迷失是那麼真，宣洩也是那麼痛快。演起來真過癮，最後王學圻演的"將軍"提議唱《我們是共產主義接班人》，大家一邊唱一邊跳著，衝向台前大聲宣傳："不要隨地吐痰——哇嗚哇！"遊戲般地結束全劇。這都是王貴導演傾情創造的，我認為是他在八十年代探索新戲劇的代表作。我記得王貴導演不顧政委和團裏意見，更不顧政治部的意見，堅持演出，消息都發出去了，在我們話劇團的排練場演。我是這個戲的 B 組，沒參加這最後一場演出，因為第二天就被上級勒令停演了。開演前，上級機關的大轎車開進了院，三十多名領導集體進場要看演出，因為不按票號，所以已坐在中間前排的觀眾，大部分是慕名而來的中戲師生和別的劇團的演員，他們被請到邊上和後邊坐。首長們軍容整齊，正襟危坐，等著審查演出開演。我和團裏的人站在最後一排，都屏住呼吸看著這一切。演員們也緊張，聽說王貴導演在後台和每個演員握手加油。可一開場，鼓手徐寧就把鼓槌敲斷了。來看戲的領導們顯然是衝批判來的，我看到有人甚至不屑地低頭看報紙，還弄出聲響。後來提的意見其中一條是：王貴創作意圖有嚴重問題，有一個板凳竟被倒吊著，當秋千玩，在表現唐山大地震的情景時，讓一個演員趴在上面搖晃，這有政治性暗喻，因為"鄧"和"凳"同音，還倒著吊在那兒，真夠嚇人的。這戲不讓演了，必須修改。王貴導演堅持不改戲，他是真的想堅持真理，結果被撤銷了團長職務。

事後，他被車接到政治部去談話。我們都知道，王貴導演的厄運來了。下午傍黑，大門口出現了大步流星走來的他，他竟拒坐接送他的公車，自己乘地鐵回來了。被撤了團長和黨委委員職務的他，戴著軍帽，穿著呢子軍大衣，威風凜然，目不斜視，擺動手臂，沒進辦公樓，徑直回了自己後樓的家。我們當時正好在院子裏等吃飯，路過我們時他沒打招呼，我一個小兵這時哪敢說什麼慰問的話。有幾個老同志商量了一下，進了他家。我沒進去，但我記得這種感覺，我很同情他。從此，後來被稱作八十年代新戲劇領軍人物的王貴免職、退休，藝術生命停止了。我後來演《哈姆雷特》時，感受著"生存還是毀滅，這是一個值得思考的問題"這段莎翁名句。抗爭和妥協的選擇在生活中有時是多麼艱難呀。

二〇〇七年，《新京報》設計了"中國話劇百年名人堂"專題，我有幸獲獎，主辦方請王貴導演來給我頒獎，我特別感動。從前我們叫他"老夫"，他看著我們長大，我們看著他變老。王貴導演任副團長的時候，還是小戰士的我就經常墊著複寫紙幫他抄寫創作談、創作筆記之類，其中很多精闢的論述我還抄在自己的本子裏。那些文字都是他新戲劇思想的結晶，或許，那些鍥而不捨、創新不止的文字在我抄寫的過程中，不知不覺流到了我的心裏，使我受用了終生。也是在二〇〇七年，天野老師告訴我，一九八五年他曾親自到家找王貴導演，說想借我演《秦皇父子》，王貴導演馬上說："好哇，咱們倆一起培養這個年輕人。"時隔多年我才聽到這句話，心裏真是一熱！王貴導演和天野老師都是純粹的藝術家，嘰嘰喳喳的本位主義、院團之間的壁壘在他們心中壓根兒不存在，他們看重的就是藝術創作本身。

在《WM 我們》裏，我和胡雪樺分演角色"鳩山"的 AB 角。那年的五月十七日，我們在燈市東口同福夾道四號的空政話劇團最後一次排練，也是告別演出。當時我們怎麼可能想到，二十三年後的二〇〇八年十二月二十三日晚，為紀念知青下鄉四十週年，我和林兆華把年邁的王貴導演請出山，將當年的《WM 我們》重新搬回話劇舞台。為了再讓觀眾看到這出曾經那樣壯烈，那樣激情燃燒的戲，我很欣慰拉來了投資，在北京朝陽九個劇場上演，座無虛席。當年的演員來了不少，李雪健、王學圻、胡雪樺。當時我們怎麼可能想得到那一茬演員日後都成了好演員。王學圻演了電影《黃土地》《梅蘭

芳》,李雪健也拍了那麼多的好電影,《橫空出世》《焦裕祿》等,還當了中國影協主席,胡雪樺後來導演了電影《蘭陵王》,獲得金馬獎。他在上海看過我演的《建築大師》後,說我具有了大演員的風範。我覺得我們的成長和成功都得益於王貴導演。在我心目中,王貴導演的地位相當於北京人藝的林兆華,再加上胡雪樺的父親胡偉民。在二十世紀八十年代初,林兆華的《絕對信號》,胡偉民的《中國夢》,王貴的《WM 我們》,他們三個人是八十年代初新戲劇、小劇場運動的開拓者,一起開創了中國現代派戲劇之路。

四 周郎送我到人藝

我從下鄉當知青開始,並沒想過能到人藝當演員。即使是一九七七年進了空政話劇團,幹專業了,我也沒想過,不過我真的很願意看人藝的戲,也願意看當年北京人藝學員班的匯報表演。那時候人藝的票真是一票難求,挺不好搞的。有的時候我就從後台蹭進去,趁著沒人從台側小門那兒下去進觀眾廳,也能找到座。畢竟是劇院自己的孩子，叔叔阿姨們也就睜一隻眼閉一隻眼。

　　一九八四年，空政話劇團在北京人藝的首都劇場上演《9·13事件》，那是我第一次以演員的身份走進人藝劇場，站在人藝的舞台上。一些看著我長大的叔叔阿姨都很熱情："呦，這不是昕昕嗎？來演出呀？""穿上軍裝真好！"這一下子讓我在空政話劇團倍兒有面子。因為人頭熟，聯繫舞美部門等瑣事都交給了我。那天運景卸車，部隊文工團的青年演員是要參加裝卸台的。我往舞台上搬箱子，舞台和觀眾席還沒開燈，很暗。我向台下一望，心裏咯噔了一下。我從小在這個劇院長大，這個劇院的邊邊沿沿，哪個拐彎、哪個過道我都去過，在觀眾席，也在側幕條後看過戲，唯獨沒有上過這個台板。我仰頭看著舞台頂部密密麻麻的吊杆、燈光設備，面對著觀眾席一排排座椅。人藝這個我曾經生長過的地方，我能在這兒當演員嗎？這是我人生中第一次問自己這個問題。我一輩子都不會忘記當時那心頭一動。來北京人藝當演員的慾望，開始點燃。這個意識越來越清晰——北京人藝是我的夢想，是我的歸宿。

　　我父親雖然是中國話劇界和北京人藝的前輩藝術家，但他是不會為我進北京人藝說情的。我知道我父親主持教學，培養了幾撥演員，嚴格要求，求他情的人那麼多，他都秉公辦事，堅持不走後門的原則，這在北京人藝是有口皆碑的。他怎麼可能把自己的兒子硬塞進北京人藝呢？但蟄伏的意念被藍天野老師的邀請點燃了。一九八五年春節，那時興辦舞會，學國標舞，什麼探戈、圓舞曲、跳迪斯科，看誰的動作花樣多。人藝每年這個時候開聯歡會。那天我正在跳舞，天野老師叫我過去，問："昕昕，我想借你到劇院來排一個戲。"當時我心裏既驚喜又不敢相信自己的耳朵，我聽到的可是夢寐以求、不可想象的事情。我說："真的嗎？"藍天野老師坐在沙發上慢悠悠地說："那——還有假。劇本叫《秦皇父子》，是講秦始皇和他兒子的故事，鄭榕老師演秦始皇，我認為你適合演長公子扶蘇。"我又小心翼翼地問："劇院還有那麼多青年演員。"我指的是我父親培養的學生。天野老師淡淡一笑，說："你合適，我看過你演的《周郎拜帥》。"我現在還記得天野老師當時坐在沙發上和我說話時的情景，那是命運之神在關注我呀。那一刻我激動得腦子有點斷片兒，不知魂飛到哪兒去了。

三四十年前的我渴望進步，渴望成名，羨慕已經出名的演員。可是，沒人理我，沒人給我大角色，沒人找我拍電影、拍電視劇。那種受壓抑和被機會捉弄的感覺，我經歷多了……天野老師是個特別嚴謹的人，多一句話不說。他給了我天大的機會。

　　興許是應了"好事多磨"的俗語，我的高興還是來得早了點兒。這件事遭到了劇院許多人的反對，上上下下議論紛紛："難道人藝年輕演員都死絕了嗎？""雖然是蘇民的孩子，也不一定就他合適啊。再說，人藝從沒先例外借演員來排戲。""藍天野與蘇民是不是……"各種議論都有。那時候有叢林、肖鵬、羅歷歌、宋丹丹、張永強那一撥人藝學員班的演員剛剛成功地演出了《上帝的寵兒》，張永強和宋丹丹主演莫扎特和小情人。當時還年輕的我看著年輕的他們騎著自行車春風得意地進出劇院，我只有默默地望著。三十六年後的二〇二〇年，我在院慶晚會上演了《上帝的寵兒》裏薩烈瑞的獨白："就在我一帆風順、飛黃騰達的時候……"這時候，我比當年演薩烈瑞的呂齊伯伯的年歲都要大了。

　　使我感激也使我欽佩的是，面對人藝如此之大的議論與阻力，藍天野老師不為所動，堅持要我演。院領導于是之老師找天野老師徵詢，能否不請濮存昕演？藍天野老師的回絕就一句話："那我就不排了。"大師之間的談話肯定都經過了深思熟慮，一經出口就沒有二話。天野老師在劇院有個外號叫"神秘的大佛"，這是一部武打片的名字，大家覺得他少言寡語不好接近，這五個字用到他身上合適。坦率地講，從藝這麼多年，我一直欽羨他的風度與氣質。曾經有個電視節目主持人讓我用一句話概括他，我說："天野老師是有高級趣味的人。"之所以是高級趣味，是因為低級趣味的話語他從不參與、不搭茬兒，這是平常他話少的一個原因。

　　第二年，排《秦皇父子》又提到日程上。天野老師做了很大的努力，終於把我借調了過來。我到了人藝，體驗生活的活動安排了很多：參觀歷史博物館和去河北看漢墓，爬長城，聽講座，學習古代禮儀，一排就是三四個月，整個夏天都在排戲，秋天正式演出。

　　到了連排階段，我正式提交了想進北京人藝的申請書，空政話劇團的新領導想留我，但一聽我要去的是人藝，又很理解我。人藝接受了我的請求，年底于是之老師把還在連排的我招呼到他的辦公室，讓我坐在他的椅子上。他說："你的申請我們看了。你先回答我兩個問題，你有沒有住房的申請？"我說："沒有，沒有。部隊文工團分配給我的小房子我能住。"他又問："你有沒有愛人進京的要求？"我說："沒有。我愛人就是在北京入伍的。她將來轉業復員不佔用北京戶口。"分房和戶口是當時劇院行政事務的兩個難題。聽我這樣回答，是之老師說："那好那好，那劇院就接收你了。"就這麼簡單乾脆，走出是之老師辦公室，我覺得天朗氣清、惠風和暢。我就這樣藉著鍋台上了炕，順著梯子上了房。人生的關鍵時刻往往如此簡單，就這麼一步登天了。

要離開空政話劇團了，感謝之情無以言表。當大部分返城知青還在街道等待分配工作時，空政話劇團接納了我，使我成為一名專業話劇演員。我沒有進過藝術院校，做演員的基本功大多是在空政學到的，尤其是跟王貴導演學到的。包括當兵這段經歷，會稍息會立正，當年覺得枯燥乏味的隊列訓練對我一生的操行也是大有好處的。儘管現在我離開空政話劇團已經多年，但我十分珍視在空政話劇團九年的經歷。我的演藝事業是從空政話劇團開始的。

入職北京人藝，讓我有了葉落歸根的感覺，就跟找到一個好對象結了婚似的那種踏實的感覺。我雖然是人藝的孩子，可是幼年有腿疾，少年當知青，與人藝漸行漸遠。如今終於磕磕絆絆、跌跌撞撞地進了人藝，走上了筆直的路，好像可以一直走下去，不再猶豫，也沒有別的願望了。這是我又一大人生關口。這是我生命的新起點，也將是終點。好像多年前下鄉的頭天，人藝後台窗內那"打虎上山"的圓號又在耳邊響起。老話說"男怕幹錯行"，我這"行"可是沒幹錯。

我後來看過陳沖接受採訪說的一句話，"表演有時候是一個拯救我的東西"，這番話同樣適用於當時的我。很多人這一生最難的，大概就是擇業了。許多知青返城以後都曾體會過：偌大一個城市，明明是自己的故鄉，卻偏偏沒有自己的位置。不知自己要幹什麼，有什麼能幹，對於我，得到了命運的恩賜，因為我一直在追求自己的熱愛——當一名演員。老天也真成全了我，讓我先參加了部隊文工團，又轉到人藝。也可以說，藝術拯救了我的命運。

十年動亂後迎來撥亂反正的歲月，也是中國電影大發展的黃金時代，好像所有的人都愛看電影。那時電影票很便宜，要說全民對電影的喜愛，現在遠遠比不上那個時代。那也是通過電影啟蒙的年代，傷痕題材、愛情題材、反思題材影響著八十年代的中國。

　　拍電影、電視劇當然是迷人的，特別是在一二十年前影視的黃金時期。作為演員，誰不想也上上銀幕，留下個大大的光彩形象呢！我自己曾在一段時期內有很大密度的影視創作，真的有了"知名演員""著名表演藝術家"的頭銜了。

第四章

天風地氣上下可遊

我小的时候，没有电视机，但有电影。学校时
打过组织看电影，故事片，动画片，还是老门
看新闻记录片，再来，自己映放故事片之半，
敲近世界新闻，现在的电影院改游
简世广告，大事 记录片

电影是梦想吗，我想，没梦过，
小时困脱在治疗有成果"触电"，拍过
闲片，但在电影里像 王心刚，张勇手即
去哪呈真 没想过，我生长在话剧
父亲是话剧的，看话剧有2件事，电影的
适宜 看得懂，所以，儿时游球启蒙
半的电影，那时的电影比直线，比蕾
帝道了，《海鹰》里又睡莱老师在片头
看钢盔，背脸用打音箭喊："引人打电报"
亮相，惊艳绝伦，让小小的我开始
懂得什么叫长得美。

①

一　美工表演兩不誤

我生長在話劇院團，父親是演話劇的，可當時我年紀小，還看不懂我父親他們演的話劇，像什麼《智者千慮，必有一失》，至於《茶館》，也只是喜歡看二德子上來就和常四爺打起來了，比胡同裏的小流氓厲害多了。更多的劇情、台詞太深奧了，而電影的故事性強，看得懂。我小的時候還沒有電視呢，但有電影，學校有時還不上課組織看電影，整個影院由學校包場，同學們開心的吵鬧聲能把電影院的房頂掀翻，可電影一開始，頓時鴉雀無聲。八一電影製片廠的紅五星一出，"我們的隊伍向太陽"的旋律響起，掌聲雷動。有故事片、動畫片，那時候每放映故事片之前，先加放近期國事、社會大事的新聞紀錄片，如今電影院先放的是商業廣告了。現在的年輕人大概不了解露天電影：高高的銀幕懸掛前方，八一電影製片廠的片頭五角星一閃，音樂一起，我們男孩子就激動得鼓掌。《海鷹》裏的片頭，王曉棠老師戴著鋼盔，背著臉用鐵皮喇叭喊："敵人打炮了！"回頭一個亮相，驚豔絕倫，把我們這些半大孩子的心全都震住了，讓小小的我似乎懂得什麼叫長得美。那時候我才三四年級，卻打心眼裏覺得她那麼美，王心剛、張勇手這些男偶像那麼英俊。所以，兒時的藝術啟蒙往往來自電影。那時的電影《地道戰》《地雷戰》甭說了，其中的經典台詞都成了生活中的代名詞。老師批評完學生，出了教室，同學們會集體小聲喊《平原遊擊隊》的台詞："平安無事嘮 ——"誰的主意好，就會說《地道戰》裏劉江老師的台詞："夜襲高家莊、趙莊、馬家河子，這樣一舉兩得。既可以端土八路的老窩，又可以解西平之圍。高，實在是高！"正是這些電影明星使我從小燃起了藝術之愛。那時燈市口附近的電影院可多了去了：大華、東四、長虹、紫光、西花廳，還有專門放新聞紀錄片的紅星電影院，可惜現在一個也沒有保留下來。我父親有時穿上西裝，家裏人直誇他像王心剛。不過，我看王曉棠、王心剛和看我父親、看人藝演員完全不同，我父親這些人藝演員能天天見，王曉棠和王心剛像天上的星星，只能仰望。

兒童片也好看。《寶葫蘆的秘密》今天看都是很好的電影。不知為什麼從來沒再拿出來給現在的孩子們看。說的是一個被寵壞了的小朋友覺得自己是天下第一，要什麼就得有什麼。他夢見一個寶葫蘆答應滿足他一切願望，於是，看人家下象棋的時候他想到吃炮，棋子炮一下跑到他嘴裏；他看商店櫥窗裏的自行車好，自行車的車把就向他一轉，他回到家，那輛自行車已在他的床邊。好玩吧？最後他和所有人包括爸爸媽媽都鬧翻了。一下子全世界就剩他一個人了，他到處看不到一個幫助他的人，餓了、冷了沒人管他。他上了一輛有軌電車，想去找找有沒有人能幫他。電車按他想的開動了，可他不會剎車，快到終點站就要撞上了，他嚇醒了。多有意義的電影。我現在還記憶猶新。

拍電影是夢想嗎？我想沒夢過。雖然兩歲時因腿病治療有成果"觸過電"，拍過新聞片，但在電影裏像前輩王心剛、張勇手那樣當明星，真沒想過。

我在黑龍江當知青的時候，長春電影製片廠知青題材的電影《千重浪》到我們師部選角色，可我正巧那天"毀容"了。前一天晚上，我們宣傳隊在十三連演出，油彩上妝，正要開始演出，外面因燒荒，草甸子著火了，我們宣傳隊裏小二十人拔腿就跟著十三連的人馬投入滅火，幹了一夜，臉上的油彩被風吹火烤，不是紅斑就是燎泡。如此形象趕到師部，人家的視線怎麼往我臉上落！

進入空政話劇團後，我算是正式躋身演員行列了。自從真當上演員，開始在話劇舞台上扮演角色，看到在空政的同伴們開始拍上影視了，我自然想若能有機會，也成為明星，但電影的緣分如海市蜃樓。一九八二年，中央電視台第一部長篇連續劇《蹉跎歲月》不但選中了我們學員班的郭旭新、肖雄飾演男女主角，也選中了我演一個配角，但因為要演《9·13事件》，話劇團領導不讓我參加。這部電視劇上演時，我也看了，雖然講的是雲南知青的生活，但我作為一個東北知青，對那種艱苦生活是了解的，更加羨慕那些演員了。後來我又看了孫周拍的改編自梁曉聲作品的《今夜有暴風雪》，拍攝地就在我待過的知青農場邊上，不到十里地，我常常牧馬路過那兒，但是我沒有機會拍。我看到電視劇裏的角色凍得不行，掀開棉襖把女主角的腳放在自己肚皮上暖，被感動得不行。我心裏在想：我什麼時候也能拍這樣的電視劇啊？

後來，《蹉跎歲月》轟動一時，肖雄和郭旭新雙雙獲得首屆電視劇的飛天表演獎，成了當年的大明星。我能不羨慕嗎！演員的名利心在那時開始萌生。人對影像有本能的喜愛，總是愛看照片中的自己，自我欣賞，更何況是在影視畫面中看到動態的自己，特別是電影銀幕中放大了多少倍的自己。在電視劇中，多少人能在自家的電視機上認出你，多美好的事。朱旭老師當年拍了個上下集的電視劇叫《獎金》，播出後，他上街就有人問他：「您那獎金發了沒有？」他說：「我演了這麼多年話劇沒人認識，上下兩集電視劇一播，好嘛，上街都不好意思了。」

《蹉跎歲月》的導演蔡曉晴還真記著我。轉過年，到了一九八三年，她籌備三集電視劇《紅葉，在山那邊》。她選我演男一號吳軻，是一個有志青年，經歷過挫折後奮發向上，成了不斷進取的典型。《紅葉，在山那邊》雖然不是電影，我也算觸電了，終於拍電視劇了。

我眼睛長得又細又長，人稱扁豆眼，更誇張的叫豇豆眼。蔡導擔心我沒演技，說貼個雙眼皮眼神會亮，能幫我創造角色。第一天開拍就貼了雙眼皮。這三集的電視劇拍了兩個月，慢工出細活兒，這在當時很正常。我年輕時這單眼皮倍兒緊，就算貼上雙眼皮，一眨眼只能回來一半，在等調機位、對燈光的空隙時間打個盹，大夥就笑我，睡覺雙眼皮被拖著，眼球留著一條縫睜著，跟張飛似的。

第一次拍影視，見著為演員的表演機器設備一大堆，這麼多人操持這「高科技」，萬一拍不好「遺臭萬年」，能不緊張嗎！有一次要演哭的戲，那是個重場戲，是在蔣宅口路邊一個民宅拍的，我飾的吳軻從「局子」裏出來回家。推開家門，沒人，就倚在門框上，用眼睛深情地打量著自己久違的家：從小櫥櫃，到牆上鑲滿小照片的鏡框，從父母的床再到天花板，一見斑駁的牆面，我不禁眼淚奪眶而出 —— 我想起十八歲的自己在下鄉兩年後探親回到內務部街的家，躺在床上仰臉看頂棚上，也是被雨水洇透的鵝淋，讓我浮想聯翩，感慨萬千：那是我從小長大的家呀，可是此時我已經不是北京人了，我的戶口兩年前就銷了。觸景生情，這段戲我的表演很真實，專業上這叫「移情別戀」，我表演成功了，只待導演在後面小屋監視器旁大喊聲「停」，所有藏在鏡頭外的人都叫著好為我鼓掌。我作為演員獲得的成就感油然而生，好像離王心剛、張勇手不遠了，影視表演令那麼多演員迷戀不已的就是這種一次性成功，一勞永逸地被拍下來供千百萬人看。可是沒想到，第二天蔡曉晴導演睜著她的大眼睛，不容置疑地說：「我得補個你昨天那場戲的特寫，加強你撲到母親懷裏仰臉看母親的眼神。」天呀，昨天的中景移動鏡頭多精彩呀，她竟要為了導演專業所謂的完美性，單補一個淚眼的我。沒辦法，演員嘛，總得服從導演，追求創作完美也從來都是演員的天職。可是補拍前我越來越不自信，這平地起就得淚眼汪汪的，我又不是自來水龍頭，太難了。機器已經在架了，燈也在佈，場記員在替我跪在鏡頭前對焦點。我知道蔡導演在培養我，讓我下部戲當大主演，感情戲讓我必須玩真的，我在另一間房子醞釀情緒，可怎麼也醞不出眼淚。於是，我偷偷地到了攝影現場後面的小廚房，做飯我會，找了頭洋蔥切了起來，還得瞄著前面準備拍攝的節奏。聽到燈光師傅說可以拍了，場記員開始叫我，我又將切好的洋蔥在已有火辣感的眼角抹上幾下，衝到攝影機前，跪下，看著躲在鏡頭後邊的「母親」，真情地喊了聲「媽」，現場又一片掌聲。這回監視器就在邊上，冒出了咧嘴笑的蔡導：「行吧，過！」她多有經驗呀，也許早就看穿我的小伎倆了。後來她果然又培養我，讓我拍了她重點抓的電視劇《中國姑娘》，是描寫中國女排的。蔡曉晴導演是引我走入電視劇創作道路的人，她現在有八十多歲了，很長時間沒聯繫了，我很想念她。

　　演員，特別是影視演員，在不同的拍攝現場條件下拍出真情實感、動真情，太難了。比如我一下就能記起電影《龍年警官》裏的呂麗萍，張豐毅演警官丈夫，陪妻子逛大街，正說到今天休息我陪你一類的台詞，可這時 BB 機又殘酷地響了，又得出警了，呂麗萍飾失望的妻子，一下子眼淚溢了出來。那是在大街上，是在車水馬龍被圍觀的情況下拍攝的，呂麗萍的淚真能從心裏流出來，很牛。

　　謝晉導演給我講過斯琴高娃的了不起。拍電影《高山下的花環》，靳開來在自衛反擊戰中採甘蔗被地雷炸死，被認為違反了「三大紀律八項注意」，沒有被評上烈士。領獎大會上，高娃飾的他的妻子坐在角落，當所有的烈士家屬上台為丈夫領獎時，還不大懂事的小兒子問媽媽：「爸爸怎麼沒有？」拍攝時導演一喊「開始」，副導演推小兒子一下，小兒子的背進入畫面，說這句台詞，近景鏡頭中的高娃要難以抑制地爆發激情。多麼有難度的表演！謝導說，高娃很早就在準備這個鏡頭了，演好了絕對是世界級水平的精彩。當謝導喊"預備"的一刹那，高娃的情緒也早已"滿弓待發"。但沒想到當時還很落後的一個燈滅了。謝導氣得破口大罵。無奈那種叫鏑燈的設置，換好燈管後還要冷卻二十分鐘左右。謝導來到斯琴高娃面前，說："對不起，忍一下。"演員能說什麼！這種時刻都是要勇往直前，心理不能垮下的。沒等到二十分鐘，燈又亮了。現場沒人敢大聲說話，待燈亮度穩定了，謝導也不去看監視器了，就在鏡頭後，悄聲細語地說："高娃，不急，我們等你。"高娃的內心頂住這種假定性的場面，她微微點了點頭，稍後用手指給了一個示意，謝導壓低聲音喊開機，副導演推孩子側背身入畫面，說："媽媽，爸爸怎麼沒有？"高娃的情感若開閘之水！演員啊演員，高娃是偉大的演員！謝導真的是深愛自己的演員，他給我們講這故事的時候很激動。高娃是老師，我在表演中時常想到她，雖然我們不是很熟。

我有生拍的第一部電影叫《山重水複》，是根據我們空政話劇團王貴導演導的《陳毅出山》改編的，我隨空政話劇團的很多演員共同參加拍攝。電影導演叫武兆堤，大導演，大家都熟悉的電影《英雄兒女》是他導演的。武兆堤導演當時剛調到北京電影製片廠工作，他要把《陳毅出山》從話劇舞台搬到大銀幕上，主要角色和群眾角色的班底都是空政話劇團的人，我這才有了第一次拍電影的經歷。這部片子最後定名為《山重水複》，講陳毅當年在江西根據地打遊擊的事。為了拍那個戲，我們從北京去到江西的密林中，那是當年贛南遊擊戰爭的地方，我們找了一片有很粗的松樹的地方，在那裏一待就是三個多月。去部隊裏體驗生活的時候，我們年輕人煞有介事，拿著手槍擺著姿勢，但就是打不著靶子。戰友話劇團的胡朋老師是老軍人，起碼是參加過解放戰爭的，那時候她應該五十多歲，雖然年紀大了，拿槍的手顫顫巍巍的，但不是七環就是八環，讓我們十分佩服。

我演遊擊隊員劉天祥，就是個小戰士，雖然鏡頭中常出現我的身影，但我的台詞就是一句"報告"，詞也不多，角色微不足道，差不多算是個群眾角色，但因為兩個小創意贏得了武導演的表揚。一個是我提議在遊擊隊小戰士演節目的情節中，把每個人的臉蛋上用紅粉塗成紅疙瘩。那場戲是遊擊隊在

電影《山重水複》外景地之武夷山秀女峰

根據地聯歡，歡迎中央派來的陳毅同志。我想起了小時候我父親第一次用人藝的油彩給我化妝時的情景。武導說："小濮同志從生活出發，對人物創造性格化有想法。"要知道，我從小喜歡畫畫兒。當年史家小學的美術老師楊薇娣很喜歡我。我能記起她給我們上課時，我會比上別的課有興趣。她常表揚我的作業。後來在中學，雖然只有一年，沒學什麼文化課，數學只學到了小數點，長大了倒是會數錢。班主任是美術老師王凱。他先是讓我在教室後牆上畫板報，後來竟然讓我在校門口的影壁上，配合他一起畫毛主席像，我學著依照相片，在牆上打格放大畫巨幅像。初稿上底色的結構線、暗影面積老師也讓我上手，以至我現在能畫素描，對畫面的結構、線條、明暗和透視關係手下能有些準兒。後來當了專業演員，我演的很多角色都是自己參與造型設計，上台前在化妝間常常自己化妝，實際上創作角色的心理已經開始了。這是學生時期的鍛煉。我還參加過朗誦班，現在還能記得革命烈士的詩歌："為人進出的門緊鎖著，為狗爬出的洞敞開著，一個聲音高叫著：爬出來吧，給你自由……但我深深地知道，人的身軀怎能從狗洞子裏爬出……"

武兆堤導演誇我的另一個理由是我把自己的服裝做舊、做髒了。我幹過美工，和美工邵師傅交上了朋友。邵師傅也挺喜歡我。我把新布料的服裝洗得發白，帽簷、袖口、肩頭等等易磨損的地方用銼刀、砂紙磨得起了毛，磨得像穿了很久的樣子。

那時候拍電影用的還是膠片，導演喊停了，膠片還自己走一段，所以會有富裕。我還跟剪輯師商量，能不能給我一點兒剪剩下的有我影像的膠片，對著陽光欣賞自己。那時候還沒有監視器，為了看洗印好的沒有剪輯的膠片回放，我們得坐著大客車從鄉村跑到縣城電影院，一路上顛得不行。攝製組還從江西拍到福建，我第一次在廈門看到了海 —— 跟油似的柔和，不起浪花，潮湧起伏。

為了幾個外景鏡頭，最後去了武夷山。武夷山太美了。我們藉這個機會連拍戲帶遊覽風光，看秀女峰，過九曲溪，仰面看懸棺，還有那棵據說是真的被皇上賞賜龍袍的茶樹。撐船艄公的福建話聽不大懂，不知道他說的是什麼，像是在唱歌。

那竹筏子上，五個人順直排坐，光腳，加艄公六個人的體重正好把竹筏壓在水面以下，水沒過腳背，但竹筏不會沉下去。那情形妙不可言，真想有機會再舊地重遊。

二　白衣白馬李七郎

在空政時期我還拍過一個武打加風光類型的故事片《大漠紫禁令》，那是一九八四年。那個時候，香港導演尤其喜歡西部的大漠戈壁。《大漠紫禁令》是香港公司和天山電影廠合拍的片子，我第一次見識了港台拍大片的陣勢，比北影廠還厲害，挺唬人的。香港導演給我的感覺特有錢，敢拍大場面：佈景、道具、車隊，排出一條街，人馬有上百號。攝影師有點兒怪，左眼斜，卻正好不耽誤右眼聚焦鏡頭。別說，看樣片時焦點都挺實。他幹勁十足，那麼沉的攝影機他常手拎肩扛，搶拍動作武打戲，那叫一個麻利。記得在大雁塔下的夜市小攤吃烤羊肉串，一扦一毛錢，也不顧那扦子用的是自行車軲轆的車條。攢一大把剛烤熟的肉串，幾瓶冰啤就著，那叫一個香。第一次這麼過癮。

《大漠紫禁令》的故事是虛構的，說的是一個大法師歷經艱難去西域取經的故事。我扮演受大唐皇帝之命保護大法師的白衣衛士李七郎，演員表上排五號。八一廠的趙曉明演黑衣衛士。男主角是周里京演的，叫什麼法師我忘了。

拍攝完華清池歌舞升平的戲，我們乘大客車離開西安，一路西進，兩三天的路，從蘭州再南下，到甘南草原，後又經武威、敦煌、河西走廊，直奔新疆。在甘南第一次看到藏民生活，看到大草原和無際的山巒。讓藏民們集合站隊不容易。副導演求爺爺告奶奶才能把場面組織好了，一會兒，他們又跑旁邊喝酒去了，特別散漫。一聽說拍完了嗷嗷叫，等發錢，特別開心。

我騎的白馬是從縣長手中買下的。我和主演周里京、八一廠的演員趙曉明開拍之餘常策馬在甘南草原上。有幾天拍完有牧民參加的夜戲，收工回駐地，我們跟道具老師說我們不坐車，願意騎著馬回去，回去再交馬。我們從拍攝場地騎著馬跑好幾公里回營地，頭懸明月，馬隊百號人手擎火把，我們騎馬混在馬群中，前前後後全是藏民，他們一路上唱歌、吆喝，我雖然聽不懂，但是覺得很有意思。這是我之前從來沒經歷過的，那風情真是令人難忘。這狂野，好不自在，城市生活哪有這味道。那時我怎麼會想到，三十年後有一天我會給一群藏族孩子當老師，教表演，給他們導演莎士比亞的《哈姆雷特》。

藏族人信奉宗教。有一次我們三個人騎馬去拍戲，都穿著戲裝，周里京著一身袈裟。遇到一位老奶奶，老遠就朝周里京雙手合十，她真的以為遇到大和尚了。周里京趕緊捏滅香煙，從老奶奶身邊騎過，我跟後面，看到她哭了，我喊住周里京，說："也許你應該給她摸摸頂。"周里京返回來摸了老奶奶的頭。她笑了，跪了下去。周里京也下馬還禮。

在甘南草原上，我們還支起了一塊屏幕，夜晚看樣片，藏族同胞覺得特別新奇，再拍攝就配合多了。

拍攝過程中也出現了很多變數，也有了很多個我的人生第一次。

在吐魯番，遇到了沙塵天氣，那是我第一次見沙塵滿天。一個星期停拍，因為攝影器材會被沙塵毀壞。幾天來門窗緊閉，空氣裏全是懸浮的土，除了吃飯，口罩幾天不摘，睡覺也戴，口罩上也都是灰塵。我們就待在屋子裏，去食堂打飯的時候碗上都蓋著蓋兒，打好了趕緊蓋上，端回屋裏頭趕緊吃，不然一會兒會吃出沙子。我第一次感到世界末日不過如此。這罪受得大，能挺過來全憑喝酒了，還有就是一遍遍地聽當時最流行的、蘇芮演唱的歌《酒乾倘賣無》。也許人生真得過些這樣的難關險境，人才能有忍耐力克服日後的困難。

年輕美麗的楊麗萍是女主角的舞蹈替身演員。她一天到晚只一個人在屋裏頭，穿著拿塑料布紮好的練功衣，天天練功，特別敬業。攝製組的人給她送飯，我們平日見不著她。

我們住的條件很差，招待所的食堂也對外經營，也許是這原因，我染上了肝炎。加上離開甘南時冒雨幫著裝車，感冒引起抵抗力下降，等北上到了武威我就發病了，高燒不止，渾身乏力，醫院診斷是急性肝炎，醫生說："休養至少一個月，你們要是不要他的命，就繼續拍電影。"攝製組傻了，雖然不是主演，但也不能少了我呀。我真感恩他們，竟停下了拍攝，讓我馬上坐火車回北京治，治好後盡快返回再拍攝。他們只能先拍沒我的鏡頭，或者是把我的鏡頭挑出來以後補拍。

我到了北京，隔窗見了宛萍抱著一歲的孩子，但我們不能接觸，我被直接送進了空軍總院。那是十一月份。治療、恢復到出院還順利。回家休養時，傳來了整個攝製組停拍的消息，因為主演受了重傷。

周里京喜歡喝酒，好交朋友。他跟他以前拍電影《肖爾布拉克》認識的新疆朋友喝酒，不知道為什麼喝著酒就吵起來了，還動手了，他穿著襯衣襯褲就被人轟到外面大街上了。那時候已經是十二月份，新疆多冷啊。他敲一個傳達室的門，想借值班的電話聯繫攝製組，但這傳達室的人見他喝醉了，就是不開門，周里京就把人家玻璃砸了。人家報警，警察把周里京帶到派出所。後來警察終於弄清楚他是拍電影的，這才趕緊通知了攝製組，那時候已經深夜了。製片主任見到他的時候，一瞅他那腦袋，誇張點兒說，腫得快跟肩膀一樣寬了，手還被銬著，躺在煤堆上，身上全都是黑的。這可壞了。我們攝製組裏場記員的夫人是軍區醫院的，連夜就送他進了軍區醫院急救室，拍了 CT，證實是顱內出血，得馬上簽字手術，如果過了二十四小時，血液板結了，就得開一個馬蹄形，把腦骨揭開，再把血塊給取出來，再縫上，這個過程中如果碰到神經，人就會癱。

簽字誰都不敢簽的。於是連夜給電影學院打電話，那時候電影學院還沒有夜間值班。到第二天早上八點，終於有人上班了，電影學院不了解全部情況，不敢簽字。周里京在昏迷中，還不讓告訴他家裏，他妻子正懷孕呢。這一番折騰就過了二十四小時了。字沒簽成。

確實是過了二十四小時了。攝製組一咬牙一跺腳，終於簽了字，給周里京開顱了。這電影當然只能停下來了，不拍了。

那時候我還在北京，接到電話告訴我說：「您也甭著急了，這邊出事了，攝製組全歇了。」得，我就安安心心地休息，一直休息到轉年春天，肝病完全好了，我回到了攝製組。

那時拍電影，我們配角演員賺不到錢，劇組只和演員所在單位簽合同，每天只發生活費，自己吃也好，在食堂吃也好，就是這麼多。一開始大夥就覺得不公道，加上這電影拍得遙遙無期，經歷了各種風波，再想把大家拉回到新疆去，誰願意去啊。後來製片方開恩，每人發了四百塊錢，算是請我們飛到了烏魯木齊，這便是那次拍電影掙的唯一一筆錢。

飛到烏魯木齊上空，碰到了飛機出故障——飛機起落架放不下來。在烏魯木齊機場上空飛機低空盤旋，翅膀一直搖晃，終於，聽到"咔嚓"一陣響，起落架被甩下來了。我記得，當時喊叫哭鬧不用說，機上已經有人在寫遺書了。那是我平生唯一一次碰到飛機出故障。

片子繼續拍。整個攝製組的氣氛已經沒有剛開拍時的那種激情。先說我那匹從甘南縣長那兒買來的白馬，因為停拍了幾個月，有人餵但沒人騎，不活動成了白"豬"馬，胖得連鞍具都上不去了，我騎上去覺得腿要劈叉了。好歹被馴馬員騎瘦下來了，可這匹藏區的馬入不了新疆演員的馬群。劇情是這樣的：我飾演的李七郎要策馬衝入匪群，劍劈一個匪徒。走了多少遍位置，馬就是一到新疆群眾演員的馬群邊上就不往裏衝，我又甩鞭子又磕腳跟踢，這馬終於在強迫下進了馬群，算是走到位了。我便回到拍攝位置的起點，導演喊"開始"，攝影機響了起來。那時拍電影用的是膠片，成本很貴，要盡可能省錢，不浪費膠片是很看重的概念。所以，那時拍難度大的鏡頭一遍過是很榮耀的，水平不高的演員在攝製組會被人背地裏稱"李四條""張八條"，意思就是拍八條還沒演好，導演往往為省膠片，只好湊合了。我當然想當"濮一條"，信心百倍地調整好胖白馬，一聲令下，衝向馬群，接近了扮匪徒的武術教練，一揮劍，沒想到劍從馬耳朵前揮過，牠受到驚嚇，再加上武術教練誇張的、武打片式的受傷動作，胖白馬向側後一閃，我整個人就從馬脖子右側摔出去了。我的左腳掛住了馬鐙，因穿著唐朝人的靴子，靴子前面有翹上去的尖，我被掛住了。得，我真劈了叉。左腳在馬背上套著，右腳支撐我的身體。好在我在黑龍江放馬有點兒經驗，沒太慌，手緊緊地拽住馬韁，拉住馬頭，不能讓牠揚起脖子跑起來。馬的兩條前腿就在我身前踢，馬群大亂，武術教練騎的那匹受驚的馬，屁股橫著撞飛了我的頭套。現場一片大亂，正當誰也不知如何是好的時候，一位新疆文化廳看拍攝的領導奮勇撲上，像當年黑龍江的老張頭兒一樣抱住馬脖子，用體重壓住馬頭，讓牠不能動彈。一干人擁上來解救了我。後來懂行的人說，最危險的是那匹甩下了武術教練的空馬，萬一尥蹶子踢到我，起碼重殘。

怎麼辦？還得拍呀！導演帶著驚恐的眼神，可盡量咧著嘴笑，安慰並詢問我能不能換匹新疆的白馬接著拍，要不就換個替身演員？我的英雄氣概上來了，逯能的脾氣是有的，說：＂沒事兒，我再來。＂化妝師重又把撣乾淨的頭套給我扣上，撣去渾身的土。騎上臨時找來的白馬，一匹瘦多了的馬，騎上去兩腿像沒夾著東西。反正是白馬，來吧。這回真是＂濮一條＂，武術教練成功被＂斬落下馬＂，現場一片歡呼掌聲，是為有驚無險的我。後來看樣片，導演為以防萬一，用上了所有的攝影機，用各種角度的拍法，怕萬一又沒成功，也總有一台攝影機的角度能剪輯起來用。得，還是沒當成＂濮一條＂，多少膠片捲出去了！攝製組不多給我們發錢，可膠片錢不怕花。

　　一個攝製組，從頭年夏天開始拍，轉年四月接著拍，四處轉場，從烏魯木齊一直到嘉峪關，中間還去吐魯番、敦煌等地，轉場全是坐大轎車。戈壁是什麼！＂大漠孤煙直＂，哪有煙！天地凝固了似的，像在火星上。真的是開一天的車也不見人煙。我當時坐在客車裏晃盪顛簸，看著茫茫戈壁，想著踏不完的征程，感覺這個戲彷彿一輩子也拍不完了，人生就在此停擺了。

　　《大漠紫禁令》有武打、西域等當時時髦的電影元素，所以還是在電影院線上映了，得了當時社會評價最差影片第六名。電影人不容易呀，吃多少苦沒用，藝術水平、故事人物沒演好，觀眾可不管你受過什麼難。

　　雖然拍電影條件很艱苦，拍了八個月只掙了四百塊，不管怎樣，也是一番經歷，讓我體驗了完全不同的生活方式。電影多偉大呀，學名叫拷貝藝術，一旦被拍攝下來，能讓那麼多人看多少年！那正是影視的黃金時代，熱門連續劇上演時萬人空巷，大家都看，上班還聊電視劇裏的劇情，一部影視作品能讓好幾千萬人看見，影視對演員的吸引力和舞台是很不一樣的。當時大家都覺得拍影視劇比演話劇好，感覺自己的形象放到片子裏，就會流芳百世一樣。我就愛聽導演在一個鏡頭拍攝之後喊＂過＂，也愛聽攝製組工作部門，特別是化妝組的人告訴你：＂人家都議論你演得好。＂

三　謝晉：＂又出了一個演員＂

　　電影夢繼續在做，不僅是享受名利和成就感，還能走南闖北地接觸那麼多生活，到那麼多不是拍影視一輩子也去不了的地方。我第一次去美國，就是因為拍電影。

一九八八年春節一過，劇院開始排《天下第一樓》，我演男主角盧孟實的B角。《天下第一樓》是何冀平老師的原創大戲，我那時剛調到北京人藝不久便被委以重任。

說到《天下第一樓》，和我一起排過戲的同行們都會想起林連昆老師。他在《天下第一樓》中演常貴，雖不是主角，但他只要在台上，就能吸引觀眾的注意力，有"戲魂"之譽。演員有一夜成名的，也有厚積薄發的。林老師是後一種。多少年他在劇院一直只演配角，到了八十年代，他快五十歲了，改革開放，戲劇也繁榮起來後，林老師演了一個又一個了不起的角色。《天下第一樓》已經排到第二幕的時候，他才頂替別人參加排練。我們都知道林老師了不起，在排練廳他第一次上場我們就睜大眼看。林老師拿著劇本邊對台詞，邊適應對手演員已經排好的調度，有的地方他走起來不舒服，他就停下來試一下別的辦法。突然，他在說一大段台詞的時候，試著往門柱上一靠，又變換位置，抹了兩下餐桌後，用手指撐著桌角。林老師扮的這個角色是堂頭，一天到晚不知得接多少客、幹多少活，所以，能抽會兒空閒聊幾句的時候，他找到了這靠一靠、撐一撐的形體感覺，這樣一大段台詞一下子就生動了，特別有生活的感覺。當時排練廳為林老師一瞬間創造出的角色感覺而歡欣鼓舞。不知誰想了一句詞叫"站碎方磚，靠倒玉柱"，還寫成大字貼在牆上，激勵全組的創作精神。

我在認認真真準備盧孟實這個角色的時候，謝晉導演在籌劃請我去拍電影。謝晉導演在當年是響當當的大導演。一九八四年他想拍電影《赤壁大戰》的時候，從上海到北京來挑演員，就到空政話劇團找過我。

一九八八年，謝晉導演拍完轟動全國的《芙蓉鎮》和《高山下的花環》，開始籌拍《最後的貴族》，他竟又想起了我。當時中國電影界在討論所謂"謝晉電影模式"，其實謝導自己也在尋求藝術突破，準備轉向國際題材。謝導看了白先勇的小說《謫仙記》，覺得要抓這個題材。一九八七年，謝導在西子湖畔與白先勇聊改編的事，他們一拍即合，要塑造一個中國女孩滄桑的一生，要拍一部像《亂世佳人》一樣的電影，而且都想到了請林青霞演女一號李彤。林青霞當時正想從言情片轉型拍文藝片，投資方、製片方是香港銀都機構。秘密商談後，林青霞一口答應，她也很想和大名鼎鼎的謝導合作拍一部好的文藝片。其他三個演官宦人家的女孩也都定了：第二主角是潘虹，第三主角是肖雄，第四主角是盧玲。關於男主角，謝晉導演想找一個形象很正的演員，他有兩個人選：一個是我，一個是張宏民。張宏民那時候是央視《新聞聯播》主播，他不可能出來拍電影。謝導就來找我。

那時還沒有手機、BB機，家裏也沒電話，我被喚到空政話劇團辦公室接長途。跑步去的，已等了起碼有五分鐘的肖雄滿口上海口音急赤白臉地說："小濮啊，有一件特別好的事情，你能不能到上海來一趟？"我說："去上海幹嗎？"她說："謝大導演讓你來《最後的貴族》組裏試鏡頭，演男一號！天大的好事！"我問："什麼時候去？"她說："越快越好，你坐飛機來上海試試鏡吧。我也在上海，我也參加的。"我有點兒懵，是好事，但我沒有去。有三個原因：一是劇院有心正要重點栽培我，我不敢張嘴說要去拍電影呀；二是我認為這件事不靠譜，要去美國拍攝，還要和林青霞演對手戲，我不敢想象；三是要自掏腰包飛一趟上海試鏡，沒人說能報銷，那時生活真的還不富裕，而且當時買機票還要開介紹信。猶豫再三，我就選擇了不去，把這事放下了。沒過多久，謝導演到北京了，來空政的宿舍找到我，說要在我家吃飯。這情分是滿滿的，宛萍緊著備了一桌飯菜。謝導演兩杯酒下肚，興致勃勃地說："我看你演這個男主角合適，另一個人選是中央電視台新聞主播張宏民。電視台的關過不去，所以就你了。"吃完飯，他留下劇本叫我先看，讓我自選劇情演兩三段小品，叫徐松子配合演對手戲，三天後他來驗收。我看過劇本很興奮，編演了三個片段。我家小，在肖雄當年的家，我為謝導做了表演匯報，他還滿意。可是當時我在劇院排練《天下第一樓》，已經排到第二幕了。謝晉導演直接給于是之院長打電話，他們兩人是老朋友。于是之院長考慮再三，然後他親自到排練廳，跟全劇組的人說："濮存昕同志受上影謝晉導演力邀，他自己沒有張嘴要去拍電影。是謝晉導演給我打電話，我把這件事情報到宣傳部。領導經過研究，我們劇院院務會也研究了，同意讓濮存昕到上海去參加電影拍攝。盧孟實這個角色他就不擔當了。"他還說，電影也能培養演員，這對誰都是好機會。於是我當著眾人的面離開了排練廳。有人羨慕，有人祝賀，也有人嫉妒。我往家走，腳下有點兒飄。

電影在上海開拍，謝導要在外灘碼頭拍一九四九年那些闊家子弟坐輪船

謝導和我在討論拍攝方案

我在《最後的貴族》裏演陳寅

離開中國的場景，可當時正逢國慶，外灘的洋樓是碼頭的背景。謝導演的面子真夠大的，給上海市領導打了報告，外灘上掛著的那些慶祝十一的一幅幅標語竟都撤了下來。上海的戲拍了將近兩個月，十二月我們就出發去了美國，那是我第一次因為拍電影出國，也是中國的電影第一次到美國去拍攝。

這部電影在美國拍攝了五十三天，除了英達，我們都是第一次到美國。一九八九年的除夕是在中國駐紐約領事館度過的。我們去之後有一個星期來做準備，謝導演擺出大導演的架勢。在美國拍攝，我們不能用自己找的演員，必須用紐約演員工會推薦的演員。根據提供的角色名單，副導演和美方經紀公司溝通需要什麼樣類型的角色，有名有姓有台詞的和沒有台詞的群眾等等，劃分出來，然後經紀公司就開始委派和聯繫演員。謝導演最後要面試。參加面試的美國演員見著中國大導演也有緊張的。我們謝導可牛了，吸著煙，蹺著二郎腿。演員工會應聘來的演員中也有很多是專業的，非常好，但也有被謝導演嚇著的，當然可能水平也不高。

我們雖然從國內就開始準備，幾個月下來，一開始還是表演不夠自信，不鬆弛，找不到貴族感，在上海拍完樣片大家都為演員的表現擔憂。真的不知怎麼回事，也許是看到有的美國演員不過如此，我們表演的自信心便增強了，自如了。到了美國，也許是在異鄉的氣氛中更容易投入真情實感，在自由女神像下我們的拍攝也自由了許多。已是隆冬，可要拍夏天的戲。我還好，穿西服，女演員全是裙子、旗袍，海風那個涼，一個鏡頭拍完，鏡頭外的人找準瑟瑟發抖的女演員衝上去，馬上用中國人民解放軍的棉大衣摟住。我相信這棉大衣肯定比呢子大衣管用。

反正謝導越來越滿意，我也感覺好像會演戲了。有一次我們連著用三天的時間拍我的婚禮的重場戲，宴會上我們學的恰恰舞用上了。拍我和潘虹一起跳的時候，美國群眾演員都在鏡頭外看著。

三天下來，最後一個鏡頭是我一個人看醉酒的女主角瘋狂地用舞蹈發洩自己，感受內心痛苦的感覺。幾組不同景別的鏡頭拍我同情難過的表情——這回可真是"濮一條"。那時用的仍是膠片呢，一個鏡頭要把看跳舞的所有反應過程演出來，供以後剪輯。當謝晉導演用英文大喊："卡麥拉！"因為也是三天辛苦下來，最後的鏡頭順利拍攝完成，掌聲和歡呼聲從美國群眾演員

《最後的貴族》中陳寅和李彤跳舞

那邊傳來。沒想到過了一會兒副導演讓我去和美國群眾演員告別，他們領完演出費要走了。一大排，多是女演員，排著隊與我這個中國演員告別。與這麼多女性以西方禮節相擁、貼臉，還親臉，這還是頭一次，那個時刻我的自我感覺倍兒好，有點兒為國爭了光的意思。

我們住的愛麗絲島，離城裏挺遠。一邊是紐約的曼哈頓，另一邊是自由女神，它和曼哈頓之間有一座跨海大橋。我們可以坐輪渡船經過自由女神到曼哈頓港的碼頭，挺簡單就過去了。要不就是坐地鐵，只需要認準了字母，然後就看自己坐什麼顏色的線路。

林青霞最終沒有出演女一號，這裏有一段花絮。謝導演計劃九月開拍，五月就把除林青霞外所有主演召集到上影廠，研讀劇本，體驗生活，學跳恰恰舞、開車、打牌，當然還要寫人物小傳和練小品。一個多月後，林青霞聽說謝導演這麼認真，演員拍電影要提前幾個月做準備，她很好奇。那時港台地區影視拍片，演員提前兩天進組就不錯了，基本都是當天到當天拍。林青霞就想來上海看看。她的決定是很大膽的，當時台灣當局是嚴禁台灣人來大陸，違規要重罰的。林青霞不顧這些，各方面制訂了周密的計劃，讓她暗地從香港轉機，秘密到了上海，住在瑞金路一號公館，用三天的時間與導演和幾位主演見面。謝導千方百計嚴密封鎖消息，要保護好林青霞，否則這會成

在自由女神像下

為爆炸性新聞。我們也宣佈了紀律，不准說出去。

那年頭，我一個還沒出名的青年演員要與林青霞演一對情侶，令人激動。我們見了林青霞，落落大方的她與我們共處兩天多，聊電影，謝導讓她看我們的筆記，看表演練習，吃飯都在秘密封閉的瑞金路一號公館。她那天喝了茅台，有些量，其他女演員也都大醉，回到賓館是我攙她們上樓的。我還記得我們陪林青霞乘快艇遊蘇州河，觀光外灘。她突然想從艇內到後甲板去看看，我被謝導指定陪她並加以保護。沒想到她讓我用她的相機拍了一張與飄揚的五星紅旗的合影。原來她是為了這個。可見她是很期待在大陸發展的，她當然知道自己在大陸有多少影迷。

但是最終還是出事了。最後一天送行，我代表演員與謝導一行幾人去虹橋機場送林青霞去美國洛杉磯。為了不被注意，謝導成心和林青霞保持一點兒距離，揮手告別。沒料到在海關檢查口出示護照時，工作人員一看名字，問："你是林青霞？請把墨鏡摘一下。"這原本也正常。林青霞和隨行的人進了閘口，我們送行的人以為她會順利登機，就返回了市區，誰也不知道後來發生了什麼。飛機出現故障要檢修，旅客都退回到候機室。那時候機場好像還沒有貴賓休息室，林青霞和陪同的兩個人擠坐在候機大廳。安檢人員走漏消息，先是機場的人，後也有旅客上來圍觀，林青霞坐在那裏，引起了小轟動，香港《大公報》記者恰恰在場，趁機拍了照片在報上刊出。幾個小時後飛機起飛，到了日本橫濱飛機又要檢修，在日本住了一天，等飛到洛杉磯，她秘密到上海的消息早已滿天飛，記者們堵在她家門口打探消息。林青霞很沮喪，迫於壓力，她只好打了國際電話來，說不拍這個電影了。林青霞的退出對謝導是個很大的打擊，我看到謝導失望愁苦的眼神。我們一起坐著，潘虹、肖雄等人圍著他安慰，他一個勁兒地抽煙，思量，一夜沒睡的他眼睛都紅了。可片子還得拍，最後他決定讓潘虹從女二號接替林青霞的空缺，飾演這個一九四九年移居海外、流浪一生的富商之女李彤。潘虹那時剛剛成功地拍攝了電影《人到中年》，她塑造的女醫生陸文婷深受觀眾好評，可馬上要演一個從二十歲開始演起的角色，而且是貴族，開拍前一段時間她壓力大，也很緊張。

我演同樣前往美國的富二代陳寅，多年與舊時戀人李彤若即若離，在流亡的歲月中見過幾次面，其中有段情節，舊日女友李彤當了妓女被抓，已婚

的陳寅聽到消息，跑到警察局
用錢贖出她，兩人深夜在酒吧
敘舊。又過了多少年後，他在
朋友的家宴中聽到李彤已經自
殺了。在威尼斯，浪跡天涯的
李彤在最後的時刻與一個也流
浪在威尼斯街頭賣藝的俄國人
說了句："世界上的水是相通的
嗎……" 小提琴聲中，她消失
在水岸。

要拍酒吧那場戲時，林青
霞來片場探班，典雅的她擁抱
了一身白衣的潘虹，轉而握
住謝導的手說："看看你們也
好……" 看了我們排練走機位
後，林青霞要來請謝導吃飯，
謝導說："我們人多，我請你。"

謝導在紐約拍攝現場給我和潘虹排練

見面時說到這場戲，說我們要先排練一個工作日再拍攝。謝導後來很得意地
跟我們說，實拍前還要排練這事讓林青霞很吃驚，因為香港拍電影都是不用
那麼嚴謹的。

《最後的貴族》要開拍的新聞發佈會前，謝晉導演覺得我的姓很少有，不
易讓觀眾記，又容易被叫錯，用上海口音唸濮存昕容易唸成"勿稱心"，他怕
這會影響我出名，執意勸我改名字。他想到我父親的藝名"蘇民"，再取了
"昕"的音，說這個名字觀眾好叫的，就定"蘇昕"吧。我心裏嘀咕，也不好
不同意，就寫信告訴了家裏。我父親不高興了，雖然新聞發佈會開了，他在
回信中堅決讓我改回來，還說："難道謝晉的名字好聽嗎？和'洩了勁'也差
不多！"看來父親真動了氣。再說，我也不太習慣就此改名這事。我把信拿
給謝導看，他笑了，把自己的建議收回了。還好，"濮存昕"這個名字沒影
響我成名。謝晉有君子之風，幾年後，他拍《鴉片戰爭》，請我父親演道光皇

《最後的貴族》酒吧片段

帝，倆人處得挺好。

　　還有一件有意思的事。電影後來剪輯，把一個日後大名鼎鼎的導演給剪掉了。這個人就是李安。當時李安在紐約讀電影專業，他想看看大陸來的攝製組，想見見謝晉導演，就來一個場景的戲中跑群眾，我和他還在角落聊過天兒呢。

　　在紐約，一個月下來，不會英語的我也快能自己乘地鐵、坐輪渡了，參觀了大都會博物館、自然天文館、畫廊，看了百老匯的戲，突然通知說："你的戲快拍完了，過幾天回國的機票都買好了。"不覺有點兒失落，好像沒玩夠……那時的美國像是天堂般地留在了我的記憶中。幾天後，我、英達、毛永明三個人隨著飛機貨艙裏的數十件運回國的箱子先回到上海，攝製組還要去洛杉磯拍。因為聯絡不暢，我們仨在機場等了幾個小時才有上影廠的人來運回這一大堆箱子。後來聽說，是沒去成美國的製片組的人不高興，成心怠慢，讓我們乾等著。那時是改革開放的初期，又是深夜，回市區的路上燈光昏暗，和當時的美國沒法比。而現在，我們國家的基礎設施建設今非昔比，

林青霞到紐約探班，與肖雄和我合影留念

從上海到全中國，很多方面倒過來了，我們的月亮好像比那邊的圓了⋯⋯

拍這部戲的片酬，扣除國際長途電話費和生活借支費，我又是拿了僅剩的四百塊，謝導勸我拿這錢去買電影裏角色的西裝，說西裝是在香港定做的，量體裁衣，國內做不了這麼好，結果四百塊錢還不夠。當時在紐約每天的生活費是十六美金，但是吃一天快餐就要七八美金，還想買這買那回國送禮，哪還能剩下什麼錢。那件西裝現在已經穿不下了，送人了。

在《最後的貴族》中，我以男主角的身份，第一次為影視觀眾知曉。平心而論，我不認為自己的表演有多麼出色，在首映式上，謝導看著我面對媒體侃侃而談，在一旁得意地說了一句："又出了一個演員。"這是後來肖雄告訴我的。謝導愛護演員是出了名的，從他手上培養的大明星很多。能得到他的讚許，被他器重，我很欣喜。謝晉導演是把我真正領進電影界的引路人。

拍《最後的貴族》的時候，我認識了盧燕阿姨，電影中她演潘虹的母親。盧燕阿姨真的很傳奇，她的雍容華貴，沒有別的人能演出來，畢竟一方水土一方人。她的父母是京劇大家，她的母親是非常好的老生演員，父親多病。

那年的聖誕節我們在紐約的一位朋友家度過，謝晉導演合影那天心情不太好，因為在拍攝《最後的貴族》中遇到了很多困難

日本侵華期間，他們從北平搬到了上海，梅蘭芳把他們接到梅家住。盧燕阿姨那時候還是一個五六歲的小姑娘，已經可以入門了。後來我問過她："您怎麼不學戲？"她就笑自己，說："我是太笨了，梅先生沒教。"當時梅先生蓄鬚，他自己也很失意。我家還有梅先生一張畫，是拍賣買來的，畫的是一隻閉嘴的鳥，還有題跋。梅先生不教她唱戲，也是那個時候的心境使然，世事難料。梅先生雖然沒讓她學，她還是耳濡目染，所以身上有梨園養育出來的那種韻味。日本投降以後，他們就離開了梅家，到了香港。盧燕阿姨在香港入行，成了電影演員，憑《傾城傾國》得了獎。她後來就到了美國，又拍了些美國的電影，成了代表華人的第一位奧斯卡終身評委。她也幫著張藝謀、陳凱歌和很多電影人，也幫著中國的電影事業。住美國的她每每接一個電話就坐著飛機來了，而且沒有跟班的。她那個時候就覺得我是好苗子，將來會是個好演員，我們倆後來一直有聯繫。她還跟我說："咱們倆一定得演個戲。"

真是"一萬年太久，只爭朝夕"。轉年，謝導馬不停蹄要拍李準老師創作的電影劇本《清涼寺鐘聲》。當年家喻戶曉的老電影《李雙雙》就是李準老師

與明暘法師合影

創作的。二十世紀七十年代他寫了這個劇本，當時叫《冤孽》，趙丹曾經想把這個劇本搬上銀幕，但未能如願。謝晉導演看過劇本後，親自到李準家請他修改劇本，四易其稿，終於在一九九〇年六月定稿。謝導還請時任中國佛教協會會長的趙樸初指教，並改片名為《清涼寺鐘聲》。片名就是趙老題的字。

《清涼寺鐘聲》講的是日本二戰投降後，日軍、日僑撤退，留下一個孤兒，河南農村大娘將這孩子撫養長大，取名狗娃，孩子有慧根，長大後出家當了和尚，戒名"明鏡"，多少年後成了大法師，隨代表團訪日認母的故事。謝導再次向我發出邀請，讓我演明鏡法師。

連著跟謝導拍兩部電影，沒有先例。因為是第一次出演和尚角色，我得到人藝同意後，在開拍前就到了北京的廣濟寺體驗生活，接待我的是現在佛協的會長演覺法師。我常去他的禪房，學禮佛，學誦經文。我現在還能背下來的一些，就是當年跟他學會的。演覺法師給我演示穿衣的方法。佛家穿衣服的方式很特別。先勾住領子，舉至腦後，兩手穿袖，順下來，一下就穿好了，再披袈裟。京劇演員的穿衣動作是從生活來的，你看那雲手、捋須、整冠。有一次我看費波編導的芭蕾舞《孔子》的片段，是讓那些歪歪扭扭的舞者穿寬袍大袖，他們要麼不穿，要麼穿上就擰巴。我突然想起在廣濟寺學佛的這段經歷，便悟到，原來我們中國人穿寬袍大袖正是為了修煉人的"正"，人不"正"就沒法穿好寬袍大袖。穿短衫窄袖的布衣是因為要幹活，幹活的人都穿合身的衣服，圖方便。但在禮樂場面之時，人一定是正、平、穩，要穿那寬袍大袖的衣服。

我還剃了髮，穿著僧服和袈裟到了上海大和尚明暘法師的圓明講堂體驗生活，獨自一人在那兒宿了一夜。來到和尚中間，頓感莊嚴、有趣。天才蒙蒙亮，我與他們一同起床、上早課。我雖不會誦經，但也雙手合十嘴裏跟著唸，裝得很像濫竽充數的故事。禮佛走隊列時，我排在最後，身後都是里弄裏的大媽大嬸，她們都是居士。我比她們身材高出好多。我發現她們忘了唸經文，直愣愣地看著我。後來她們對我說，沒見過這麼高大英俊的和尚，她們還猜我是不是從五台山來的北方和尚。睡前，我被請進明暘法師的禪房，與他聊了近兩個小時。他是佛教協會副主席，德高望重的大法師，他那年已有八十多歲，臉色紅潤，身體很好。明暘法師留給我的印象極深。侍奉他的法師說，師父每日只躺睡兩三個小時，別的時候都是修禪盤坐。聊天的內容不是什麼深奧的佛法，就是和尚的平時生活、規矩什麼的。他也關心電影的拍攝方法，問得很有興趣。那時我想到了"善目常見菩薩，真佛只說家常"這句話。我和明暘法師有張合影，用我的相機照的，那時相機用的還是膠卷，可惜我是在拍完了電影之後才看到洗印出來的照片。他的眼睛多麼寧靜、深邃，眼神靜若深潭，眼睛裏好像什麼都沒有，但又好像什麼都有。我在合照時，在等著人家按快門，表情呆呆的，缺少坦然無為的境界，我一下想起了明暘法師與我交談時認真仔細地聽我說話的神情。我後悔沒有早看到照片，早看到了，我能更好地把握眼神，把握人物的精神常態，這對我的角色創造一定有好處。

因為拍《清涼寺鐘聲》，快四十歲的我開始接觸佛教文化，閱讀弘一大師的傳記，實乃幸事，那時弘一大師的生命樣式開始影響我，以至十多年後，終於在電影《一輪明月》中飾演了他。

《清涼寺鐘聲》是一九九〇年十月開機的，先在河南輝縣太行山最深處的一個小村莊拍攝，後來這個村子因電影的拍攝改叫了乳泉村。我的外景拍攝內容是全片結尾處，回到乳泉村給養育我的中國母親上墳的戲。

這部電影的女主角是河南省話劇院的老演員丁一演的羊角大娘，這個角色最初定的是趙麗蓉老師，謝晉導演看上了趙麗蓉老師身上評劇彩旦的絕活，力邀她出演。趙麗蓉老師那個時候已經在春晚很有名了。要是她參加了《清涼寺鐘聲》，會別有一番光彩。但她健康欠佳，沒能出演，這是一件遺憾的事。後來，趙麗蓉老師演的《過年》獲得了東京國際電影節大獎。

　　《清涼寺鐘聲》裏我和日本演員栗原小卷演母子相認那場戲令人難忘。栗原小卷當年是中國觀眾非常喜愛的日本大明星，她在日本也很有名，《莫斯科之戀》《望鄉》《生死戀》這些電影，讓她有眾多影迷。我還是空政學員的時候，在首都劇場看他們的俳優座劇團演的布萊希特名劇《四川好人》，她女扮男裝，光彩照人，轟動中國戲劇界。現在我要與她演母子對手戲，多令人激動。她也是第一次在電影中演母親類型的老年角色。重頭戲是在上海內景棚裏拍的，想當年上影廠還很破舊。為迎接她的到來，粉刷了走廊，專門為她裝修了廁所，供她使用。有人因被拒絕上剛裝修好的這個廁所說怪話，但謝導說不必理會，這點兒禮節、尊重要有。拍《最後的貴族》時我就說了一點點英語，"威士忌不加冰"就練了半天。拍這部片子，考驗我的是日語。我一點兒也不會日語，很早就開始下大功夫學習劇本中的日語台詞，栗原小卷一到上海，我記得初次相見時她熱情得很。日本人很講禮節，但我注意到，一說創作的事，她一下子就收斂客套，緊張地投入。第一天談劇本時她就明確表示，原來在片中安排了日本女翻譯參加認母這場戲，但她希望在母子相認的戲裏不要有翻譯這個角色在場。這樣一來，我原先準備的台詞全沒用了。我演的明鏡法師變得學識高深，曾自修過日語。得，我要在這麼短的時間內背多少日語單詞。沒辦法，演員必是一往無前地為創作角色而努力。正好，我們人藝導演任鳴的妻子學日語，我用剛買的進口小錄音機錄，一個單詞一個單詞地唸，我們設計了用單詞拼接的、語法不完整的台詞，就像外國人說中國話一樣，生硬地說出大概意思。我還請會日語的副導演于黛琴老師幫我聽，這樣果然靈，多少天後，接近正式開拍的時候，我請翻譯代我問栗原小卷，能否聽聽我準備的台詞。她說"好哇"。我知道，她和我一樣，都期待著相認這場戲。當我們眼對眼、心對心地排練時，我能感受到她一下子的興奮。我先唸了一遍，問她："能聽得懂嗎？"她說："懂，而且感覺還不錯。”我的心裏這才算有了底。我非常感謝她在關鍵的時刻給了我信心。謝導把這場重頭戲排在上海計劃的最後兩天拍攝，我因為攻下了日語台詞，創作沒有了負擔，真情沒有了語言障礙，戲演得也就容易些了。正式拍攝那天，我們先按著鏡頭拍攝順序排練，這時謝導對攝影師說：“機位先不要管，按表演順序拍。”當拍到母親回身拿出父親曾經穿過的衣服，讓兒子將袈裟換成和服時，我用日語叫了她一聲“奧卡桑”（媽媽），一時間我們都百感交集。我與她用日語一問一答的感覺真是很美妙，我們之間的交流、感應是那麼細膩、敏感。好的對手戲，是一種互相點燃。你激發我我激發你，完全可以超越語言，有酣暢淋漓的飆戲的感覺。兩天中這場戲都是從下午四點拍到第二天凌晨。計劃工作量很大，但我們按時完成得很好。這兩個夜晚真是難忘。深夜，當最後一個鏡頭拍完，謝導用洪亮的大嗓門激情地喊了聲“停”，眼瞇著，嘴咧著，呵呵笑著過來向栗原小卷和我祝賀。看得出他極為滿意。

要知道，栗原小卷只比我大六七歲，從來演的都是年輕的角色，這是第一次飾演老年角色。蒼白的頭髮，微駝著背，眼神、步態都沉浸在老年人的角色感中，得到導演的肯定，她也有了信心為中國觀眾和日本觀眾奉上新的創作形象。我們的合作很愉快。記得那年五月我們在日本拍攝，第二個週末是母親節，我用日元買了一盒月季花送給她，她竟讓我上她開的新款捷豹轎車回東京。好嘛，生活用語沒學過呀，一路上我支支吾吾，蹩腳的日文和聽不懂的漢語單詞，又好笑又尷尬。好不容易到了東京，她要請全組人吃馬肉，是很貴的晚餐，我愛馬，假裝在吃，不能讓她發現。對了，到日本拍攝是乘遠洋輪“鑒真”號去的。

第一次在汪洋大海上航行了三天時間，總想多在甲板上感受日出日落，感受深夜的靜謐，看不同顏色的海。我也想感受風浪顛簸的大海，可一路上日月清朗，風平浪靜，沒過癮就到了橫濱。歡迎我們的有栗原小卷，還有演翻譯的當時的日本小歌星。上岸入海關後，那個小歌星送了我她的寫真集，我有些不敢看。聽說女藝人送男性自己的寫真集是有寓意的，我不敢接招。

這場戲後，謝導像喝了酒一樣興奮，眼睛不僅泛紅，眼裏還有淚。很多人只知道栗原小卷在日本是電影演員，很少有人知道她也演戲劇。她曾來北京演過布萊希特的話劇《四川好人》，在舞台上的能量大極了。因為合作過這部電影，我和栗原小卷有了“母子”之情。二〇〇五年我應日本防治艾滋

我與栗原小卷在《清涼寺鐘聲》中演母子

病方面的組織邀請到日本出訪，栗原小卷也接受了這種公益邀請，出席了活動。我知道，這在日本是很不容易的。

演完謝晉導演這兩部電影，很多觀眾認識了我。高亞麟有一次說，那段時間他有一個朋友從外地來空政，無意中瞥見我在院裏跑步，她瘋了似的衝回房間打電話："你知道我見到誰了 —— 濮存昕！"

謝晉導演是我很敬重的一位導演。"舊時王謝堂前燕"，謝晉導演就是這個謝家的。謝晉導演五摘"百花"，兩捧"金雞"，七次捧回國際大獎，榮任奧斯卡、馬尼拉、威尼斯、東京等國際知名電影節評委。他在退休之後成立了國內第一家民營影視公司，開辦了明星學校，二〇一九年他被評為"最美奮鬥者"，實至名歸，我覺得今天的充滿現代審美的電影其實都是從老一代的電影傳統中生發出來的。在電影這條道路上，是謝晉導演把我"扶上馬"，而且給了我一個很高的起點，我真成了著名的影視演員了。

感謝謝晉導演，我是唯一一個連拍謝導兩部電影的演員。他真的想培養我成大明星，可惜我後來又回到北京人藝演話劇，電影越拍越少。

謝晉導演的故鄉在上虞。我還記得，在他從影四十週年時，在杭州舉辦了盛大的慶典，所有拍過他的電影的演員齊集一堂，有王心剛，有祝希娟，還有劉瓊老師。秦怡老師最神采奕奕，著一襲開胸晚禮服，我第一次眼見老年人可以這樣美麗，是一種內在的高貴感。徐松子憑《芙蓉鎮》獲得金雞獎的最佳女配角獎，那個角色她演得入木三分。她著的是露一大片背的晚禮服。姜文、呂曉禾開逗，說她把禮服穿反了，弄得松子總靠牆根站著。還有斯琴高娃、朱時茂、王馥荔……最大的活動是在體育場舉辦的。謝導演麾下三四十人的明星陣容，大家圍著他，他多幸福啊，我們也因他感到自豪。那一次，我少年時期就心儀的偶像王心剛老師在握手的時候是誇過我的，我有一陣欣喜。

四　第五代導演不要"演"

《清涼寺鐘聲》後，電影的大門向我敞開了。從二十世紀八十年代開始，中國第五代導演開始成為新時期電影的領軍人物。我們在改革開放後一下子看到了世界電影的新浪潮，比如意大利費里尼的超現實主義影片讓我們目瞪口呆，西方的印象主義、表現主義的藝術觀讓剛剛開眼看世界的我們目不暇接。第五代電影導演想要擺脫戲劇化的表演狀態，追求自然形態，不再像戲劇舞台那樣強調戲劇的矛盾衝突，台詞鬆弛自然，演員表演盡可能還原生命本身就好，這跟之前表演追求人物性格化、表演追求技術手段的審美是非常不一樣的。

也許是拍攝《編輯部的故事》那一次出場獲得了好評，也許是呂麗萍推薦，一九九三年，我被邀到呂麗萍主演的電影《藍風箏》攝製組，演她第一任丈夫。田壯壯又是中國電影第五代導演的領軍人物，我很想在他們的作品中提高自己。那時，電影表演特別提倡生活化，有文章指出要去戲劇性表演痕跡，真實、生活、鬆弛、自然是表演的第一要點。

《藍風箏》是從一個孩子的視角講述二十世紀五十年代一個家庭命運變遷的故事。那片子裏有一個藍色的風箏，是孩子小的時候放的，掛在大槐樹上扯不下來了，隨風慢慢地破了，掛在那裏十多年。最後一幕是，長大的孩子迷茫地躺在地上，睜眼看到那風箏，風箏像骷髏，只剩下一個架子了。我和呂麗萍演一對兒，呂麗萍演得很好，有自然流露的狀態。《藍風箏》是田壯壯的代表作，也是中國電影的代表作，敘事沉穩，不露聲色地講述故事、社會生活中人物的真實感，平靜地娓娓道來。有個書法作品的詞："濃蔭暗影，靜水深流。"

在西四的磚塔胡同有一座閒置四合院，被我們租下來，成了拍攝現場。前期準備的時候，壯壯把大家聚到牡丹賓館一個星期，主演、配角都在，一起聊劇本，聊人物，分析劇情，也講自己經歷的生活，主要是大家說，他基本上在聽。我演的這個角色是在一九五三年結婚的，沒幾天斯大林去世，收音機裏傳來消息時"我"正起床刷牙，後來"我"因為在開會中間上了個廁所，回來就成了大家推舉的有右傾問題的人，下放興凱湖，一去不復還，於是李雪健就開始演呂麗萍的第二任"丈夫"。

我起初有點兒忧田壯壯。自從在牡丹賓館與演員們交流之後，拍攝過程中他很少找演員談表演的事了。有一次在拍攝現場，他正幫道具部門生火爐子，我就過去想和他談談當天拍攝內容中我的表演想法，他回過頭瞪著他那雙大眼珠說："你累不累啊！別老想表演的招兒。"後來我明白了，怎麼拍是他和攝影師來總體設計，他在乎的是演員在他的鏡頭畫面中的基本狀態，不希望演員總琢磨表面的東西。可當時我百思不得其解，覺得很受打擊。

我知道，戲劇演員在舞台上的表演和在電影中的表演，技術方法上是有區別的，我告誡自己別誇張、別過火，但是舞台表演的習慣還是會不自覺暴露在攝影機前。

有一場戲是我的新婚之夜，這場戲的開頭是我在修補“第二任丈夫”李雪健送的禮物——一個小玩意兒，泥塑的小馬。這可夠諷刺的。他演的那個角色也喜歡呂麗萍，我跟呂麗萍“結婚”的時候，他送了這個工藝品泥馬。對了，李雪健也屬馬。這匹泥塑的小馬在婚禮上的一片高歌聲中被人衣角一掃，掉到地上摔斷了脖子。鏡頭切換到結婚之夜，“我”在燈下用膠水想把馬脖子接上。這是一個特寫鏡頭，攝影師把鏡頭從馬身上變焦到我的臉上，攝影機架在距我不到兩米的地方，攝影師侯詠在我面前擺弄著機器。我知道拍特寫要更放鬆自然，不意識到鏡頭的存在很重要。可無奈那段時間正值話劇《李白》天天演出，我那幾天下午三四點從拍攝現場回劇院，在化妝間瞇會兒覺，晚上十點多演出結束後，卸完妝再回片場，都快十二點了，回到磚塔胡同，再化電影裏的妝，繼續拍夜戲。也許剛演完話劇《李白》，詩仙醉聖的豪情還沒消退，拍的時候其實也沒有緊張，可我還是帶有舞台習性，眼神裏表示認真有些誇張，小心翼翼地粘那泥馬。一九九三年的電影拍攝還在用膠片，所以還是要節約成本，哪像現在數碼時代，不怕演員累，可勁兒地拍。拍了三條，田壯壯大概想了想，其中有一條還行，就過了。幾天後看樣片的時候我一看，那麼大的銀幕，一個臉部特寫，眼神還是顯得較勁了，誇張了，有表演感了！我當時心裏很受挫，後悔莫及。我脫口而出：“哎呀，慘不忍睹！”拍電影就是這樣，時過境遷，哪兒像演話劇，第二天還能重新演好，不可能再補鏡頭了。坐在我前頭的攝影師侯詠掉過頭來，半開玩笑地捋我：“你也知道啊！”哎，多氣人，拍的時候你就在我眼前，也不囑咐一句，真不夠哥們兒，現在後悔也不能重拍了。後來侯詠跟我解釋，攝影師忌諱直接與演員發生交流。這算行規？我不知道。反正這事記了一輩子。當然是記住了這個刺激和教訓，在電影、電視機前，還有生活照片抓拍時，不要有過多的被拍、被窺視的自我意識。這是影視藝術和舞台現場空間藝術不同的地方。

還有一次，也是拍夜戲，當時沒有我的鏡頭都基本拍完了，就等著我從《李白》的舞台回來，我呼哧帶喘地趕到片場，但是忘了戴假牙，就趕緊讓人回去幫我取假牙。趁這個工夫，說要走走戲。我就想，怎麼表現男主角將要背井離鄉前對女主角的感情呢？我有摟一下女主角這種願望，田壯壯說："別這樣。" 我還處在戲劇表演的情境，特別在乎要有動作性，雖然沒有台詞，可我總想藉助動作行為來表現人物離別的傷感。我給孩子掖被窩之後，正好呂麗萍在邊上給我疊衣服，我就想扶她的背，等她回過頭來我就攬她一下。這時呂麗萍很認真地告誡我："你真是剛演完話劇，拍電影可不能這樣。" 我意識到，我剛才演話劇的時候他們把怎麼拍都設計好了。面對生活的坎坷，就是用平常心接受生活現實，平心靜氣地解讀我們那個時代走過的日子。田壯壯在電影裏表現出的那種沉穩太厲害了。看完成片的時候，我們找了一個小小的地方內部放映，看到最後，一個應邀而來的有些年紀的女記者 "啊" 的一聲哭了。田壯壯坐在後頭，說："壞了，壞了，我的電影沒有煽情呀。" 所以說，《藍風箏》的整體風格是冷靜誠實的。我自己一多露感情表達，就跟整體說不到一塊兒去了。呂麗萍那句話讓我觸動好多年，她是對的。

　　電影化表演對我這樣主要從事舞台藝術的演員來說，是個課題。我們北京人藝的呂中老師飾演的住北房的小業主，雖然是一個小配角，但對味極了，表演一點兒也不過火。像我們經常評價于是之老師時說的那樣："一點兒不露招兒，又全都對。"

　　拍《山重水複》和《大漠紫禁令》時，還沒有同期錄音技術，都是後期配音。演《藍風箏》的時候是我第一次感受同期錄音。同期錄音的技術質量很嚴格，在片場導演每拍完一條，都是先問攝影、問燈光，最後才問錄音。哪怕攝影和燈光都說沒問題，只要錄音說不行，有雜音什麼的，那就得再拍一條。在攝製組裏，錄音師就是有這樣至高無上的否決權。影視和話劇之間的區別太大了，我發現我演話劇的那種氣息的通透和力度，到了演電影時都用不著。那段時間我經常一邊演話劇一邊拍電影，因為太話劇腔了，就是過不了關。當時把我折磨得夠嗆。

　　田壯壯導演在電影開拍後，他更多的是和攝影、錄音等技術部門溝通，甚至老關注道具，總願意一到現場就幹生火爐子的活兒，這活兒每天都由他幹。後來我明白，一切盡在他的想法和攝影師的交流，演員不要干擾他們早就設計好的拍攝方案，你就在鏡頭前玩真情，玩自然，玩自己的活兒就行了。雖然他教訓過我，看完成片，我還是由衷地敬佩他，喜歡這部電影。呂麗萍這部電影的表演是她最好的作品，我甚至覺得每一口呼吸都對，我還是有電影藝術不需要的、多餘的舞台空間表演感。今天重看《藍風箏》，我特別能感到，全靠田壯壯鏡頭營造的功力，將我那時不自然的表演狀態隱了過去，這部片子裏的主演們演得都比我強，因為他們的角色創造是個性化的，也就是特自我，而我還沒擺脫表演上常有的一般化。

但是《藍風箏》沒有公映，因為田壯壯沒有經過電影局審批就把它拿到了東京電影節，雖然得獎了，還是沒有在院線放映。

二〇〇五年人藝重新把《茶館》恢復到老版的時候，我請壯壯來拍排練和演出的紀錄片，劇院才能出五十萬。他一聽說是《茶館》，馬上說："沒問題，我感興趣。"那是在一個電影活動上。

拍攝舞台上的實況演出，通常都是主機位在中間，兩邊再加兩個四十五度角的機位。田壯壯參加活動，腦子一直沒閒著。過了一會兒他找到我，說有一個想法。觀眾看戲是坐在一個座位上，不會老挪地兒，他突發奇想，何不把三個機位都集中在中間的點上，上下搖起來，全景、中景、近景，旁邊可以再加個移動鏡頭，代表觀眾視角的移動，也能抓拍表演細節。他說得很興奮。我暗暗佩服他的創作思維方式。他創新的空間很開闊，我得向他學習。後來拍排練的紀錄片時，他安排了四組攝像機和話筒杆，在排練場同期聲跟拍了二十來天。北京人藝第一次有了這麼完整的排練紀實的專題片，太真實了。上了舞台，首演之後，田壯壯又用三天的時間拍了演出實況。五十萬的經費分配給三四十人一個月的工作，還有設備租金，哪兒夠呀！但田壯壯沒在乎，說"我不要一分錢"。他的高士之風在電影界也是令人點讚的。

緊接著夏鋼導演夫婦來我家，夏鋼的夫人孟朱任製片人。他們找我拍電影《與往事乾杯》。孟朱的眼睛一直盯著我，她怕我演不出男人的滄桑感。《與往事乾杯》是個寫實又很虛幻的故事。主角是個小女孩，早年喪父，孤獨憂鬱，她在考試的壓力和家庭生活的不幸之中，不知不覺和獨身的鄰居叔叔有了感情交往，把鄰居叔叔當作父親與戀人之間的角色。我就演這個鄰居叔叔。多少年後她去了美國，遇到了一個留學生，兩人相愛了，但這個小伙子似乎是那個鄰居叔叔的兒子，關係很微妙。演那小伙子的是邵兵，當時他們也到美國去拍了，但我沒去。這部電影後來還被選為國際婦女大會參展電影。這電影很意識流。

拍攝一場激情戲的時候，我也遇到了斯琴高娃老師那樣的考驗。內容是鄰居叔叔發現女孩在大雨中淋著，把她讓進屋，為她擦乾頭髮……情不自禁地抱住了她。激情戲不好演，全屋子機器設備和燈光架，錄音師的話筒杆在前面形影不離，演員的真情實感，是演的還是真的，在開拍瞬間要本能流露，"這是一個值得思考的問題"。當然，演員都是人，人性的本能當然有，但這是表演，是假定性的藝術創作呀。後來有人問我："你們演員演戲，特別是演愛情戲時，是真的還是假的？"我大概是這麼回答的："以藝術的名義，求真是一種信仰。何謂表演？假定性是這一行的專業第一課。相信眼前的人物關係。信仰讓我們獻身，獻出生命的真實。"說得挺漂亮吧，做起來可難了，特別是有複雜環節的大激情戲，演完特怕有導演說："很好，再來一遍。""好了還來？""得保一條！"就是怕技術出問題，比如膠片洗印劃道呀、錄音有瑕疵呀。

那天拍這場戲用長鏡頭，表演一直用中景跟拍，排練好演員調度、動作配合機位、移動軌運動、跟點聚焦、錄音話筒杆別穿幫等等，然後正式開拍，女主角也很投入，早就被淋濕了，在那兒瑟瑟發抖。做效果的將雨在窗外噴灑，下起來了。拍第一遍中間就停了，軌道有震動，或者是焦點、話筒杆不到位。回到原位再來。現場所有人屏住呼吸，我心理調整也很好，這條拍下來特別好。我喊著她的小名，呼吸、聲音很通暢，我真的是動情了。可這時看監視器回放的夏鋼導演說："窗外透出有圍觀的人，穿幫了。對不起，還得再來一遍。"還是那句話，演員這時不能鬆懈下來，要保持勇往直前再演一遍的狀態，要不重新調動很難，特別是這種戲。結果又拍了一遍，也算順利，但我感覺怎麼也不如剛才那一遍。也許又得節約膠片，就過了不拍了。後來剪輯出完成片，還是用的第一遍拍的，說那個穿幫後期技術上能做處理。演員表演，現場拍攝總還是要盡善盡美，面對真實需要勇敢，需要戰勝自己，需要把假的演成真的，信念真的很重要。真、善、美是藝術的信仰。這個女主角很漂亮，角色也演得好，可惜只演了這一部電影就去了美國，沒有音信了。

　　與中國電影第五代導演田壯壯、夏鋼他們合作，在我的演藝生涯中是很重要的經歷。他們讓我學習到了一種全新的表演方式。他們指導演員鬆弛自然地投入情境，不需要演員去"演"，表演中不要有特別大的戲劇誇張性，而是讓演員保持一個很好的能自我調整的生理狀態，由攝影師的鏡頭去取捨。王鐵成老師在舞台上演了十年周總理。他跟丁蔭楠導演拍電影《周恩來》的時候，拍攝期間不幸遭遇車禍，他肋骨挫傷，身上使不上勁兒。但是攝製組不能停，於是就調整計劃，先拍周總理生病的戲，他一下子就體會到了電影表演的感覺。他感同身受地虛弱著，很放鬆，表演的勁兒卸下來了，每一口氣都是自然從容的狀態。丁導在拍攝時對躺在病床上的鐵成老師說："哎呦，太像病中的總理了。"鐵成老師說："你還讓我演周總理，我感覺我就是周總理啊。"到今天，我也是深深感受到，拍電影的時候，演員沒必要承擔太多責任，沒必要承擔所有的表演信息。人藝七十週年院慶那段時間，我偶然看到電影頻道重播《茶館》，有這樣的體會。如果演員在電影鏡頭面前帶著戲劇舞台空間的表演方式或者經驗，你就會覺得他是孤立出來的，沒有融進鏡頭語言中。所以我認為空間的概念讓我們在舞台和影視的不同創作中研究不同的表演技術，找到不同的尺度。這是林兆華提倡的"追求沒有表演的表演"，其實就是角色個性、演員自我和符合整體審美採用的表演技術的統一。孫過庭《書譜》中說："同自然之妙有，非力運之能成。"

※　　　　※　　　　※

　　影視演完了當時就可以看回放，當場看行還是不行。拍影視是很好的學習機會，不好的話可以再來一條。話劇可以場場都有調整，明天或下一次會演得好些。影視又是挑戰，一失足成千古恨，板上釘釘再也不能改了。而舞台創作有長時間的排演，從分析劇本、對台詞、走位置到小連排，到大連排，到舞台合成，到彩排，每一個過程都在不斷地完善創作。

　　我現在覺得，話劇演員經過拍影視，特別是跟好的導演合作，對表演是非常有益的。謝晉導演、田壯壯導演都是重量級導演。和這些好導演的合作，不僅讓我在表演方面有所精進，更讓我看到了藝術工作者應有的情懷和姿態。

我很幸運遇到林兆華，當時的我談不上優秀，北京人藝有很多像宋丹丹、梁冠華這樣比我有靈氣、業務上很突出的青年演員，我自知不如他們。我只有認真努力地學，只盼著哪一天靈光乍現，神能附體，助我"入槽"。

我很慶幸自己走過的路。在當領導之前拍了一些影視作品，出名獲利。二〇〇三年任人藝副院長之後，多在舞台創作。在林兆華導演和很多好導演的調教下，我從影視表演中吸取到一些經驗，對比舞台表演的技術和創作規律，慢慢地更懂得舞台了。回想進人藝的起始，知道了自己曾經多麼青澀幼稚。看那時的照片會感歎那會兒真年輕，現在老多了。

第五章

相遇林兆華

21年，上昨表演系、戏剧本科班，上排毕业大戏《哈姆特》，我运用的这台舞美设计。

导排戏是有胆量的。他不怕你不懂，不在乎你懂。

2、重复。他竟把哈姆雷特一大片的独白分(心理)给国王和老臣波格涅斯说，我和他们的对白倒置对话。天啊，这让很多人糊涂了人物。

我问他们词代你这是什么意图，是要表示人人都(看不懂回)哈姆雷特，都有这困境心路吗，我不记得他有明回答。让你们猜去吧。这么说都可以，要不我又觉得你的戏没有道理。我跟他对我(家)，没有，我把试文章评语告诉林大导。

林一英："对、对，这比说是没道理。"当然用过有多少排了演，断戏的时候，没有他的这个角色置换。(考上戏剧表演班)

对哈姆雷特断人场的理解有词启发了我，当在舞台上接受了，文章是的告诫。(试验)察他的内心独白：由建(混乱的时代，倒霉的我生来到这世上，都要负起乾坤的责任。)哈姆雷特，人人都会有类似的跟(人人都是)命运心造(问)择。这句台词在生活中

一 "巴黎人"獲得擁抱

一九八七年,我終於開始在北京人藝領工資了,如同上了要一輩子才能到終點站的列車。我的年齡有些優勢,整體上說,與劇院最小的老同事差六七歲,比當時的年輕演員大一些,又是小生型的材料。我走運——一個個主角分配給了我:《秦皇父子》《雷雨》《巴黎人》《海鷗》等等。可我沒有專業藝術院校的學歷,又是從部隊文工團來的,"你還沒入人藝的槽兒"的批評,一直困擾著我。是之院長信任並提攜我,讓我演《海鷗》的男主角,導演是從莫斯科藝術劇院請來的總導演,但我也沒真開竅把科斯佳演好。

《秦皇父子》劇照

《秦皇父子》是我進入北京人藝的第一個戲。我演扶蘇這個角色,是佔了小生形象的便宜。我媳婦說,坐在她後面的觀眾在小聲議論:"人藝新來的。""形象還可以,有點兒緊張,戲一般。"這是行家呀,他們說得對。我當時也自知大喊大叫演情緒沒"入槽",要不怎麼天野老師讓我反覆來十遍呢。

第二年,在由小輩演員學演的《雷雨》中,我演我父親演過的周萍,沒有多少個人真情實感,理解也不夠,基本上是像初練書法描紅模子一般地演"我父親"。所以,任寶賢老師對我說:"你怎麼演得這麼明白!"聽聽!很久我才明白,我那是在演我父親對人物的理解,只演情緒表面的動作結果。

《巴黎人》是紀念巴黎公社一百週年的作品。顧威是編劇,還任導演,老前輩歐陽山尊做總導演,他可是老資格,人藝始創時的老領導,和曹禺、焦菊隱、趙起揚人謂"四巨頭"。早年他在抗日戰爭時期任賀龍率領的八路軍第一二〇師劇團負責人。毛主席開延安文藝座談會之前,讓他介紹在前線鼓舞部隊的經驗。老革命啊。他年事雖高,但排戲時激情澎湃。他對我說:"你比較抒情性,我需要你激情,再激情。好嗎?"我一開始還怕我表演過火,得

《雷雨》劇照

與林兆華在排練中

"入槽"呀。不過我倒是有些過去的生活經歷。在那個波瀾壯闊的革命時代，年少的我曾經戴著紅袖章，在北京火車站勸導、遣散多少萬名外地積壓在北京的串聯人員，我們沒日沒夜地喊著口號幹革命，渴了沒水喝。那個時候哪兒有礦泉水，就擰著脖子喝自來水，那場面和那個勁兒很像巴黎公社。激情也好，由衷也罷，反正演到巴黎公社面臨失敗時，我表演羅德蘭的獨白時還挺真的。在排練場，在藝委會連排後，還年輕的導演林兆華向我走來，咧嘴笑著給了我一個擁抱，說："鬆下來了，好！"鬆下來了？這和"入槽"有關。看來他是一直在暗自觀察我呀。接著他說："到我這兒演個小角色，練一練，玩一玩吧。"我說："玩什麼？"他告訴我他要導一個叫《縱火犯》的戲：兩個不速之客到一家借宿，誘惑主人一番，讓主人真心地順從他們燒掉房屋。主題大概的意思是：面對納粹，普通人只能接受自焚。林兆華讓我演一個跑上跑下的消防員。造氣氛我行。那時我年輕力壯，有使不完的勁。在戲的結尾，我要和幾個消防員跳下台，在第一排前對觀眾說幾句點題的話。林兆華導演的《絕對信號》當年我是屏著呼吸、全神貫注地看完的，我在台下多麼羨慕人藝的年輕演員呀，他的戲我當然願意參加。可他還怕我不樂意，鼓動說：「跑跑群眾挺好，別老架著當主角。」現在想想，這隨意的一句話開啟了我和大導長達幾十年的合作。

跑下台只向觀眾說的三兩句台詞，大導要求我們要自然地說，像聊天，因為下了舞台，聲場共鳴差了，既要大聲又要自然。有一天演出，熟人倪萍也在看戲，坐在第三排，就在我的面前。我和她打著照臉，都笑了一下。我還真勇敢地衝著她說台詞。哇，演戲可以這麼演，沒有距離感地和觀眾交流。如此隨便地演，這在專業術語中叫「打破舞台的第四堵牆」。

我第一次感覺到，這樣跳進跳出，既是角色，又是自己。在假定性的演出中，其實這就是「我就是，我又不是」的表演審美概念。說起來有點繞，其實就是真假之間的藝術趣味。觀眾想接受的，觀眾買票來看戲的內心理由是：這個劇團的這個演員又變著演這個角色了，看看去。

此時我又不禁想念當年空政話劇團的王貴導演。現在看，他那時開創的真假互匯、嚴肅又遊戲狀的實驗戲劇，多麼新潮多麼先鋒。林兆華與王貴、上海的胡偉民導演，都是中國現代戲劇的先鋒闖將，是小劇場戲劇的開拓者。如今，我到了人藝，王貴導演和胡偉民導演已去世多年。我跟林兆華長期排演的時候，早先的啟蒙在大導這裏接上了。

二　我是哈姆雷特

莎翁名劇《哈姆雷特》是全世界演出場次最多且一直演到今天的戲。一九八一年我們空政話劇團在上海演出，我在大光明電影院看了由孫道臨老師配音的黑白片電影《王子復仇記》，就是戲劇《哈姆雷特》。電影主演是大名鼎鼎的英國演員勞倫斯·奧利弗，他曾經的妻子亦是大名鼎鼎的英國電影明星費雯·麗。走出影院，我很悲觀，當時想：我也算演員，這輩子也演不到他這份兒上，還幹嗎？沒想到，九年後，演這個角色的機會來了。

一九九〇年，酷夏。林兆華以自己的名字成立了第一家個人戲劇工作室，選的第一個戲就是《哈姆雷特》。一起創作的還有剛從德國回來的李健

我第一次演哈姆雷特

鳴老師，她研究歐洲文學和戲劇，也是一名自由撰稿人。她和林兆華將《哈姆雷特》掘墓人的那場戲解構成開場戲和幕間串場戲。很獨到的劇情就出現了。開幕時，兩個掘墓人擺著舊時年間上課用的銅鈴，從觀眾席入場，表示開演。之後便嬉笑著，插科打諢地挖墳，拿起骷髏議論生死，嘮叨宮廷的事兒，台上的正戲便開始了。兩個掘墓人總在台下看台上發生的事兒，台上換場次，他倆又說笑起來，間離情節的過程。李健鳴老師將 "戲劇構作" 這一戲劇創作中的理念帶入了中國，後來有一句話說 "文學是樹，戲是家具"，這實際是構成舞台工作劇本的一個職責。

當時林兆華請人藝的演員們來參加，慢慢地大家都走了，因為沒有錢掙。那年夏天可熱了，那時沒空調，也沒有排練場，因為不是劇院正式的戲，就在人藝四樓找了一間暫時沒有用的佈景畫室，就是現在人藝最頂層的人藝戲劇博物館。據說二〇〇八年八月美國的基辛格攜家人一起來看過這個人藝戲劇博物館呢。可改成博物館之前滿地都是顏料的印跡。我們在很簡陋的大屋子裏排起戲來，跪著，爬著，渾身染上五顏六色。林兆華不喜歡台詞過分處理過的話劇腔，為了尋找他希望建立的自然的語調，不知如何是好的我躺在地上背著、說著。大導雖然在邊兒上和誰聊著，但會突然對我大聲說："小濮這種感覺對。隨意說清楚就行了。"我趕緊尋思剛才我哪兒對了。我記得，大導排戲的時候一般不多說應該怎麼演或者示範著教，他會說"別這樣"或者"這就對了"，如此簡單。他就是讓你自己開發你自己去。他是像如來一般，告訴你大約的調度，你自己演吧，你就是孫悟空，跑不出他的手心。這個本事我現在也學不來。《哈姆雷特》是他工作室的第一個戲，一開始大家也不太清楚這戲最終是個什麼樣，可大導心裏可能有數，要不怎麼那麼多搞藝術的、搞先鋒試驗劇的年輕人在他周圍。他可能早有設計了：三面監獄般的幕布面向觀眾，塗上斑駁的水泥顏色，前後兩組吊扇在上面，從不同角度投下光影，令人有神秘和躁動的感覺，一把象徵王位的破舊的老式剃頭椅子成為台上唯一的支點，還堆了些破舊電器、繩索，舞台營造出一個超時空的非具象的環境，令人困惑和遐想。台口大幕上方吊著一根鐵管，有孔，接上水管，在哈姆雷特與國王對刺同死的時候，靜場同時，水滴滴答答，瀉下水簾。舞美很棒。戲劇界一片好反響，主要的設計者是王因、易立明和曾力。到今天，這個舞台設計仍是充滿想象力的。我在二〇二一年給上戲表演系藏族本科班排畢業戲《哈姆雷特》的時候，還是用這台舞美設計。

大導排戲是有膽量的。他不怕你不懂，不在乎你喜歡不喜歡，他竟把哈姆雷特的主要心理獨白分給國王和老臣波洛涅斯說。我和他們對換角色位置對話。天哪！這讓很多人糊塗了人物關係。我和大家問他："你這是什麼意圖？是要表示人人都是哈姆雷特，人人都有這困境的心理嗎？"他沒有明確地回答。讓你們想去吧，怎麼說都可以。我父親看了戲不喜歡，我想聽對我

穿灰毛衣的哈姆雷特

的誇獎，沒有。當然，過後多少年，當我給上戲藏族班導演《哈姆雷特》的時候，我沒有用他的角色互換。

　　對哈姆雷特這個人物的理解，有一句台詞啟發了我。當哈姆雷特在城堡露台上接受了父親亡靈的告誡，知道了謀殺的秘密，他的內心獨白："這是一個顛倒混亂的時代，倒楣的我來到這世上，卻要負起重整乾坤的責任。"人人都是哈姆雷特，人人都會有類似的處境、命運的選擇。這句台詞在生活中也經常浮現在我的心裏。"選擇"二字是人必然面臨的困境。這個主題是現代詮釋《哈姆雷特》的觀念。莎翁智慧地偷借概念，把復仇不復仇的思考轉換為生與死的哲理，不敢抗爭如不敢死亡一樣，"倘不是因為不可知的死後，那不曾有一個旅人回來過的神秘之國。就這樣重重的顧慮使我們變成懦夫，使決心的光彩被蒙上灰色，使高瞻遠矚的計劃半途夭折！"我也曾有過哈姆雷特的困境——孩童時常被欺辱的時刻，想改變命運離開黑龍江時在政委門

林兆華導演在《哈姆雷特》排練中

前的徘徊，還有向往成功卻自感卑微……真的，在當知青的時候，活兒幹累了，我躺在地頭看天上的雲，閉上被太陽刺痛的眼睛，腦子裏想著：在這兒一輩子嗎？不是說"世界是你們的，也是我們的，但歸根結底是你們的"？我要當一輩子農民嗎？曾經的艱難痛苦中，我罵過自己的無能，感受著青春期的個性自由被壓抑的憤怒。可過了多少年後，這些竟成了創造角色的靈感、衝動和理解角色的底色。

《哈姆雷特》大約從一九八九年年底就開始策劃了。一九九○年夏天開始排，排了一夏天，彩排三場，九月首演，就在人藝三樓的排練廳，佈景和燈光都很簡陋。林兆華工作室的第一個戲雖不賣票，但來的觀眾很多，我覺得應該叫首演。

有一個評論說，"貧困戲劇出現了"。其實《絕對信號》的舞台已經很簡約、很象徵，無時空的表現主義戲劇那時在中國剛剛出現。《哈姆雷特》後來在北京電影學院實驗劇場演了五場，那幾場的舞台設計的佈景更完整了。大導的空間感特別好，他仰頭看到觀眾席上方的屋頂有鐵網的通道，原本那是操作燈光用的，大導讓演國王的倪大紅上去，臉朝下趴著，用大號手電筒從下巴照自己的臉，說著老國王鬼魂的台詞：「我是你父親的靈魂，如果你愛你的父親，你就要為他報那殺身的仇恨……」觀眾仰頭看，一定覺得又驚悚又好玩。

在《哈姆雷特》首演的演出說明書上，主創人員每人寫了幾句感言，我寫的是：「像離開狹窄的鬧市，走進無邊的原野，我享受到了自由，同時又體味到了艱辛。」我感謝哈姆雷特這個角色給我機會表達在現實生活中表達不出來的覺醒，發現連我都不知道的自己的天性。面具撕下了，我真實了。演哈姆雷特，我感受到了在舞台上，演員可以有天馬行空的自由，過癮極了，我被自己感動了，我能演哈姆雷特是多麼幸福。林兆華在表演上給了我一個人藝之外新的創作空間，讓我知道原來還可以這樣演戲。

三 "願意等待的留下來"

一九九七年，為了他的"不像戲的戲"，林兆華竟構思把俄國戲劇家契訶夫的《三姐妹》與愛爾蘭戲劇家貝克特的《等待戈多》改編為一個劇本一起演。"不是戲劇的戲劇"，是林兆華尋找的戲劇觀念。我們聽著很玄。他要考驗自己，考驗我們演員，考驗我能不能完成沒有表演的表演。當然，也考驗觀眾。好多人奇怪：為什麼要把相隔五十年的俄國經典劇作與愛爾蘭荒誕戲劇的範本放到一起來演？把《等待戈多》和《三姐妹》捏在一塊，他似乎有哲理式的創作激動，這種激動源於對人的存在和對社會問題的自我解讀。這種創作激動對於導演來說就是一種思想、尋覓。其實，包括第五代導演在內的這一批藝術家都離不開反思的印記，都離不開他們的成長期、成熟期這個歷史階段。中國改革開放向前走，必須認識自己的局限，認識自己的困境。當他想導演什麼的時候，一定是這些深層的個人對未來的期待在激動他。這內心的期待，也許就是那個最終沒有出現的"戈多"。觀眾按照一般故事情節去理解這個戲，就會感到陌生，感到費解，而完全不接受。林兆華的興趣是用舞台形象關注故事劇情之外的思想和哲理空間，所以他這麼有勇氣不迎合觀眾。

我在這個戲裏同時扮演兩個色彩很不相同的人物：《三姐妹》裏的維爾希寧是個偏於抒情、有些悲觀的人物，而《等待戈多》裏的流浪漢是個荒誕的、偏於喜劇性的人物。在過去的舞台實踐中，我演的更多的是正劇和悲劇角色，而流浪漢這個角色調動了我的幽默潛質。童道明先生說他很欣賞我和演瑪莎的陳瑾在相互傳達愛意時，哼著"特拉拉"取代含情脈脈的對白，我們倆的一大段對白像唱歌一樣，只用"特拉拉"這三個字變化著不同的語氣抒發情感，像鳥唱著歌。契訶夫的台詞很像詩，比如那段關於大雁的台詞："大雁在我們頭上飛，每個春天和秋天牠們都是這樣飛的，已經飛了千千萬萬年了，牠們不知道為什麼要飛，但是牠們飛呀，飛呀，還要飛幾萬年。只要是上帝不給牠解開這個秘密……"生命如果沒有智慧，可能就不會痛苦。可面對生活和命運，我們感到了人的無知而不能擁有人的尊嚴時，是會潸然泣下的。陳凱歌的電影《邊走邊唱》是有這個意思嗎？

　　那時候有演後談，就是演完了以後，觀眾願意的話可以留下，演員不卸妝就面對台下，和觀眾交流。這是那個時候推廣試驗先鋒戲劇的一種方式。我每次演出後都留下來與觀眾交流，林兆華也在場。觀眾說："我們看不懂。"我說："對不起，有些地方我也不大懂。""那你還演？"我就說："我們在探索這種戲劇，也許就像我們生活中發生的一些事情，當時費解，當時甚至持否定的態度，但多少年之後，突然某件事情讓你一下子有了回想，是相似的——啊，有了記憶上的關聯。在我們的生活中會有這種可能性的。"我甚至曾經搬出哈姆雷特來自圓其說："哈姆雷特有句台詞'人世間還有很多東西是你們的哲學裏所沒有夢想到的呢'。難道我們不應該對未知的東西也產生興趣？"用北京話講，這可真夠矯情的。無論理解還是不理解，我們都是在為林兆華完成戲劇探索。林兆華就是要打破慣性，打破已經形成慣性的文化和僵化的戲劇形態。他在探索，他希望慢慢地影響觀眾，從小眾變成大眾。現在北京市有這麼多民間劇團，大部分演出都是在小劇場演帶有一定探索性的戲劇。觀眾已經有了很多這種觀戲經歷，就像有一定的閱歷一樣，也許以前不喜歡的，現在喜歡了。

　　《北京文學》副主編李陀說，《三姐妹·等待戈多》是林兆華導演的最好的一齣戲。《讀書》主編汪暉在一九九八年第六期《讀書》編後記裏說："林兆華似乎在告訴我們：願意等待的留下來，不願等待的請離開。"《讀書》還破天荒地為《三姐妹‧等待戈多》開了個座談會，作家余華也到會了，他也喜歡這個戲。《三姐妹‧等待戈多》在思想界和文學界收穫的讚賞很熱烈，但同時受到的觀眾批評也是激烈的。無論如何，它在一九九八年的話劇舞台上是一個不容忽視的事件。

《三姐妹‧等待戈多》當時就演了一輪，後來再沒演了。那個舞台設計是易立明創作的，舞台中央是一座由水池環繞的孤島，池水被攪動，台口兩側以及觀眾席的天棚上頓時現出波影。三個姐妹永遠在水槽中間，不下場，她們穿著裙子，有個跳板把她們運進去，跳板一撤，她們三個人永遠在那兒，有三把椅子，她們或坐或站就在那兒說，我和陳建斌倆人是流浪漢，同時也演《三姐妹》裏面的軍官和青年。演出後《北京青年報》一篇介紹這個戲的文章標題就叫《在水一方》。當時不少北京的媒體都報道了，批評也有，還算友善。

有人說，在《三姐妹‧等待戈多》中我的喜劇天分第一次被發現。我曾經想過，如果有機會，我就演全本《等待戈多》。其實我演過一些有喜劇因素的角色，比如《窩頭會館》裏的老愛坐在自己棺材裏的古先生，《說客》裏的任憑一張嘴把春秋說成戰國的子貢，《萬家燈火》裏餓著肚子天天大談聯合國，成天趿拉著懶漢鞋，嘴裏還時不常有髒字的何老三。喜劇有用肢體表現的形態喜劇，也許還有一種屬於思維喜劇，有很逗的個性思維邏輯。侯寶林先生的相聲是思維狀態的喜劇，他會用語言的幽默和譏諷，會用出乎意料又合乎情理的、別人說不出口的獨特語言。袁闊成先生是大師，他的評書手勢動作少，僅憑嘴上的功底，氣派更大，行家話叫"小開門"。後來的評書演員們多以"大開門"表演，動作表演幅度大，也是一路。但袁闊成老先生的才藝還是高人一籌。我們在演喜劇角色的時候要研究個性中的思維怎麼生成，研究劇情人物在幹什麼、為什麼這樣幹，我要怎麼去表現而演得精彩。演戲就這三件事，一定要弄明白。

四　"中國最形而上的演員"

為紀念易卜生逝世百年，林兆華在二〇〇五年排演了大師的作品《建築大師》。《建築大師》是易卜生最後期的作品，號稱自傳體的作品。當年的易卜生當然是以故事為載體寫了這三幕情節劇，但大導竟將它解構成意識流的敘述劇，這個戲我認為是大導多年探索中國現代戲劇的代表作。

大導的《建築大師》在很多城市巡演過，我們還帶著它到了挪威奧斯陸去參加戲劇節，那可是易卜生的老家呀。西方劇院舞台的設備是不許外來演出人員動的。我們得列出一張操作表，寫明多少分鐘多少秒是第一個程序，多少分多少秒是第二個程序，他們就按程序看中方舞美人員做手勢，在什麼時候按哪個鈕來操作，這是西方的舞台制度，所以排練演出中翻譯最忙。

首演後，劇場舞台監督請翻譯告訴我兩件事。一是他的哥哥也演主角索爾尼斯，他覺得我比他哥哥演得好，他哥哥演到結尾前上天梯的時候觀眾就笑，而我演到這裏的時候觀眾是安靜的。二是他說："你看，觀眾廳二樓一般坐的是易卜生藝術學院的學生，他們沒有像平時看戲的時候那樣不屑地哄笑、喝倒彩。謝幕時，他們都在真誠地鼓掌，你們的戲演得好。"這個我懂。就像電影學院的孩子們，放電影觀摩的時候會起哄，尤其是覺得自己一眼看破了老手段或者比較低級、比較落俗套的手段，或覺得演員演得做作，就"哦——"地起哄。得到他這兩句讚揚我挺得意。

易卜生的重孫也來看了，他曾在一九七六年至一九七九年擔任挪威駐華大使。他在觀演後的酒會上說，他在北京的時候沒有這樣好的演出，那時只有京劇《三岔口》和《鬧天宮》。他說我們的演出是他看過的這個戲最好的一次演繹，他覺得中國人讀懂了易卜生。這令我很難忘。

我們在奧斯陸住的地方離皇宮不遠，早晨起來遛彎就能看到皇宮，沒有圍牆，甚至讓人覺得挺簡陋的一棟樓，也許裏面很豪華？皇宮前有綠茵，環境特別好。離皇宮不遠的地方有個碼頭，我忘了叫什麼，只記得那裏的金槍魚好吃死了。北歐的人們過著幾十年如一日的平淡無奇的生活。我們要是過他們那種生活可能會覺得悶得慌。其實美國也挺悶的，除了紐約，一般城市晚上沒什麼夜生活，就跟養老院似的。一比較，發現這三四十年中國大城市

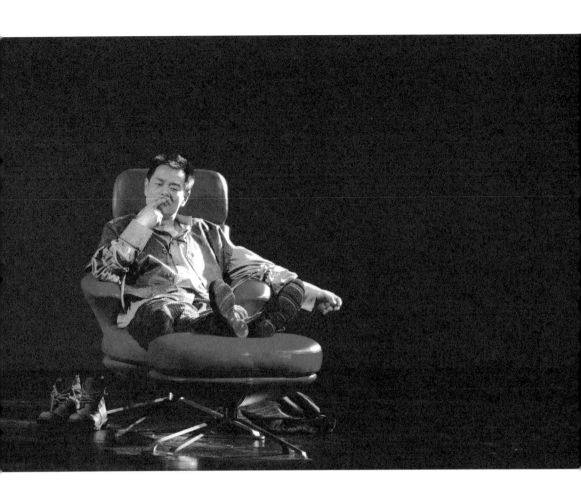

的夜生活遠比他們那兒熱鬧。

　　我欽佩大導，但在整個《建築大師》排練過程中我一直有些懵，甚至都演出、見觀眾了，有的地方我還不知怎麼演。大導老對我說："學學評彈藝術的感覺，得會跟觀眾聊天說話。"

　　我後來懂了，演員的台詞就這三件事——對白、獨白、旁白，獨角戲就是一個人拿全活兒，馬三立先生的單口相聲就是咱要學的功夫。

　　戲的一開始就是劇情的結尾處：建築大師在決定上不上天梯掛花圈，要不要再去與上帝平等對話，他開始囈語，回憶經歷的人生，表白自己的心理活動。獨白就是人物思想，把心裏話大聲地說出來，當對手演員進入他腦海，他轉過視線，開始了有情景的對話，在創作上這叫意識流。全劇角色的內心獨白和對白、旁白混雜在一起，加上模擬過去時的情景表演。觀眾的關注隨著主人公的陳述，想象到當時事情是怎麼發生的，人物的關係是怎麼樣的，前後倒敘的劇情、演員與角色跳進跳出的表演，最終讓觀眾自己綜合理解這個戲的來龍去脈。我飾演的這位建築大師蜷縮在一張紅色的很有現代設計感的躺椅上，講著任意想到的人生片段——對世俗生活的厭倦，對女秘書的私情，對闖入生活的青春少女希爾達的驚喜、戒備、傾訴，對死亡、失敗、再振作、攀上頂峰與上帝同在的奮起。好傢伙，這劇有點兒燒腦，演得不好就不精彩，觀眾得睏。

　　特別有趣，據說當年易卜生寫了這部戲的創作札記，寫到曾在維也納見過一個令他吃驚的、有特殊生命樣式的女孩，有著極特殊的秉性，不斷挑戰有婦之夫，以此為樂地挑戰異性，像獵鷹的爪一樣抓住一個又換一個，體驗另類人生的成就感。易卜生說他很慶幸自己沒被這個女孩子捉住，而是把她寫進了《建築大師》的戲裏。易卜生去世後，《建築大師》在維也納演出，記者竟找到那個原型，那個女孩也看了戲，問她觀感，她說自己完全不是希爾達這個角色，而索爾尼斯很像易卜生本人。

　　《建築大師》的結尾，老年的索爾尼斯將再次登天梯去與上帝對話，一步又一步向上攀，那個六十多公分寬的天梯一直架到十多米高的天頂，盡頭是一盞燈，從台下看，我的身影漸漸融入光影。在當時的北歐，教堂竣工時要將一個花環掛在尖頂的風向標上，這是一個傳統的儀式，我每次演到這兒，不扶把手，手持象徵成功的花圈一步步登上去。所有的角色在下面喊："他摔死了！"只有少女希爾達驚喜地高呼："他上去了！萬歲！我的大師！"我還記得這個戲已經演了一些時候之後，大導有時會把門推開一條縫，告誡我和陶虹："別復辟啊！"他不要演員在這個戲中表演情感，要冷靜理智些的敘述。可我們演員總愛演情感，特別是表演男女主人公的愛情的片段時不由自主想有抒情。有句詩是大導的寫照："詩到晚年唯有辣，書如佳酒不宜甜。"他不喜歡"甜"的小資調。

　　白岩松來看過這部戲，看完給我發來一條短信："我們誰心裏都有索爾尼斯的影子，可誰也不可能成為他，要不然一定會死掉。"因為索爾尼斯這個角色，媒體給我一個稱號——"中國最形而上的演員"。

五　説不透的大導

　　林兆華導演現在老了，當我去他家看他，與他見面有歡喜也有一番傷感。他還是硬硬朗朗的，可因失聰言行遲緩了。

　　我怎能忘記他年富力強的八十年代、九十年代，以至到新世紀的頭十年。他導的好戲，無論在北京人藝還是在他自己的戲劇工作室，都數不勝數。他從世界經典入手，莎士比亞、契訶夫、易卜生都被他演繹，還有他的親密合作者過士行的"閒人三部曲"《鳥人》《棋人》《魚人》，徐瑛的"春秋三部曲"《說客》《刺客》《門客》，等等。說到《說客》，我就想起那張烙餅，這個戲裏有吃烙餅的情節，我們每到一地演出就要買當地的烙餅，我演的子貢和高亞麟演的子路在台上盤腿一坐，拿蔥一捲，嘎巴一咬，一邊嚼一邊說台詞。在漢堡演《說客》，那裏的中餐館廚師不會烙，劇組有一個舞美師去教那廚師烙餅，結果放的油太多了。

　　一九九二年以前輩的《茶館》告別演出為節點，北京人藝的旗幟得繼續下去，這面旗幟能舉到現在，很大一個因素是有林兆華的戲劇創作的高峰期，再加上我們正在成長進步的一批人藝青年演員的努力跟進。劇院藝術建設的大手筆當屬繼一九九二年前輩《茶館》落幕後，二〇〇〇年由林兆華率領在職的中青年演員復排的《茶館》。這版《茶館》的舞美設計是易立明新創的，林兆華重構了劇本結構，比如幕間沒用大傻楊說數來寶，而是用北京胡同的叫賣聲、吆喝聲。老版《茶館》中刪去了原劇本結尾憲兵司令部沈處長的一場戲，林兆華的新版中讓沈處長乘吉普車上了台，還讓沈處長聽到老王掌櫃被逼上吊了，說了三聲"好"。

　　排新《茶館》，用了當時全劇院的中青年演員，其實也都三四十歲了，來劇院十多年了，沒有演過什麼像樣的角色。這一回，大家在老舍先生的名劇中，在大導的調教下，一下子被提升，演得真不錯。

　　林兆華是聰明人，聽到太多退休的老前輩、老觀眾不接受《茶館》的新排法。新版《茶館》首演，我請黃宗江老師來看，開著我剛買的吉普車，把他從八一廠接到人藝來，在"湯王"餐館吃完飯，送進劇場，我才去化妝。演完我趕緊卸妝，跑到前頭去，別讓他老人家凍著，送回八一廠。他還給我弄了碗餛飩吃。這一路上也好，到他家也好，我一直問："您給我們提提意見？"黃先生性情溫和，詼諧有趣。他什麼都不說，只說："不容易，不容易啊。"他是真的喜歡老版《茶館》，于是之真的就是他們最喜歡的，他怎麼可能喜歡我們這些孩子們的所謂創新？他不喜歡林兆華的改變。五年後，在紀念原創《茶館》導演焦菊隱先生誕辰百年時，就著《茶館》應邀去美國演出之際，林兆華又將此劇按原創排回到焦版樣式。一下子都說"好"了，一直演到現在。我認為林大導很高明。不管怎樣，培養了一批演員，演了他們一生演得最好的角色。當然，也包括我。從學習鄭榕老師開始，二十多年來，我在台上真的生活了，角色和我演員本人一起生動又鮮活於舞台上了，呼吸的寸勁越來越對了。前幾天我們又演《茶館》，因上一部戲是原創大戲《正紅旗下》，我飾演的是老舍的角色，懂得了民國時期旗人被歧視、受辱的不甘。再演《茶館》的常四爺，我一下子打通了角色，"我是旗人，旗人也是中國

人"我愛咱們的國呀,可是誰愛我呢?"這些台詞更有感而發了。

一九九四年,林兆華和劉錦雲繼《狗兒爺涅槃》大獲成功後再次搭檔,導演了北京人藝為數不多的"女人戲"——《阮玲玉》。這個戲裏運用了一個無相的空間,所有的往事從類似攝影棚的地方慢慢生出來。我演的穆天培在回憶的台詞中,台上便出現了阮小姐,然後她與人生裏的三個男人展開了劇的情節,直至"人言可畏"逼她結束了生命。

二〇〇五年,我們又在大導的率領下排演了陳忠實先生的名作《白鹿原》。他邀來了華陰老腔民間藝術家,他們的演唱與波瀾壯闊、翻江倒海的劇情快把觀眾廳掀翻了。每每演出,我們與觀眾的情緒都像喝醉了,酣暢淋漓。

《大將軍寇流蘭》也是。這個時期大導的力作的舞美都是易立明設計的,簡約大氣,這個戲露出了首都劇場台後的紅磚底牆。為了滿台鬧民眾騷亂的場面,竟從保安公司請來一百多名保安,服裝是破衣爛衫,一開始是用麻袋當面料,沒想到滿台飛纖維的毛絮,嗆嗓子眼兒,後來改換了面料。這些保安大多不是天天洗澡的,身上的味兒讓後台也夠受的。可是舞台上壯觀之

極，再加上痛仰和窒息兩個搖滾樂隊同在台上用演奏"興風作浪"，首都劇場的屋頂又一次快被掀翻了。我演將軍寇流蘭，一個孤傲的貴族、戰神，被權勢和被愚弄的民眾覆手翻雲地捧上天堂又打入地獄。這個戲受到愛丁堡戲劇節的邀請。那是真的中國文化"走出去"，外國人邀請，外國人出資。愛丁堡的公共汽車上有我和女主角盧芳相擁的大照片，夠牛的。我們在當地最大的劇場演出，不過那個劇場比我們首都劇場小。演出時只請了六十名在當地的留學生，好像也有感興趣的英國人來，場面也夠熱烈。我記得給我分的賓館房間在地下室一層，透過窗子可以看到行人的腳。天氣陰冷，屋子潮。我是出訪演出團團長，別人分的都是樓上的房間，也有朝陽的。我想這是我們的工作人員鬧錯了，但我沒張嘴去換，想以此為性情修煉的契機，忍下了脾氣。首場演出後的酒會上，因為出汗，加上被一小口慶祝首演的冰鎮葡萄酒激了嗓子，第二場演出時我是啞著嗓子演的。好家伙，那麼多台詞！何冰和張和平院長正好在愛丁堡出訪。謝完幕他上台對我說："怎麼嗓子不在家呀！"我只苦笑一下。現在我肯定是演不動這個戲了。我鼓動胡軍來接班。

大導的戲真的得演下去。

　　大導是個自由派，腦子裏老是天南地北地在想戲。因為那次演出是由愛丁堡邀請和出資，我們乘的是荷蘭航班。從愛丁堡回國要在法蘭克福轉機飛北京，在法蘭克福機場要等很長時間。大夥兒都四處逛，買東西。我擔心失去聯繫，安排了三個人陪大導。沒承想大導說：“商店沒意思，去吸煙室。”那三個人就去逛了。結果都以為有人陪大導登機了。我在頭等艙發現大導不在，到經濟艙問，結果發現大導沒登機。想回候機樓，可乘務長不讓，等電話聯繫上了，閘口已經關閉。那個乘務長很傲慢，我和她交涉，告訴她：“我們是八十人的團體乘客，我是負責人，你必須給予照顧，通知閘口放行。”她冷著眼睛就是搖頭，倆手比著游泳的手勢，氣死我了。飛機起飛後，她才奇怪地笑著說：“對不起，荷蘭航空已經安排誤機的‘老人’改乘另一個航班。”改乘哪個國家的航班我忘了，反正，四個小時後大導會從那兒飛往上海浦東。我在飛機上想象著，不會外語的大導會怎樣被外國人引到另一個登機口，再等四個小時去上海。到北京誰認得大導的行李？我心目中了不起的大導得委屈這一路了……

　　我們到了北京，劇院安排好大導返京的機票，派了一個同志去上海接他。第二天我去看望他，他沒事兒似的，呵呵笑著，說，只是煙抽完了，不會在法蘭克福買。

　　我跟林兆華戲劇工作室從一九九〇年一直工作到他老了，耳朵聽不到聲音了，他像是主動放棄了戲劇，像老子走向函谷關，但沒有三千言，只寫了本書叫《導演小人書》，發行了，讀的人不多。林兆華說：“我才是真正繼承焦先生，我繼承的不是焦先生的創作手段，我在繼承他的‘一戲一格’的創作精神。”

　　林兆華在破壞僵化的戲劇，打碎舊世界。除了林兆華還有很多人在做，很多年輕新銳的導演也在做，但林兆華是最早做的，他既有從現實主義生發出的根基，又有獨立自由的創新精神。不在乎他的人、反對他的人或者是蔑視他的人太多了，但是他有他自己的戲劇觀念，我個人很尊重他。

　　他被人家說成是叛逆，被說北京人藝要敗在他的手裏。面對這些指責，他說：“那好，我給你排一個最像人藝的戲。”他就排了特別寫實的《紅白喜

事》——煙斗能冒煙，水泵壓水出水，舞台、佈景、道具，三一律典型的時間、地點、人物，順向的故事結構。他把真實情景中人物的形象、角色的性格讓演員發揮得淋漓盡致，梁冠華因此獲得梅花獎，林連昆、朱旭等老藝術家飾的角色惟妙惟肖。並且他導的戲劇高於生活，他的審美感覺高於戲劇表演衝突，他對空間的把握真好。舞台在他不同的劇目中各自呈現出奇特的、出人意料的畫面和裝置。在這一點上他很真誠地說："沒有易立明的舞美，就沒有我的戲劇。"

　　于是之老師其實是支持林兆華的戲劇創新的。後來于是之老師演《洋麻將》，最初是為小劇場設計的，是在林兆華創作的中國第一台小劇場話劇《絕對信號》後第三年首演的。他和朱琳兩位老藝術家在夏淳先生的導演下帶觀眾彩排很成功，兩位大演員演得太精彩了，所有人都覺得僅在小劇場演太不值了，應該到大劇場演，讓更多的觀眾看。初衷是享受小劇場的導演和演員們聽從了建議，不得已把小劇場的佈景支在了大劇場，略顯簡陋了。所以我們重排《洋麻將》，請了中國兒童藝術劇院的申奧重新設計了舞台，做成了一個破舊廢棄的陽光花房，堆滿了不用的破舊家具用品，台上還能真的出現下雨。舞台上，燈光設計孟彬有著天才的發揮。特別令人感動的是，這個戲的原舞美設計韓西宇老師年事已高，來看彩排，說："改得好，原來學《絕對信號》在首都劇場三樓宴會廳搞的小劇場戲，上了大劇場就不精緻了，你們新設計的比我的好。" 我們被前輩們這種藝術至上的專業精神所感動。後來我看到于是之老師給夫人的信中寫到在東京演出《茶館》時說："台小，和歐洲一樣，距觀眾近，來不得半點兒虛假。" 也許于是之老師那麼支持林兆華創新，自己一定也想在小劇場體會距觀眾近的創作慾望，但沒能實現。

我父親和林兆華也是君子之交。林兆華所有的劇，我父親也看，就是從來不說好："他的戲沒有道理嘛。" 我就跟林兆華講："我爸看完戲認為咱們的戲沒道理。" 林兆華笑了，說："對對對，我就是一點兒道理都沒有。" 人藝這些老人是有藝術至上的信仰的，心靈中的個性也是玲瓏剔透的。林兆華就是不按道理去排戲，不按照傳統或者是常規的那種方式，甚至有點兒在玩。戲劇其實是始於遊戲的，我們演戲劇當然是請有閒情的觀眾們走進劇情，用愉悅的心情欣賞藝術。《哈姆雷特》裏也有遊戲的元素。林兆華把"玩"作為戲劇的一種概念去實踐，使很多老同志認為這對戲劇是不嚴肅的，是褻瀆，是違背了焦菊隱先生開創的中國話劇民族化的創作方向。但我想，如果焦先生活到今天，他也許會比林兆華還林兆華。

當然，我尊重的老前輩鄭榕老師對當下的所謂戲劇創新（一定也包括林兆華）發出了尖銳的質疑：（一）觀眾還重要不重要？（二）舞台是以人為主還是以物為主？（三）現實主義創作還要嗎？這三問也在我腦海中揮之不去，令我深思。

　　　　　　※　　　　※　　　　※

　　林兆華是戲劇的忠臣，也是功臣，他似乎代表改革開放一段時期內中國戲劇的一種面貌。他一直在突破自己，一直在實驗與探索，創作出了一系列舞台作品。"不像戲的戲"，如果這是他的宣言，是否可以理解為，他要對舞台的假定性、有限空間創造出他想象的無限可能呢？舞台空間感就像一扇扇的門，一條條的幽徑，他老在推，在尋，堅信前面還有更真、更善、更美、更亮的門，更令人向往的路，他要進入那個藝術的自由王國。

進入九十年代，我眼看四十，成長中吃虧上當已有很多了。我承受了太多別人的指點："這不對呀，野路子的演員。""這是外行呀。"我知道我哪點不行。從小我一直挺敏感，因為我曾是無地自容的"瘸瘤子"。自卑感長時間地伴隨著我。我永遠不想讓人看出我的腿有問題。從四十歲開始，我終於覺得在演員專業上開始有業績，有些成就感了。九十年代，我密集地拍電影、拍電視劇並在舞台上"南征北戰"。漸漸地，我演的戲票房好起來，居然有人衝著我來買話劇票了，這是和我成了影視明星有關的。

第六章

解讀生活解讀人

譬如全国送温暖，刘关张都送送了，就缺诸葛亮了，晴导演是导演组成员，担着让去塑州试戏老样。一大王扶林总得满意中，讨论了许多不足与刘关张，对了孔的台词，让周去。

（化了妆着了服装）（变化了妆的）

总又会批准试，我也敢背着于是让老师的诚意挑当"诸葛亮号主角，我又要给蔡晓晴导演面子。我没压力，�成把握到心里就没没事张，王扶林很满意说方才定下来。一阵掌声的似"三国演义能大获成功了。回到剧院以人艺的名义不同意让我去拍电视剧。一纸公文了了此事，可蔡晓晴还是喜欢我。

《英雄无悔》是主旋律题材。荒扬在中国改革开放的年代，面对商品经济初期的社会，公安战线的坚持反腐倡廉的英雄主义精神。我的青少年教育和经历在那个红与黑幸福的时代，以及我在部队九年的熏陶政治上是有的。我又有家庭的影响品性也是他选我的理由。所以长篇大段政治性词大道理演绎，报告式也能脱口而出。演着挺过瘾蔡导赏脸，让编导和合摄制组有了信心。他们

一 "高天" 讓我歡喜讓我憂

二十世紀九十年代是中國電視劇的黃金時期，觀眾每晚收視，能有千萬人甚至上億人在看著你。我出訪時，外國人，特別是歐洲人，知道中國影視有這麼大的觀眾體量，對我們中國演員羨慕不已。

我的電視劇生涯起點還比較高，一開始，一九八三年就在央視著名電視劇導演蔡曉晴的《紅葉，在山那邊》裏演男一號吳軻，那是我的電視劇處女秀。後來演了蔡導的以中國女排兩代運動員的拼搏為主題創作的電視連續劇《中國姑娘》，和倪萍演對手戲。蔡導導過的大片《蹉跎歲月》給那代觀眾留下了深刻印象。我記得《三國演義》在全國選演員，劉、關、張都選定了，就缺諸葛亮了。蔡曉晴導演是導演組成員，推薦我去涿州試戲、考核。一大屋子人，王扶林總導演居中，我化了妝，穿上戲服，唸了首古詩，又與化了妝的劉、關、張對了幾句編的台詞。但是因為于是之院長舉薦剛剛到人藝的我演《海鷗》，而且從莫斯科藝術劇院請來總導演葉甫列莫夫，我不能辜負于是之老師，所以我沒壓力，不成拉倒，心裏就很放鬆，沒緊張。王扶林導

演很滿意我，當場定下來，一陣掌聲，好似《三國演義》因此就能大獲成功了。我回到劇院，以人藝的名義下了一紙公文，不同意我出去拍電視劇，就這樣了了此事。不過，蔡曉晴導演還是很喜歡我，沒有讓我出演戲份多的諸葛亮，換成了戲份少的孫策。

演著話劇的同時，插空拍了影視劇《藍風箏》《與往事乾杯》，還有《編輯部的故事》裏的詩人田喬和《我愛我家》裏的阿文。還有其他一些，不過最終讓我體會到"火"的是《英雄無悔》。

一九九五年我演了《英雄無悔》裏的高天，一九九六年播出後收視率非常高，從此全國的觀眾認識了我。讀《英雄無悔》的劇本時我就非常興奮，當下就拒絕了另一部電視連續劇，那陣子還真夠忙的。

《英雄無悔》這部戲確實是個大製作。二十世紀九十年代初，廣東在長篇電視劇方面異軍突起，有一系列熱門的電視劇，包括《外來妹》《情滿珠江》《和平年代》。廣東又是改革開放的前沿，那時候廣東人做事情很大氣。一九九五年他們準備乘勢重磅推出六十集電視連續劇《英雄無悔》，這應該是最早的反腐題材、公安題材的電視劇，當年我們的公安戰線先於律己開展整頓警風行動，這個題材肯定能得到老百姓的歡迎。這麼長篇幅的電視劇在當時也少有。廣東來了五個人找我談話，在人藝後台化妝間坐滿一屋子。他們說，劇組十個主創聚在一起選男一號公安局長高天，每人在小紙條上寫個名字，最後一起展開手掌，紙條上全是我的名字，於是我向劇院告假，人藝同意了。我很快到了廣州。我第一次住旅館單間，他們的隆重接待，他們的寵愛，什麼事都優待、笑臉相迎，都是我沒見過的。要當明星，這樣被寵讓初出茅廬的人真的是挺開心的。

《英雄無悔》是主旋律題材，弘揚在中國改革開放的年代面對商品經濟浪潮，公安戰線堅持廉政、敢於反腐的精神。我的青少年教育和所經歷的那個充滿革命精神的時代，以及我在部隊九年的熏陶、所具有的政治素質，是他們選我的理由。所以，長篇大段的政治性的台詞，大道理的演說和報告，我都能口語化地演得有感覺，也讓編導和全攝製組有了信心。他們真的是信誓旦旦地衝著國家獎項去努力的。這部連續劇雖然政治性強，但又有接地氣的生活脈絡，高天在奮鬥的事業中，也有著三個戀人的情感戲，這是老百姓愛看的世俗生活橋段。另外，被金錢誘惑、腐敗落水的幹部級別寫到了副局級，這也是一大突破。喜歡看警匪片的觀眾也愛看公安系統與黑社會、地下販毒組織鬥爭並取得勝利，英雄高天也贏得了女主角的愛情，真是一部主旋律的大片。可惜，在《英雄無悔》裏演女主角的李婷年紀不大就因癌症去世了。她還在《清涼寺鐘聲》裏扮演過我童年時期的姐姐呢。

六十集的連續劇在當年是破紀錄的。按當年拍攝的進度，四十五分鐘一集的故事長度要在一星期內拍完，必須經歷七個多月的拍攝，在春節前完成。一個組不行就分兩個組。我是主角，兩個組搶我，我一個人分身無術，我累了不說，製片組的生產調度也累死了。一組是拍主戲的，二組的導演給我起了個外號"大寶天天見"。這是那時的一個化妝品牌的廣告詞，我在人藝得過這個品牌贊助的"春燕杯青年演員進步獎"，所以他們這樣稱呼我。我天天去二組拍，天天見，不歇著，早起晚歸，睡覺很少，所以發生了一次險情。那段時間累得眼睛完全是紅的，有一天佈置現場的時候，我在化妝組待著，睏得想睡覺，看到化妝箱裏有一小瓶藥水，以為是眼藥水，我也沒問，拿起來就往眼睛裏滴。沒想到那是化妝師自製的卸甲油。當時我就覺得壞了，眼角劇痛。我趕緊低著頭衝到水龍頭下用水沖。好在有跟組醫生，她問明情況後說馬上去醫院，必須用硼酸水洗眼睛，晚了就會瞎。於是他們緊急送我去了醫院眼科，治療後兩眼紅得像兔子。主角不能拍了，雙軌兩組所有人同時休息三天。沒想到，好多人私下謝我，因為他們也太累了。進度在攝製組總是重要的，沒過幾天接著拍，先選戴墨鏡的室外戲。

說真的，眼睛這事沒什麼，反正也沒瞎。拍攝中令我心裏痛苦的是，拍攝質量在超負荷的勞累中損失很大，我對一些選景的湊合有看法，很多創作意圖和設想在簡陋的選景地無法實現。演員感到最大的痛苦是當自己對藝術的追求、夢想將付諸東流時，還必須得幹下去。雖然播出後我聽到很多讚揚，但我還是認為《英雄無悔》的藝術水平還有提升的空間，還可以拍攝得更好。

有一段時間，我的心常被痛苦和無奈折磨著。又想到完成拍攝還遙遙無期，真不知怎樣才能幹下去。這時，我讀了茨威格的《偉大的悲劇》，深有感觸。這部作品描寫一位英格蘭海軍上校夢想成為第一個到達南極極點的探險者，他聚起一干人馬踏上南極冰岸，歷盡艱難，卻發現挪威人走在了他們的前面。榮譽的夢想與由此鼓起的必勝信念遭到了無情的打擊。沮喪和絕望籠罩著他們，他們克服著比自然給予的艱難更大的心理痛苦繼續前行，終於到達了目的地，只剩五個人，進行完科考，插上自己的國旗，還扶正了挪威的國旗，然後踏上了漫漫的歸程。但在返回的途中，上校和他的同伴遇到了無法抗拒的風暴，最後他代所有死去的同伴寫了家書，向自己的妻子寫下了道別，默默地停止了呼吸。轉年十一月，當南極夏季到來時，救援者才找到他們的遇難地。這篇傳記是以這位上校船長的日記的形式寫的。主人公崇高偉大的人格力量令我激動不已，感動、啟發我的是人在失敗面前，人格要站立，要樂觀積極地去克服人生中面對的挫折，用佛家的道理講就是放下糾結、放空業障、心無所住地前行，改變不接受的，又能接受不能改變的。我想，也許並非只有自己對，一部大型的電視劇製作要多少部門全力配合，總鬧意見，心情不好，就連自己的活兒都幹不好了。我其實還有名利之心，覺得自己辛苦半天，最後竹籃打水一場空，得不了他們所說的、我也期待的榮譽和獎項。這種想法不該有。我要學習船長的品格，不向挫折低頭。這也是真正的體育精神。無論輸贏，勇往直前地繼續拼搏。於是每天出工我又滿懷熱情了，盡可能做好自己能做好的事，把自己做好，真情演好自己的角色。我向要好的同事推薦這篇傳記，大家看完後，常在艱難時相視無言，只說"船長"兩個字，像是個互相鼓勵的"暗號"。真的，不光是我，劇組很多人是以"船長"的精神工作著，大夥真的把《英雄無悔》這部電視劇當作獻身的事業，即使我們所付出的心血沒有收穫，也無怨無悔。

《英雄無悔》劇本最初寫了六十集，拍了五十多集，送審後壓縮成三十九集。也好，劇情更緊湊了。一九九六年夏天，電視劇以最快的速度在全國各地鋪天蓋地播出，可以說好評如潮，我飾演的高天也得到很多觀眾的表揚，而我再次想起了《偉大的悲劇》這篇傳記。

《英雄無悔》確實讓我名利雙收，我還真是第一次掙這麼多錢。當時的片酬是兩千多一集。我記得片酬分兩筆給，第二筆要去西單一個什麼地方取。我和我媳婦一起去的。小兩口沒見過這麼多錢，那是現款呀，一大兜子，當時左顧右盼，生怕有什麼不測。一九九四年我學會了開車。一九九五年，我

用拍電視劇的第一桶金買了第一輛車,是個淘汰的日本皇冠出租車。那時興從私人手裏買過戶車。這車十一萬,一手交錢,一手交貨。手續全齊,在西直門的一棟樓前交車,我開回燈市口。那是我第一次在北京路面上開車,緊張得我很大聲地對媳婦和女兒喊:"別跟我說話!"這車電路有毛病,有時開著開著會熄火,我父母還被我支使著下車幫著推車,我好踩著離合憋一下馬達,再點火。現在都開自動擋,年輕人不懂當年開手動擋車的這點兒訣竅了。

後來不少影視劇劇組找我演公安類型的角色,比如我又演了《公安局長》裏的黎劍。除了影視作品,公安部門的其他活動也請我參加。那時公安部有自己的春節晚會,也有些表彰慶典,都讓我參加。

雖然《英雄無悔》當年紅遍全國,各大電視台重播率很高,可我沒像肖雄、郭旭新他們評上飛天獎。那年的電視劇飛天獎的評委會還是在我們空政話劇團排練場裏召開的。我就住在排練場對面。我正陪女兒在院裏玩，他們正散會，有的評委看到了我一愣，又神秘地告訴我："你沒評上。"並安慰我說："候選人裏你年輕，還有機會的。"我也沒表示不高興。回頭一打聽，得獎的人比我小好幾歲。我已讀過茨威格那篇傳記，心裏對自己說："我真是顯得很年輕。"不過，演完《英雄無悔》，我切身體會到"紅了"的感覺，我的名氣有點兒家喻戶曉。因演公安局長高天這個角色，有一段時間我常被邀去警校、公安大學講座，很多年後一些警察還跟我說，他們考大學時選擇警校是因為看了我演的《英雄無悔》。那些年電視頻道在非黃金時段還反覆播放《英雄無悔》，雖然現在看來影像質量比如今差了很多，但各省台重播率非常高。有一次我在街上走，小店裏的電視上新疆衛視正在播《英雄無悔》，看著自己的形象說著新疆話，可真逗。那小店的新疆大叔認出了我，還要送我哈密瓜。

拍《英雄無悔》那會兒我還蝸居在空政話劇團分的平房，在大院一角，是當年民國交通總長曹汝霖七姨太的家族祠堂，門窗被前樓擋著，終日無陽光，潮得很。一出太陽我就趕緊抱起被褥去搶院裏不長的曬衣服的鐵絲，慢了就被別家佔上了。我家宛萍的腰一度因為受潮痛得很。我騎車帶著她有病亂投醫。當時我一邊蹬車一邊下定決心："拍戲，掙錢，買房！"像當年所有類似的老房一樣，屋裏沒有廁所，拉屎撒尿得去外面的公共廁所。夜裏出門不方便，特別是天冷的時候，得在家裏備個尿盆。雖然這時候我稍稍有了名氣，早上起來當然還是我倒尿盆。有時我蹲在公廁，完事站起身，邊上的人驚呼："高天。"

我拍完《英雄無悔》，出了名，再回到舞台上演《雷雨》，有一次演到周萍與四鳳約會、跳窗的時候，台下觀眾竊笑："快看，高局長跳窗戶了！"當我聽到別人告訴我時，心裏特別難受，成了明星卻沒能演出劇情中的真實感。這說明我的那場演出是失敗的。高天啊高天，成也蕭何，敗也蕭何。雖出了名，可我那時在觀眾心目中還僅僅是個影視的明星。

我在空政蝸居了十八年，我家門上有個 "福" 字

老房客廳，俯拍廣角，加上大鏡子，顯得屋子還挺大

二 都市情感三連拍

《英雄無悔》之後，我沒有繼續演英雄人物，而是接拍了一些市井生活題材的影視。

《與往事乾杯》是根據上海作家陳染的小說改編的，是一個很細膩的故事：一個早年喪父的女孩在成長過程中和鄰居男人有了忘年交。陳染這小說寫得有魔幻感，像一種幻覺。

《一場風花雪月的事》是一部刑偵言情片，導演是趙寶剛，這是徐靜蕾的熒屏處女作，她演得挺好，觀眾開始認識了她。我演一個姓海的記者，同情女主角的處境，默默地幫助她。

《愛情麻辣燙》的影響比較大，那是高圓圓的第一次"觸電"。裏面一共有六個故事，第一個故事《聲音》裏有一句話特別觸動當時的我。高圓圓演的女孩，聲音被喜歡她的男孩拿小錄音機錄下來，剪輯成情話，自我陶醉。事情敗露，老師將這個事告訴了這女孩的母親，母親回家就訓斥女兒。第二天母親像往常一樣推開女兒的房門，女兒卻說："媽媽，以後你進來要敲門。"家長和孩子之間一下子有了距離。當時我也在這個母親的年齡段，也是家長特別擔心孩子的階段。那時我家裏剛剛裝電話，我的女兒放了學就跟同學打電話，打好長時間。我當時覺得是因為剛裝了家庭電話，孩子覺得新鮮，但後來得知，有一個男生對我女兒好。我當時就想，不要批評她，我不希望自己的孩子說這樣的話。電影裏女兒那句話給我印象特別深。其實小孩子剛開始懂得交友，發現自己的興趣，哪怕是喜歡和異性同學交往，大多只是一時的事，讓孩子自己面對，事情就會過去。

《愛情麻辣燙》是我和張楊導演的第一次合作，下一次合作就是《洗澡》了。而和呂麗萍的合作，這是第三次了，第一次是《編輯部的故事》我演讓她心動、讓葛優吃醋的詩人田喬，第二次是在電影《藍風箏》裏演她的前夫，這次我和她演《愛情麻辣燙》裏的第四個故事——《十三香》，呂麗萍演的淑慧和我演的建強要辦離婚，劇情簡單，但挺有意思。因為每一段故事都是十五分鐘，所以不可能展開說他倆為什麼要離婚。電影裏這男人馬上就要淨身出門了，但是不能夠跟孩子說，孩子其實猜到了，就把結婚證藏起來，這

兩口子費了半天勁終於找著了。為了不讓父母分開，這孩子又從李濱阿姨演的算命老太太手裏買了一包"幸福家庭十三香"。辦完離婚的父母二人回到家，兒子做好了飯，用上了整包"幸福家庭十三香"，小心翼翼地看著爸爸媽媽，爸爸媽媽坐在桌旁沒滋沒味地吃，吃完飯，女的洗完碗，男的哄孩子睡著後，女的就對男的說，孩子睡了，離婚的事也辦完了，你現在就可以走了。大夥兒想想看，他到底會怎麼辦？電影裏的神秘感就在這一大段的沉默中。在沉悶中最後倆人說了句什麼告別話，這女的突然間給了他一大嘴巴。我們倆拍這段情節的時候，一個機位、兩台攝影機，分別是全景和中景。這一段無言沉悶的對手戲一口氣一個鏡頭演下來。拍前，呂麗萍說："濮哥，我怎麼打呀？"我說："你練練，打吧。"可呂麗萍怎麼也下不了手。我告訴她往哪兒打、怎麼打，讓她照死了打一下，我配合。我在空政話劇團的時候學過形體動作技巧，就讓她放心打，我說我會演好反應，不疼的。呂麗萍說："好吧，不然今晚過不去，爭取一遍過。"開始實拍，她啪地打我一嘴巴，打得還可以，然後，倆人都悶著不說話，沒停機，過了一會兒我上去把她抱住了。拍完我們感覺都還行，但導演為了保險讓我們又拍了兩條。拍電影總是要講技術保障，就是所謂的"保一條"，可我感覺成片其實用的就是第一條，那一條拍得就挺好。關鍵是她打完我之後，劇本裏沒有寫讓我抱她，但我就那麼順勢一抱。拍之前我已經和張楊講了這個設計，他說非常好，就要這個：捱一個嘴巴之後悶著不說話，把女人給抱住，有一絲隱隱的留戀。拍之前我沒把這個設計告訴呂麗萍，所以她被我抱住的時候，我讓她的臉在靠鏡頭的一面，她眼睛裏露出沒有料到的眼神，這回不像拍《藍風箏》的時候，沒用她教我。我雖然沒有鬧離婚的人生經歷，但我從旁人的生活中看到過。我見過曾經有一對如膠似漆的兩口子，好的時候不知道好成什麼樣，打的時候打得難解難分，不拉著都能夠拿菜刀了。最後男的離開了單位，回來補辦轉業手續的時候他就住在我宿舍的空床上，半夜三點左右他出去了。我醒了，心想："這麼半天幹嗎去了？上廁所去了？"天蒙蒙亮，他回來了。這時候他能上哪兒去？其實是相會去了。我當然沒問，就是這麼猜的。都打了架、離了婚了，互相恨得不行，但是還有一種男女之情。這事用到了《十三香》裏，挺有味的。到了最後一刻，無論曾經多麼厲害地反目，畢竟……一巴掌之後我摟住她，她也偎入懷中，所有"曾經"的意思都在那一摟一撲裏了。

陳薪伊導演給我們人藝排話劇《原野》時說過一句話："演員這行就是演一個人的正常。"你可以特別鬆弛自然，你也可以山呼海嘯、激情四射，但要在規定情景的表演中有人的正常狀態。

在《愛情麻辣燙》裏我和呂麗萍搭得很順手，於是接著合作了十八集的電視劇《來來往往》，劇本源於武漢作家池莉的同名小說。呂麗萍在《來來往往》裏演一個幹部子弟，看上了和她同在肉聯廠上班的"我"——殺豬青年，她託關係把我調入廠機關。在傳統戲中這就是窮秀才遇到了富家女後會不會當"陳世美"的故事。裏面有場戲：改革開放後個體經濟大發展，小兩口在床上暢想未來，決心讓男的下海創業，女的留在公有體制下吃"大鍋飯"，呂麗萍說著說著翻身站起來，用腳踩著躺在被窩裏的我說："嗨！你要敢當陳世美，要變心，我就把你打翻在地，再踏上千萬隻腳，讓你永世不得翻身！"我們這年紀的人可知道這話的出處，這台詞都是呂麗萍現場編出來的。

這部電視劇還留給我一個難忘的記憶——在肉聯廠流水線上殺豬。我心裏對這個一直抵觸。提前兩天到市肉聯廠看了位置，設計拍攝方法的時候我

也去了。一進車間那味就讓我受不了。看了一會兒殺豬，導演還讓我試了一下，我哪兒下得了手。那些豬遭電擊後被倒吊著一頭頭向我傳送過來。工廠師傅告訴我，果斷捅一刀，扎進豬的心臟，手腕還要橫劃一個"L"，這樣血放得快，豬也死得快。要不然，被屠的豬過了流水線的血槽，血要淌一地，鏡頭外的工人還要補刀。演這戲我好為難。我一邊幹這殘酷的活兒，一邊還得和我師傅說談戀愛的台詞，沒過一會兒我就覺得胃裏不舒服，眼前發黑，有些虛脫，就徑直走出廠房。我要求改戲，改成我扛著半扇豬一邊裝車一邊說台詞。導演不幹，說劇本就是這麼寫的，再說這樣鏡頭拍起來好看。怎麼辦？演員碰著什麼都得一往無前，我只有自己調整心態，幾天後，強忍著拍完了這場戲，結果好長時間見到豬肉就反胃。

按照劇情，康偉業離開工廠下了海，開了小公司，還真成了"陳世美"，見到許晴演的林珠，有了花心，為她買了別墅，金屋藏嬌，可林珠受不了不

見光、不敢公開的私生活，明媒正娶不成後便不告而辭，他又遇到了李小冉演的小青年。再後來公司倒閉，康偉業的人生焦頭爛額，與呂麗萍演的妻子究竟離不離婚，好像導演拍出了兩三種方案，讓觀眾選擇。我還記得電視劇宣傳海報上寫著：「明眸媚態風情萬種的情人，自私自大自立自尊的妻子。男人，你何去何從？」康偉業在事業上飛黃騰達：從肉聯廠職工到物資局科長再到下海後的成功商人，在感情上歷經三起三落，在生活中從高幹的女婿到美女的情人再到回歸家庭。康偉業是開放初期滾滾紅塵中的一個典型，演繹了物質越豐富心靈越迷失的寓言。電視劇播出後，那年的春晚上，馮鞏和郭冬臨在小品裏調侃我是「少婦的偶像」。由他們說吧。人生如戲，戲如人生。

　　但是這部電視劇播出後重播率很低，有人認為有傷風化，是問題嚴重的作品，因為呂麗萍飾演的角色是某地的機關幹部，有醜化嫌疑，被要求停播，說「我們單位沒有這樣的人」。沒辦法，那時反映生活、反映社會問題的藝術作品，總有人愛對號入座。反面角色是處長，處長不高興；是副局長，副局長不高興；故事寫的是什麼專業系統的，那個專業系統的就要求審片，看有什麼負面社會影響。可現在又時興從生活出發反映當代、描寫社會、塑造今人，一段時期古裝歷史劇太多，還要下文限制播出量，以利反映現時代的火熱生活。批判現實和弘揚正能量成了對立標準，非黑即白的文化誤念影響著人們的生命認知。不過，這部小說和電視劇還是受到很多好評。有的觀眾評論："太真實了，濮老師，你演的康偉業太像我的人生經歷了。"這部作品有點兒《警世通言》的意思，反映出那個時期的改革大潮中一些人發家致富後在道德、文化、品格和精神上準備不足，多元文化、人生機遇使很多青年迷茫，心靈找不著北，苦苦尋找人生方向的主題。

這部電視劇拍得很快，多虧了攝影師傅靖生，大家叫他阿傅，在法國學拍紀錄片出身，攝像機在他手裏玩得滾瓜爛熟。十八集下來，不誇張，有一半以上的拍攝全都是他肩扛手提，不用助手，自己聚焦點。他說，鏡頭的主畫面就是演員的表演，觀眾永遠愛看演員，佈景、光色不重要，窗外的夜景不用透出層次，把窗戶都用黑布遮上，費勁支半天燈光，其實觀眾不關心，演員中心論在他那裏執行到了極致。人物交流的鏡頭切換他都不用兩個對打角度，直接從這張臉擺到這張面孔，如同讓觀眾身臨在旁一樣左聽右看，跟乒乓球裁判似的。在別的攝製組最累的是燈光部門，得有一大堆人，在阿傅這兒燈光組最輕閒，就四個人，照明燈兩三架，大場面非用不可才用。燈光師手裏有些一百瓦、兩百瓦的燈泡，盡可能用自然光線，最多用反光板補補。光線色彩經他的手藝拍出來也挺好。我說多虧阿傅，是因為他拍攝速度快，演員工作節奏也快，沒什麼歇著等著調光、佈機位的時間，所以背詞也得快。那年長江發生百年不遇的特大洪水，很多攝製組沒拍完，誤在了武漢。可我們在洪水到來之前就拍完了。後來阿傅在我參與的電影《說好不分手》的拍攝，也是用這種風格。他不是凡人，我挺佩服他，雖然他好像沒在電影節得過攝影獎。

《來來往往》演得很順利，大家配合得很愉快。於是再拍一個，還是阿傅攝影，我就又和許晴合作，演了《說好不分手》。我演一個足球解說員，這個故事太離奇了，原本是《北京晚報》上的一個小故事，小豆腐塊那麼大，製片人也是編劇，把這個故事寫成了劇本。我演的滕遠峰因為忙於工作長期不著家，怠慢了妻子——許晴演的林翹，寂寞生活中的林翹因一念之差，和郭峰演的合唱團指揮發生了婚外情，之後林翹懷孕，她不確定這孩子到底是誰的，等到孩子越長越大，相貌越來越不像丈夫，越來越像婚外情的那個人，她就決定離婚，可丈夫百思不得其解。最後謎底解開，丈夫陷入困境：怎麼對待自己與孩子的真情，怎麼對待愧悔的妻子，真的是一個挺麻煩的事。最後在法庭上我撤訴，原諒妻子，擁抱沒有血緣關係的孩子。這是部小製作電影，真的十幾天就拍完了。

特別有意思的是，為了演好足球解說員的角色，我通過熟人去聯繫孫正平，去了央視的體育頻道體驗生活。那時候足球正熱，我跑到中央電視台轉播室，躲在一旁看他解說世界杯。作為一個體育迷，我覺得那可太有意思了。那次體驗生活是難忘的，我學著孫正平的樣子拍了滕遠峰解說足球的鏡頭。那一年的世界杯是第十六屆，在法國巴黎。二〇二二年在卡塔爾舉辦的世界杯已是第二十二屆。

郭峰是個歌手，他之前可能對演員這行了解不太多，不知道我們這行有時候還是很辛苦的，有場戲估計給他留下了深刻印象。郭峰演的第三者因為愧悔要跳河，我也要跳到河裏去救他。拍這個片子的時候已經很冷了。跳河的戲是在一月份，快春節了，在香山那邊的玉泉河拍的。

在這之前我拍電視劇《運河人家》的時候跳過河，也是在春節前。劇情是土匪追我，我一猛子扎進湖裏，憋著氣，潛下水，岸上還在打槍，我不能抬腦袋，在水裏憋半天。我當時的方法是用三個黑色大垃圾袋把全身都包起來，用大力膠密封粘上，再穿服裝，不讓水沾身，胳膊和頭沾水就不管了。我把這經驗就告訴了郭峰，他說："好辦法。"我們早早就這麼準備好了，等著技術部門佈置現場。等了半天郭峰實在憋不住了，說："我得尿尿。"我說："尿就尿唄。"他就跑到樹林裏，在纏塑料袋的位置上剪了一個口，解決了內急。一開拍，他跳進水裏，水就從他剪的口灌進去了。拍完一條，郭峰凍得"嘚嘚嘚"直哆嗦。他是歌手，不是專業影視演員，不知道深淺，以為拍一條就過，誰知導演說還得再拍一遍。他就得等著，可是他的衣服裏已經進水了。第二次開拍，郭峰又跳進河裏。等他上來，導演說："還要再拍第三遍。"郭峰說:"你不給我片酬我也不拍了。"他實在受不了,拿剪子剪開垃圾袋,換上衣服開車就跑了。第二天一問,他果然打了吊針,病了好幾天。

我就聰明,裏好垃圾袋用膠帶纏上,開拍我砰地跳進河裏,上岸後忍一會兒,其實我也憋不住尿,我就尿在裏面,一尿,溫暖極了。長這麼大體會一下尿褲子,感覺挺好玩。導演說再拍,我就砰地再跳進河裏。因為郭峰走了,就不拍了。我躲進自己的切諾基,開開暖風,在車廂裏脫個精

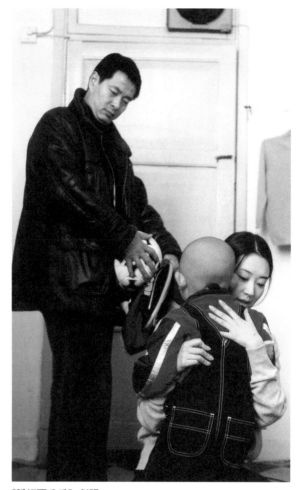

《說好不分手》劇照

光,從裏到外換上乾淨衣服,有些得意,好像又闖過一個小關口。

說到《運河人家》,可能知道的人不多,但它對我有著不一般的意義。我演主角葉三車,化妝化得很像漁民,我每次拍攝前都用手沾點兒土蹭一蹭頭髮,免得頭髮油光鋥亮,演的時候我覺得自己演得很像,但是後期補錄聲音的時候我發現——我的台詞表達方式不像農民,台詞的思維表達太像文人了,是我的本性,不是人物的。

三　客串嘗新鮮

九十年代有一部紅遍大江南北的電視劇——趙寶剛導演的《編輯部的故事》。像很多明星一樣，我也去這個劇組客串了一把，那是我第一次客串電視室內劇。這部電視劇圍繞《人間指南》雜誌部展開，與社會發生方方面面的聯繫，觸及了許多當時出現的新事物、新問題、新現象、新想法，比如農民工進城熱、瓊瑤熱、迪斯科、台灣老兵返鄉尋親、相親、家裝電話等等。我在這部二十五集的電視劇的最後一集裏客串詩人田喬，出場兩次，那是我和呂麗萍的第一次合作。這個詩人形象其實反映了二十世紀七八十年代的詩歌黃金時代，食指、海子、北島、舒婷、汪國真那一批詩人都是在那個時候湧現的，詩友會那個時候很時髦。如果一個男的有詩人氣質，那會很招女生喜歡。田喬就是這樣吸引了呂麗萍演的戈玲。

詩歌很早就對我有影響。二十世紀六十年代初，我父親與很多老前輩藝術家在中山公園音樂堂搞星期朗誦會，我常跟著去，上小學的我似懂非懂地聽，後來在小學參加了朗誦小組，表演革命烈士詩抄。下鄉當知青時，由於苦悶，還學著寫了些很幼稚的小詩。不過，我的文化程度確實低，有人覺得我有詩人氣質，所以我很慚愧，有人說我是學者型演員、知識分子型演員，我更覺得奇怪。

一九九四年我客串了另一部特別火的電視劇——《我愛我家》，那是中國第一部家庭情景喜劇，當年確實很受歡迎，因為和我們的生活聯繫很密切，好像都是我們身邊的事。《我愛我家》的創作方式是英達從美國學回來的，把國外的室內劇和國內的小品表演結合起來。他們的拍攝節奏很緊，隨拍隨播。我去客串是被英達"劫"去的。我本想回絕，就騙他說："我今天要到我媽那兒去，我們都約好了。"其實我沒去我媽那兒。我抱著孩子到胡同口的小賣部買東西，買完了轉身一看，英達竟然正背朝著我把那門堵著："怎麼著，你不去？小子，我逮你來了。"我一看就樂了："怎麼辦？走吧，還有什麼說的。"我把孩子交給家裏請的李阿姨，他的汽車馬上進了院，我像是被直接押送到了攝製現場。我都不知道自己要演什麼角色，英達說是讓我跟梁天搶蔡明。我看了看台詞的內容說："這不是演一個流氓嗎？"英達損我："你以為你不是流氓？"我說："好吧，我就照你演好了。"拍的時候觀眾就在前面，挺新鮮的，有點兒像話劇。導演有時可打斷，喊一嗓子："再來一遍啊，觀眾朋友們，這點兒重新再來一次。"演得好，拍的時間就可以很長，演得不好，中間就停下調整，現場觀眾就看這個熱鬧。英達弄的室內情景劇當時對觀眾來說是挺新鮮的。觀眾看戲也會被拍進去的。

四　賀援朝帶我奪"金鷹"

可能因為我出身部隊文工團，我喜歡軍隊題材的影視作品。一九九一年的電視劇《梧桐梧桐》改編自張欣的小說，我在裏面演男一號劉小岸，那是我第一次為了角色剃光頭。故事發生在部隊醫院，情節很簡單，就四集的量：戰士劉小岸病了，在部隊醫院治療，和護士有了一點兒小小的感情，可是他已經有女朋友了，兩人最後分開了。演護士那個女孩是海軍話劇團的。我和史可就是在那時認識的。多少年後再見面，史可說，她還記得我專門從西山坐長途車進城裏為她買生日蛋糕，給了她一個驚喜。她說："你那麼走心。"我說："我不記得了。"

一九九九年年初，我在軍旅題材電視劇《光榮之旅》裏演了一名新型軍事幹部。主角賀援朝原來是炮團團長，部隊整編的時候把他從炮團調到總後聯勤辦公室當負責人，他有改革精神，認真研究作戰部隊後勤的工作。我和賀援朝是同齡人，我在部隊文工團工作過九年，對軍裝和部隊生活是有感情的。穿了九年軍裝，從來都是扣好風紀扣、戴正軍帽，軍用挎包從來沒有單肩挎過。現在宛萍還開我的玩笑，說："那時候我們一塊兒走在街上，你還左肩斜挎背包，手臂還一甩一甩地像走正步。"我真的以軍人為榮，部隊文工團員也是軍人啊。穿軍裝就得有這樣一種約束。所以，雖然我的長相不是硬漢型的，但是我接受了五十年代、六十年代的教育，經過下鄉時期的兵團生活，我心裏有賀援朝。軍人有稍息姿勢，也有立正狀態。當年我受過系統的隊列訓練，體驗過緊急集合、拉練等等，空軍政治部走隊列方陣的時候話劇團演員還在第一排呢。所以我在這部戲裏演得很放鬆，也很投入。

《光榮之旅》的最後一場戲是，已經升為少將的"我"看女兒在女兵方陣訓練。當時我們真的到了慶祝建國五十週年的閱兵式訓練基地，看到了女兵方陣訓練。那屆女兵方陣的領隊是一對雙胞胎姐妹，等拍攝完畢，累了一天的女兵方陣一片歡笑，起哄讓我也走兩步。我佩戴著少將的軍銜展示了幾下正步走，還算標準吧，贏得了一片掌聲。很多人演軍人都愛多使勁，實際上是缺少生活。比如敬禮，很多人老是用力過多地擺個姿勢，其實真正的軍人已經習慣於天天敬禮，非常自然的動作。

演員這工作，特別是拍影視，可以接近很多一生只有一次的生活機遇，在《光榮之旅》裏"我"當了野戰炮團團長，居然還指揮了軍事演習，開了大炮，戲裏是真的用了重型榴彈炮。劇中由我下令十門列開的榴彈炮實彈開火，先是拍一門炮的中近鏡頭，我在炮旁大喊"開炮"。一聲炸響，晴天霹靂，真是震耳欲聾，炮的轟鳴聲讓我耳朵裏嗡嗡直響，過後十來天還在轟鳴著。之後拍全景鏡頭，九炮齊射，大地震起一片塵煙，像《西遊記》裏騰的雲霧似的，我們像浮在了雲天裏。再看對面山頭彈著區域一片炸點，好過癮。那天拍攝體驗了一把戰爭的感覺，有了軍人必勝的英雄氣質。

我在電視劇裏還開過飛機呢，那是一九九三年的《長天烽火》，這是國內唯一描寫抗戰時期武漢大空戰中的國軍飛行員的電視劇。《長天烽火》裏的英雄主義非常濃烈。我扮演大哥，我畢竟曾經是空軍的人，而且我了解到當年國民黨剛組建起來的空軍中有很多富家子弟和有文化的青年，他們速學飛行技術，便投入抗日戰場。太多的烈士為反法西斯戰爭獻出了生命，所以我覺得必須好好演。但是後來這個劇影響不大。

賀援朝這個角色把我送上了金鷹獎的頒獎台。《光榮之旅》拍完的一年後，我正在河北易縣拍電視劇《曹操與蔡文姬》，在劇組接到金鷹獎組委會發來的通知，得知我被評為十個候選者之一，一共有五男五女。那年的評獎方案突出觀眾投票的參與度，所以要求候選演員必須到長沙現場，最後由觀眾們用電話、BB 機等方式當晚現場投票決定結果。這是我當演員以來第一次有機會獲得全國獎項，我當然渴望，但是因為必須到場這條規則，我差點兒與金鷹失之交臂。電視劇《曹操與蔡文姬》正在拍攝中，我是主角，如果我請假，會讓製片和導演很為難，因為頒獎當天的拍攝內容是上百匹馬和上千號人的戰爭場面，馬隊必須在那天拍完，張藝謀導演的一部片子在等著用這百

我飾演的賀援朝

來匹馬。我知道不到場就意味著自動失去評選資格，但我怎麼能走啊！

沒料到，易縣以及華北地區頭天夜裏開始下雨，越下越大，我的心又動了，這畢竟是第一次有機會獲得電視劇界的最高獎項，這是演員追求的榮耀，不是貶義的名利之心。重要的是，這獎項是國家、社會代表觀眾設立的，是被觀眾認可的，如同掌聲那麼重要。近夜裏十二點的時候，我敲響了還在工作的導演的門，韓剛導演理解我，聽著天氣預報和屋外的雨聲，他說："明早再說吧。"六點我已經醒了，猶豫要不要化妝，通常這時候化妝師會來叫早，可是那天他沒來。七點我冒雨自己主動到化妝房間問有沒有通知，回答是："沒有，先慢慢化著妝等消息吧。"已有涼意的秋雨讓人憂，可我這心裏想起了《戰洪圖》中王茂雨的台詞："下吧！下他個七七四十九天我才高興哪！"簡直有些罪惡。一邊化了妝，一邊已經在盤算怎麼回京，飛機票已經通過手機讓家裏人訂上了。到了八點，雨下得還很大。問了周邊一圈

天氣預報，結果是轉不了晴。我這才敢跟製片方、跟導演張嘴："我能不能去長沙？"他們說："去吧。"真是天賜良機。

我趕緊卸妝，但是臉頰上為飾演曹操蓄的鬍子還得留著。易縣回京二三百公里，這車一路狂奔。我到了家拿了西裝，就奔機場，飛到長沙已是晚上快七點了，車把我送到金鷹獎頒獎典禮現場，典禮已經開始，主持人已經在說開場詞了。我沒來得及換西服，還穿著運動褲和一腳泥的球鞋，就和其他候選人一起被請上台亮相，先和觀眾見個面。有的觀眾議論："這人太不講儀表了，這麼邋遢，沒個樣。"亮相完下了場，我跑到台側一個小屋裏換裝，裏面全是電纜設備，換完裝坐回原位，這時候投票開始。

真的是很傳奇，那年是第一次啟用網絡投票，開獎的結果完全不可預測，大家都期待著。每個候選人的格子裏，液晶指標此起彼落。有的候選人有影迷助陣，觀眾時而尖叫，時而屏住呼吸，時而歡息。只見我的指標穩步上升，漸漸地超過了李保田老師。最終，我因為主演電視劇《光榮之旅》當選那年中國電視劇界的最高榮譽——觀眾最喜愛的男演員，獲得了一個水晶體的飛鷹和證書。聽著掌聲，我站了起來，轉頭看到了李保田老師。我還在空政當學員的時候，常跑到棉花胡同的中戲去看他們班的小品表演，李保田老師是我敬佩的老師輩演員。我還看到了謝晉導演鍾愛的斯琴高娃老師，從《雁南飛》開始她就成為中國八十年代紅遍大江南北的電影明星。還有我打籃球的隊友，國家話劇院的任程偉。他們都側身為我鼓掌，眼睛裏投射給我的神情是那麼溫暖。我感恩他們，大家都渴望榮譽，但機會只有一個，被我獲得了。我上前給他們鞠躬，和他們握手。任程偉緊緊地握我的手，由衷地為我高興。那一刻我無法忘卻。他們的眼神是真誠的，我感激他們，我在他們中間怎麼可能就是最好的呢？只是那天的天氣和觀眾恩賜了我這個運氣。而我此刻收穫了一份面對觀眾的自信。別小看這份自信，觀眾喜歡看一個好演員在台上捨我其誰的范兒。

後面的細節我都不記得了，現場感言說了什麼話不記得了，採訪、合影、被推崇也不記得了，只記得現場有點兒亂，那水晶玻璃的飛鷹羽翅被碰斷了兩根。我想到了契訶夫的《海鷗》裏那折斷了翅膀的"海鷗"，那個還想飛翔的妮娜。

我覺得觀眾認可我演的這個現代軍人，主要因為我曾在空政話劇團當過九年兵，經歷過軍隊生活，會稍息，能立正，該吃吃，該喝喝，也談戀愛，也結婚過日子，但需要立正敬禮的時刻就得肅然規矩，發自內心，不是裝樣子，有以服從命令為天職的軍人座右銘，讓你衝，犧牲了也得上去。我又想起了廣西後方醫院的那位副連長。軍人受人民熱愛，用兵時刻，軍人必須義不容辭地走上戰場。我幾十年接受的教育裏，有這樣的情懷，從不懂世事時就在那個年代喊口號幹革命，到為保家衛國離開家去了黑龍江。從二十多歲又成待業青年的迷茫到了穿上軍裝，一年後我加入了黨組織。我的入黨申請書的最後一句話："做一個對社會有用的人。"這是我當年的初心，是我不甘落後，奮起直追，把失去的時間補回來的決心。這種內心的真實用在了賀援朝這個角色中，最後他成了少將，看著自己的女兒也走進閱兵方隊的滾滾洪流中，內心有一種人生自強不息、繼往開來的感歎。我很高興自己在年輕歲月有過艱苦的知青生活，很高興我還有機會在五十歲之前演繹了我經歷過的軍人生活。

《運河人家》劇照

隨著《英雄無悔》《來來往往》《光榮之旅》這些我主演的電視劇和電影的播出，大概我的模樣也像點兒樣，各種廣告、代言就來找我了。作為演員，我生活在這個時代，用我父親的話說，是碰到好時候了，多麼開放而多元，只要你有能力，有的是空間自由競爭、自由發展，像原始森林，也像濕地，生機勃發。當年我們的父輩專於一藝，只能做一件事情，而現在我們像一天能幹八件事情。我也在這樣的機遇中進入了商業層面，後來又進入了公益領域。商業和公益，其實就是"走出空間"的事情。我走出自己的家和北京人藝的舞台，來到社會空間，我突然發現這個空間大得很，突然發現有很多人需要我，我只要花出一點兒精力，還可以幹好多事情。

另一方舞台

（第七章）五斗米也折腰.

我爹八十岁生日时，邀请老两口到非亲亲外的房子小住几日。我看到父亲来到我书房桌案前的眼神，那是一丝羡慕。他说了一句话："你混到的时候了。"我说今儿起日在这里写幅字吧。他写了"渠城四个大学"落款。

我父亲是一辈人员，一直住在我的电影分配的单里，你看台上，西枕也就八十多平米，哪有这么的书案啊。

我感恩。我们这代人是员，赶上了改革开放的佳时代，影视大发展。八十年代我刚结婚时，弟弟买了十四寸黑白电视。看的时候要老用手电视机上的两根天线找方位。慢慢的，我们大彩电，三十或四十寸的人，看配音的这视机这屏幕和拍摄。电视节目。正在讨论事，没有经历过，也列，我想在电视连续

一　五斗米也折腰

我父親八十歲生日時，我請老兩口到我五環外買的房子小住幾日。我看到了父親來到我書房的大桌案前的眼神，他當時說了一句話："你碰到好時候了。" 我說今兒是您生日，在我這兒寫幅字吧。他寫了 "槳去水合" 四個大字，落款。

我感恩，我們這代演員趕上了改革開放的傳媒時代，影視有了大發展。八十年代我剛結婚時，咬牙跺腳買了十四寸黑白電視，看的時候老要用手捏著電視機上的兩根天線找方位。慢慢地，我們能買三十幾或四十幾寸的大彩電，看自己參加演出的電視連續劇和拍攝的電視節目。這在我父親那輩，沒有經歷過，也想象不到，我們這輩能在電視連續劇中演個半大主角，不長時間就能賺到買房子買汽車的錢。我們人藝舞台，觀眾席座位九百個，演一百場，場場都滿座，一年下來也就九萬個觀眾，一個中上等水平的電視劇，一晚上保守估計會有千百萬個觀眾，能成為全國觀眾喜愛的演員，當然得在電視電影中露面，名利便雙收呀。

我那時年輕，也是趁著年輕，一個勁兒地接影視，雖然開始片酬不高，但樂此不疲，為的是一晚上能有這千萬的觀眾，商業片也拍。大概是一九九五年吧，有個攝製組拍古裝武打喜劇片《梁山伯與祝英台新傳》，陳小藝受託勸我演會用竹簫武打的梁山伯，說一個月就能拍完，低成本，錢不多，主角就給四萬塊錢，你幹不幹？那段時間我在劇院也確有空當兒，四萬就四萬，說 "為五斗米折腰"，這四萬能買好多斗米。商業片怎麼了？《大漠紫禁令》不也拍了？商業片不也是給觀眾看嗎？我就去了。真的是低成本片子，節約膠片，常一條過。場景、燈光、服裝挺省錢的。我與惡少馬文才（程前飾）開打，他用摺扇，我用簫，乒乒乓乓，還有飛腳、跟頭。當然，有武術替身的教練，他翻跟頭，我演落地，他拍高難動作，我接著近景亮相，也挺好玩。還有好玩的是台灣大明星胡慧中演祝英台，最後我倆要雙雙夢蝶飛去，把我倆綁一塊拴在 "威亞" 鋼絲繩上，老吊車（大型起重機）將我們吊在半空盪起來高速拍攝，將來完成影片放映就成慢鏡頭了。雖被勒得生疼，我們倆裝出幸福美好狀，來回被盪著飛向了天堂。我還記得上午拍完了

化蝶雙飛急著趕場去《與往事乾杯》組拍那個鄰居男人的重頭戲。夠忙的，倆戲撞上了。胡慧中在港台地區是大明星，性格爽朗，為人親和，我聽說她曾與張學友一起拍警匪片，被爆炸的汽油彈燒成重傷，進了醫院搶救。當時她和張學友一起在炸點起爆前聽到導演喊"一、二、三"的第三拍，就從樓上跳下落在海綿墊上。炸藥一般是用塑料袋裝的汽油包，被雷管引爆，煙火師則要聽導演數一二三演員跳後喊"放！"才能按爆炸的電鈕。誰想也許是關鍵時刻的緊張，煙火師也在"三"的口令中按了引爆鈕。張學友比胡慧中有經驗，他跑得快一點兒，口令到"二"的時候已經跳出去了。老實的她"三"以後才跳。爆炸同時發生，引爆的汽油飛濺在她身上，落地後燒成重傷。影片必須改劇本，她無法再拍了，影片結尾就改為爆炸的火球中有一個胡慧中飛騰定格的身影，打出字幕"向奮不顧身為此鏡頭受重傷的胡慧中小姐致敬"。我聽後對她肅然起敬，這才是表演行業勇往直前的精神。傷癒後堅強的她繼續演藝事業，還拍警匪片。有一回我看到了她總是被濃髮掩住的後頸處有傷痕，現在她也是我這個年紀了，不知是否安好？

　　"五斗米"的四萬賺到了，也有熟人觀眾批評我不該拍，但我想演藝這行當，首先當然是藝術，有時也常為朋友和掙錢去幹活，幾十年來，中國改革開放的真正動力是國人要富裕，過上好生活。我也是其中之一。

“五斗米”慢慢隨著演藝事業的進步和出名翻了倍了，《英雄無悔》之後，我因一系列的影視劇成了觀眾熟悉的演員了。商品社會的廣告業看上我了。最早是日本的電器品牌。日本人拍廣告排場大，那時不可想象。這廣告為了表現我要去參加競標遇到堵車的鏡頭畫面，竟租下上海當年外灘十字路口的兩條車道，一拍一上午。那天上海被堵的人要知道是我在拍廣告非罵死我不成。鏡頭拍攝我從容不迫拿出電話，瞬間調來摩托車，跨上後座一路奔到會場，競標成功。十來萬元的酬金那時要到銀行取現款，心怦怦跳。這是我第一個商業廣告。廣告業的興衰其實也反映著經濟發展的活力。“抓住機遇”是當年社會倡導的標語。我算是抓住機遇了，要不我父親怎麼會說我碰上好時候了。

有錢掙開心，也有不痛快的事。一次在外地出席產品推廣會，有個記者好像下了決心提問：你拍廣告，為產品代言，是不是也成了“暴發戶”了。我馬上想起朱旭老師在話劇《嘩變》裏被庭審逼供時一下子氣憤了的台詞：“你這……這是個污衊性的問題！”我一時不知道怎麼回答這個人的提問，場面有點兒尷尬。我不知怎的問他，你是哪個媒體的？他說是某政府報社的。我不快地說：“我還以為你是哪家小報的呢。”確實，那時的我還住在空政話劇團分配的小平房，上公廁也好，陰潮沒陽光也好，與鄰居一堵磚牆不隔音也好。此時我有點兒不平靜，回了那記者幾句，後來想想很後悔。想富裕點兒過日子，拍廣告確實是名演員致富的方式。後來也吃過虧，上過當，有社會反響不太好的事，比如“明星集體缺鈣”的社會輿論，其中也有我。電視台播出率太高了，觀眾看煩了。一次參加市裏活動，領導小聲告訴我，中央某領導過問：醫藥廠怎麼有這麼大的廣告投入，這個企業借貸、還貸和利稅是多少？我一聽是呀，企業怎麼經營咱不知道，給點兒錢你就參加宣傳，咱哪能負得起這個社會責任呀。後來我又有了防艾宣傳員、“健康大使”之類的稱號，醫藥廣告堅決不接了，房地產代言也不敢做，食品廣告一定要謹慎，繳個稅一定要認真不違法。現在年紀大了，這些事也少多了。

在拍一些商品廣告的同時，我也讓企業直接把我的所得捐入國家級的基金會、我的慈善專項基金，為資助防艾、助學、扶貧和應急救治等方面，做了一些努力。那年《東方時空》王志專訪，問我："你做公益是因為掙了很多廣告費嗎？"我覺得這問話真夠直的，我好像回答他："以前沒能力，現在有能力做一點兒了，也不是瞪著眼睛找慈善，圖名聲，有些事是責任，不能推辭的，比如防艾禁毒教育。國家給了你任務，就有責任了，一定幹好。"我到現在還在盡力，無償獻血六十歲前每年參加，多次獻的是成分血。我以實際行動向公眾宣傳獻血光榮、獻血安全、獻血健康的理念。還有些事是應急救治，我們在報紙上看到湖北一個家庭，父母做皮革加工，生下的孩子患白血病。為了救孩子，要再生一個孩子，用臍帶血救哥哥。結果最終沒救成，第二個孩子也患了白血病。父母給這個孩子起名"留留"，就是想留住他在人間。挺感人的。我們聯合社會力量，參加企業活動和義演，資助了留留的醫治費用。留留是我參與資助的五個白血病患兒中唯一成功康復的，現在大學都畢業了。

還有一個可愛的藏族孩子叫布尼瑪。我們在玉樹搞"讓孩子笑起來"的公益助教活動，一個老師帶來他們學校二年級的孩子布尼瑪，說你們北京來的人能不能幫幫這孩子，他兩歲時在氈房裏睡覺，被草原的老鼠咬了鼻子，傷口發了炎，做手術割掉了鼻子。沒有鼻子的布尼瑪虎頭虎腦只會嘿嘿笑，但老師說同學嘲笑他，他會哭。我們回到北京聯繫了協和醫院的整形外科，也聯絡了一個企業聯誼會，出資幫助布尼瑪成功植鼻。來京送孩子的不是布尼瑪的親生父親，我們也沒調查清楚，整形外科主任就按他的鼻型塑的植骨。第二個療程布尼瑪的親生父親來了，是個尖鼻子的瘦瘦的藏族漢子，大夥明白過來也晚了。

布尼瑪很爭氣，以手膊固位植皮的痛苦、艱難的療程沒怎麼哭鬧地堅持下來了。整個治療過程，包括一年的家人護理住宿，布尼瑪的優選治療方案，協和醫院也給予大力支持。現在，愛足球的布尼瑪應該也上大學了吧，不知世界杯他是不是也在電視前熬夜看。

拍廣告有很多次好玩的事。記得國家疾控中心請香港的一位廣告導演拍"珍愛生命，遠離感染"的預防艾滋病廣告，我以防艾宣傳員的身份在上海的里弄小巷、大街廣場騎自行車，看到那麼多美好的生命、美好的青年男

女幸福相愛，然後說出主題語。拍攝地選在熱鬧的淮海路，拍我騎著自行車東張西望欣賞夜市的五色霓虹、熙攘路人。轉到拍攝現場我才發現，一輛改裝的平板卡車，我的自行車座兒和車把插入一個矮木箱，我在上面裝出騎車的樣，雙腿只能叉著向前分開，兩台攝影機在前面分別拍小全景和中景。開拍後，我們這輛奇怪的車從岔路拐進繁華的淮海路，我開始做悠閒歡喜的表情。因為有攝影照明燈，吸引了路上行人紛紛停步看這"西洋景"。經過一輛公交車，車窗裏的人和我是同等高度，又是夏天，車窗開著，一片手機舉起，一陣上海語音叫我的姓名："不稱心！"我的眼睛也沒躲他們，還向他們招手，又是一片大媽大姐的笑聲。你想想，多滑稽，直叉著雙腿，端著立在木箱上的自行車把，笑容可掬，招搖過市……

還有一次國內手機品牌的廣告，社會效應不可複製。那年我們在等待申奧成功的消息，直播全國、全北京慶祝申奧成功活動，此廣告買斷所有的廣告時段，專一播我拍的這則廣告。這可真是家喻戶曉了，我真的成了名人了。謝晉導演曾擔心地說："小濮少拍廣告為好，要不然人家看他電影，觀眾只會認得他廣告形象。"這話傳到我耳朵裏，我知道謝導關心我，他希望我能成為王心剛、張勇手那樣的明星。

最後說一逗事，我真的使用廣告的手機也出現質量問題，去總部修。好嘛，也來維修部修手機的顧客認出了我，一哄而上好幾個人責問我質量問題。我說我也是來修的，商家工作人員也上來圓場，加上我又和氣，最後這些人輪流跟我合了影才算完事。怎麼說呢，都是我經歷的事……真實的生活。

錢理群老師曾經批評過"精緻的個人主義者"，我捫心自問，我也很懂得個人利益所在。在不衝突的情況下，我就會想怎麼能把自己安排得更好。我們這一代真的是改革開放的受益者，我基本還算個明白人，我自己攢出了一句經典的話：錢是橋樑，不是彼岸。不能把錢當作終極目標，我們誰也不會在橋上睡覺，對吧？我們要到彼岸去蓋房子。夠用就行了，把事做好。

二　想當宣傳員

二〇〇〇年九月的一天，我正和朋友們在大興的一個果園摘桃，接到了一個電話，是衛生部打來的，問我願不願意做預防艾滋病的事。我知道這是最早在美國發現的一種病毒性傳染病，英國的戴安娜和世界很多名人都參加過這方面的慈善事業。但是我想不出這和我有什麼關係。我當時手上都是桃的毛，就說過一會兒再聯繫。閒下來的時候我撥通了電話，對方是衛生部疾病控制司的領導，她給我介紹了咱們國家艾滋病的防治形勢，包括非法賣血的社會問題，吸毒人員共用針頭造成的交叉感染，病毒攜帶者的性傳播、母嬰傳播殃及下一代等。她告訴我，目前要動員全社會，宣傳防治艾滋病的知識，反對歧視感染者，以使他們不躲不藏，盡早到醫院治療。因為社會上對這種病毒感染普遍存在道德歧視，甚至說這是"髒病"，感染者揹負著不治之症和不道德雙重壓力，出於恐懼心理他們不敢暴露身份，怕失去親友，失去工作和教育機會。中國出現艾滋病疫情稍晚，但出現後呈現很快蔓延的態勢。

兩天後，我去了位於天橋附近的國家疾病預防控制中心，見到了長年做公共衛生防疫的沈潔主任。她充滿期待地說：「我們需要你，請你拍一部能在全國放映的宣傳片，艾滋病的防治問題必須公開地在全社會普及宣傳教育。」沈潔主任說，十二月一日的世界艾滋病日宣傳活動也快開始了，衛生部想請一些明星，但都沒答應。我心想，既然是衛生部找我，就算是國家的需要，我可以給商品代言拍廣告，當然也可以為國家的事拍廣告。聯合國都為預防艾滋病建立了專門的機構，可見這是多麼大的一件事情。既然有一群人需要幫助，我又力所能及，我覺得能為這件事出力是應該的，是光榮的。

不到一個月，我就去地壇公園旁邊的地壇醫院拍攝。那天上午先拍攝專家曾毅教授的宣講，我在台下聽，下午拍我關愛感染者的鏡頭。機器、燈光都架好了，瘦弱的患者小虎（這是代名，為了保護隱私不公開姓名，以防被人歧視）出現在現場。醫院的人告訴我，小虎的情況不太好，住院已經七個月了，最近高熱才退下來。別的患者都不同意參加拍攝，只有小虎接受了，他是敢於公開參與防艾工作的第一位患者。我主動伸出手，他遲疑了一下，也伸出了手。我看到他手上有瘡疤，不過已經結了痂。我上午聽曾毅教授講了，艾滋病毒只通過血液交叉感染，只要我的皮膚完好，和他們握手、擁抱都是安全的。我相信科學，所以我沒顧慮。小虎的手很熱，直挺挺的，有些緊張。我想攙扶他上病床，當我的手接觸他身體的一剎那，他抖了一下，大概太久沒有人和他有身體接觸了。我坐在床沿上和他面對面地隨便聊起來。他含著淚水輕輕地說，他父母不同意他拍這個全國人都能看到的公益片，怕讓人認出來後再也上不了學，將來也許會沒有工作。他接著說：「但我願意和你見面，反正他們答應只拍背面，別人不會認出我就是了。」這時攝影師說要挪動一下床，小虎說他重，可以自己下床，這個細節讓我感到小虎是個心顧旁人的好青年。我把他的拖鞋拿過來放在他的腳前，他輕輕地說聲「謝謝」。過了一會兒，攝影師讓我們隨便交流說話，他們只拍動作，不錄音。小虎主動說：「我沒想到你能幫我遞拖鞋，還敢握我的手，扶我，沒有人對我這麼好。」我說：「這有什麼，懂了防艾知識，我相信不會被感染，咱倆在這兒拍片子，就是告訴全社會，要懂知識，要信科學，知道科學預防，不歧視感染者。也謝謝你敢出面參加這次拍片。」燈光很熱，他出了很多汗，我從化妝師手裏接過紙巾給他擦汗。拍攝很順利，結束時我鼓勵他積極配合治療，出院後，來北京人藝看我演的話劇，我給他留了我的手機號，但他沒有給我打過電話。小虎隨著護士離開時，沒有再與我握手，擺了擺手就走了。也許虛弱的他累了。第二年清明前，有記者到北京人藝告訴我，小虎去世了，免疫系統衰竭導致肺炎，還告訴我他的父母很氣憤，為小虎不平，因為害他的人還逍遙法外，我一下便知小虎可能是因同性戀問題導致被感染。北京人藝邊上有個花店，我買了個花籃，請記者幫我送到他的墓地。我懷念他，同情他，他是第一個參加防治艾滋病宣傳的患者，他是一個這麼年輕的孩子，不知道自己在做什麼，無知無覺地被病魔傷害了。我在導演新版《雷雨》時，當魯媽聽到女兒四鳳懷上自己親生兒子周萍的孩子，她哀號道：「老天呀，他們都是乾淨的孩子，不知道自己在幹什麼……」那時我想到了小虎。

在這部廣告片的首映式上，當時的衛生部副部長殷大奎給我頒發聘書。之前我們討論過以什麼名義聘任我，我不喜歡被稱為大使。我想到自己在毛澤東思想文藝宣傳隊演過節目，就說：「咱們叫宣傳員吧，我喜歡宣傳員的稱呼。」他們同意了。致辭時我說：「這個時候我想起了當年黑白片電影《董存瑞》，他在戰鬥動員大會上接過了突擊組的旗子，要去衝鋒陷陣，今天我彷彿要參加戰鬥一樣接受了光榮的任務。」

這個廣告片播出後，反響很大，後來幾年，每到十二月一日世界艾滋病日，新聞媒體就會全體總動員，預防艾滋病真的成了全社會行動。我想到，全世界都在看中國，中國人口眾多，中國的防艾搞得好，就是為世界防艾做貢獻，這是愛國家、愛人類的事。後來我發現，拍公益廣告片只是個開始，我要參加很多活動，接受很多採訪，到很多地方做演講。我越幹越歡，大概是因為演員出身，有掌聲就來勁兒。

宛萍很支持我，有一回全國關心下一代工作委員會開展關愛受艾滋病影響的孤兒的活動，我請二十來個來自貧困山區的孩子到我家做客，加上記者和工作人員，三居室擠得滿滿當當的。宛萍和我女兒張羅了一桌子菜，孩子們捧著盤子，坐不下就盤腿坐地上吃。等他們吃完，我們和記者朋友們才吃。這個節目就是想告訴社會，正常的生活接觸是不會被感染的。

我們曾經參加了很多宣講防艾知識的活動，講解日常的生活方式不會被感染，我突然想真的去感染者家裏住一天，用實際行動比講一千次都有效果，於是策劃去被感染的山西農民老紀家，一起包餃子吃。我在和麵之前去洗手，洗完順手用他家的毛巾擦手，老紀的小女兒說：“這是我爸的。”我笑笑對她說：“用你爸的毛巾沒問題。”這個片子在央視《東方時空》節目中播出後，有很好的社會反響。後來我們還帶著北京的工藝美術專家去老紀家，教他的妻子做布老虎。過年前，老紀揹了一麻袋布老虎到北京人藝傳達室。那時還沒快遞業務，郵寄也貴，他就親自送來。看著滿臉是汗的老紀，我趕緊付錢給他，然後在餐館請他吃飯。每逢公益講座、校園宣傳的時候，我就在台前擺滿布老虎，五十元起價，隨便買，現場氣氛往往踴躍，出一百元、五百元買一個布老虎的有的是，所有收益都轉給了老紀。在一次公益活動中，老紀出席，就等於要公開自己的感染者身份了，發言前他緊張得不行。我給他支招兒，讓他感謝各界對感染者的關愛之後說：“我決心，感染到我為止。”當他說完這句話，全場響起了掌聲。這句話成了艾滋病感染者以實際行動參與防艾事業的宣言。我覺得這句話體現了聯合國艾滋病規劃署提出的全球實現零感染的重要理念。在性傳播空間，每個感染者如果能從自己做起，嚴格使用安全套，就能有效防止因性行為再傳播的風險。我們發動全社會參與反歧視、關愛感染者的目的，就是讓感染者人群與我們合作，一道參加防艾。我在全國政協會上就《全社會共同參與、加強預防艾滋病宣傳工作》的提案，兩會後得到迅速落實，後來還獲得優秀提案獎的榮譽。每年政協會上被接取的提案都在兩三千以上，五年才一評，能獲獎是很不容易的事。

一時間，我的防艾形象經大街廣告、小巷宣傳、媒體關注出了大名。我有一次到南京做防艾宣傳，火車站幾個用長柄刷子洗車的阿姨認出了我，可又一下子記不起我的名字，指著我一個勁兒地用南京話說：“看，艾滋病那個東西。”我們同行的幾個人哈哈大笑。

為了在全國範圍內推動預防艾滋病的社會意識，我去了不下二十個省級和市級組織的聯合培訓。參加培訓的都是廳局級領導幹部，財政、公安、教育等所有系統的副職幹部都出席，還有社區幹部等等，因為必須建立全民聯防機制，必須動員全社會，一整套系統參與。我們在培訓中很重視語言的規範，反對歧視，比如，不能說“艾滋病孤兒”，應該說“受艾滋病影響的孤兒”，因為很多孤兒並沒被死去的父母感染。雖然有點兒煩瑣，但是必須這麼說。

我們去了很多地方：去了新疆，到了延邊，在那兒還穿上少數民族服裝演講，還和大姐、老太太們一起跳舞。二〇〇八年汶川地震時我們去過怒江，直線距離不遠，但隔著山脈震感很小，我還從索道滑到怒江對面，那繩索是單行的，要等那邊的人滑過來，這邊的人才能再滑過去。他們說，曾經從索道上掉下過一頭驢，驢肚子上綁了帶子，可是牠掙扎，結果就掉下去了。至於人，據說只掉下去過一個酒鬼。他們問我："你敢滑嗎？"我說："這有什麼！"他們說："上百年來我們都滑索道，孩子們上學都滑索道。別人看了公佈的照片，懸空在細細的鋼絲滑索上，腳下是滾滾的怒江水，下去準玩完，都說孩子們真苦，太危險。"其實我經歷後覺得一點兒不危險，有遊樂場過山車的感覺。

我和殷大奎、何景琳是防艾宣傳鐵三角。殷大奎是原衛生部副部長，負責講艾滋病的知識，何景琳是聯合國兒童基金會防艾專員，負責講國際形勢。我負責講全社會動員：為什麼要全社會動員？預防艾滋病，遠離感染的講義最終落在一個點上——反對歧視，讓目前還無法治癒的患者與我們同心合作。久而久之，我基本掌握了艾滋病的病理、傳播渠道等專業的知識，在很多場合我都用自己的話講，提出自己的一些理念。他們說："呦，小濮，你都快成專家了。"

2006 年 11 月 26 日，"首都大學生紅絲帶在行動"北京大學活動現場

我在北京人藝演出之外的時間擔任預防艾滋病宣傳員，通過公益活動我在社會大舞台上受到了鍛煉，有很多收穫，最有益於我的就是口才得到了鍛煉。我參加防艾宣講團，每每到各地接受媒體採訪，練得我有了現場即興表達的能力。當我返回話劇舞台，我感到自己不像背台詞，而是能隨心地表達台詞的思想，成了在表演中會說話的人，這本事是一次次的公益活動教會我的。二〇〇八年，我們隆重舉辦世界奧林匹克運動會，央視"宣傳奧運精神，講文明樹新風"的宣傳片選我拍攝，在奧運之前密集播出。我把宣傳詞說得很誠懇、很交心、口語化，是在我們人藝首都劇場的觀眾席拍的，其中最著名的就是"我們每個人邁出一小步，就會使社會邁出一大步"這句話，後來卻被改用在了所有男士公共方便處的牆面上。

三　血濃於水

當了預防艾滋病宣傳工作的志願者後，我對非法賣血造成的災難和背後的金錢暴力有了更多了解。

我們國家從二十世紀八十年代就開始號召公民義務獻血，二〇〇一年我第一次無償獻血。那一次原本我是和大家在中山公園做預防艾滋病宣傳，我看到旁邊停著一台無償獻血車。我想，艾滋病通過血液傳播就是因為血液被當成商品進入了市場，特別在農村地區，很多貧困人群以賣血發家致了富，蓋了新房，引得效仿，輸血商品化使艾滋病傳播失了控，所以要大力提倡全民無償獻血。我應該參加無償獻血，於是我上了那台無償獻血車，從此開始每年無償獻血。其實那不是我第一次獻血。我在空政話劇團有過兩次集體獻血的經歷，不發錢，給了兩桶那時的高檔營養品——麥乳精。我早就知道科學獻血無礙健康。我當知青養馬的時候，每到春季防疫，獸醫會給馬放些血出來，以提高免疫力。所以我當上全國無償獻血宣傳員後，提出無償獻血光榮、安全、健康的口號。

二〇〇八年我五十五歲時，按照國家規定不能再獻血了。一年後，章程改了，可以獻到六十歲，我又繼續參加。我給自己慶祝六十歲生日就是在西單的獻血小屋捐獻四百毫升血液。媒體幫我統計過，從二〇〇一年到二〇一三年我無償獻血十一次。有的時候是抽取全血，四百毫升或者兩百毫升，有的時候是獻成分血。獻成分血就是從我兩千四百毫升血液循環中提取夠數量的血小板，有點兒像透析。你們見過血小板的顏色嗎？是橙汁一樣的黃色。因為我十多年來參加無償獻血，我的家人在做手術需要用血的時候，都會享受到優待。

正是因為當了防艾宣傳員和無償獻血宣傳員，二〇一一年我出演了國內第一部艾滋病題材的電影《最愛》。

蔣雯麗也是預防艾滋病宣傳員，她和顧長衛籌拍一部艾滋病題材的電影。劇本以閻連科的小說《丁莊夢》為基礎，顧長衛想拍成一部富有哲思的、人間寓言式的影片，但迫於商業市場的壓力，後期剪輯用了一年的時間，還是剪輯成以愛情為主線的情節故事片。

顧長衛把我們幾個預防艾滋病宣傳員都找來，他非讓我演"血頭"趙齊全，我一驚，說："我哪兒敢演這個呀！"這個"血頭"又坑爹又害弟弟又損鄉親，他先是通過非法經營煽動鄉親們賣血來掙黑錢，成了暴發戶。後來賣血不成了他轉手做起棺材生意，棺材做不成了又開發地產建陵園。他能當著全村人的面和自己的親爹撕巴起來，打他的父親，還罵："你要不是我爹的話，我抽你。"

我一般都演正面角色，不是英雄，也是知識分子這種比較抒情類的角色。當時我唯一符合角色的就是正在演契訶夫的話劇《伊凡諾夫》，正好頭髮長。

我直接問顧長衛："你憑什麼讓我演趙齊全呢？"顧導演眼皮也不抬，平靜地說："我就覺得你能演，演得一定像。"

我去過一些落後的農村地區，知道在商品社會混得如魚得水，不擇手段發家致富的暴發戶，他們得勢便猖狂，兩隻眼裏就是錢和利益。可我這張臉不像這種人的相呀。於是，除了蓄長髮，我故技重施——用牙托。我在空政話劇團演的第一個戲是《陳毅出山》，演群眾角色一個土匪時就用了這一招，拿橡皮膏自製了一個牙托撐在嘴裏。那個假牙托戴一會兒就得摘下來，因為弄出好多口水，好在我也沒台詞，就跟著瞎喊兩句。第二次用牙托是我專門去醫院做的，為了《窩頭會館》裏的古先生。古先生看誰都像欠他的錢，所

《最愛》劇照

以看誰都不順眼，看誰都像要佔他便宜的人，所以齜著牙。

這次為了趙齊全，我又去牙醫診所製了個假牙托，上唇一被頂起來，面相就顯得猙獰了，加上一頭長髮，趙齊全這個人物形象好像八九不離十了。我還跟顧導演探討服裝，我覺得他應該有兩套服裝：一套是花里胡哨軟面料的港衫，能嘚瑟起來，在他騎摩托車的時候穿，顯出狂勁兒；另一套是正裝，照著人物心理，應該是縣長穿什麼他就穿什麼，黑皮鞋一定要穿白襪子，這一套正裝在他跟農民做賣血生意的時候穿，顯得像個官員。

我們是在門頭溝一個山村拍的，叫爨底下，那裏曾經出過好多狀元，現在是有名的旅遊村。在電影裏起名叫娘娘廟村。

影片開頭，趙齊全得知兒子吃了被人注射了農藥的西紅柿死了，因為村子裏的人恨他。他瘋了似的從縣城騎自行車往家趕，走過一個山口，他的帽子被無名的陰風吹掉，就這麼一個鏡頭拍了一天，因為鼓風機怎麼也吹不掉我的帽子。顧長衛想了好多辦法，在那條崎嶇的下坡山路上反覆練、反覆拍，幾次之後，自行車的車閘皮磨壞了，修不好，也沒有備用的第二輛車。自行車沒了閘，下坡飛快，我怎麼停呢？製片和道具說：「我們來，你一過攝影機，我們在鏡頭畫面外迎著你，保護你。」這個辦法是有難度的，看著他們當中有幾個膀大腰圓的，我心裏還踏實些，又開拍了。他們倒是抓住了

車，也把我抱住了，可是帽子還是沒掉，必須重拍。重拍了幾次後，有一次鼓風機真的把帽子吹飛了，拍攝成功了，可是我衝下山坡的時候他們只抓住了車後座，沒抱住我。車猛然一停，慣性讓我躥出去了，狗啃泥不行呀，我得保護假牙托，肩重重地摔在了土路上，把我疼的。當時宛萍正好來探班，親眼看著我飛了出去。好在那時候我還結實，沒摔壞。

後來拍我在山路上騎摩托車。那摩托是兩百五十馬力的，是租借來的還是買來的我忘了。那時候我還不會開摩托車，開拍之前只在招待所的院子裏轉圈，最多掛上二擋，練了兩天，第三天就開拍。在崎嶇的山路上，掛上二擋加上油門也不慢。我總忘捏手剎，老是用腳踩剎車，遇到溝坎的時候踩腳剎，車失去動力歪了，我的腿支撐不住，整個人就跟著倒了，我的小腿壓在車下，還被燙了一下，忍著繼續拍。我一邊騎摩托還一邊狂吼著唱小調，一天下來，又累又渴。攝影機後的顧長衛導演總說：「再來一次，再拍一條。」我不知怎的懵了一下，身體一歪，人滾車翻。那裏雖然不是懸崖，坡也夠陡，副導演張進戰嚇得臉都白了，跑上來扶住我。我第一次不勇往直前了，想了想，向遠處的導演組位置走去。顧長衛導演站了起來，看著我，我坦率地說：「累了，這個鏡頭拍了這麼多遍了，是不是剪接的量足夠了？」要知道，這時候早就不用膠片了，電影科技進入數碼時代，拍多少遍已經沒有了成本壓力。當然，攝影、導演想盡善盡美，會創意很多鏡頭拍法，可我真的累了。這是我平生第一次對困難妥協了。顧長衛導演還是沒有抬眼皮，想了一下，大聲說：「收工。」我上前表示歉意，他說：「你演得很好，我們正興奮呢，大夥都說趙齊全邊開車邊吼河南墜子特有味兒。」得，剛才的累一下子全沒了。前一個星期在拍攝小學操場上鄉親們圍著流浪藝人聽河南墜子那場戲時，我靈機一動：如果我在山路上，因為不讓賣血了改做棺材生意而得意忘形，開著摩托吼著墜子的小調，一定對塑造這個土包子暴發戶有幫助，於是我用小錄音機錄下了唱腔。唱詞是這樣的：「好良田我有八萬頃，好房舍我有八萬間，老婆子我有八萬六，好兒孫我有十萬三。孔老二為我來算賬，張天師給我看菜園。王母娘娘來做飯，九天仙女給我當丫鬟。我本是老天爺他乾爹，你說我體面不體面。」這民間小調的詞兒，諷刺狂妄小人寫得多麼入木三分。

影片原來的結尾特別有趣。我騎著摩托車掉井裏頭了，腦袋流了血，趴在井底。所有人都趴在井口向下喊我「齊全——」，又喊著「一二三」，用很粗的繩子把我往外拉。我被繩子拉出來，蒙太奇剪輯法，鏡頭移動帶出我，這時已是剛拍完正在休息的我自己了，還帶著妝的我喝著水，扇著扇子，眼睛向前一看，兩個長得特別像男女主角的孩子正在疊紙蝴蝶呢，疊著疊著紙蝴蝶就飛起來，飛得滿山都是，只見遠處山坡上那麼多的墓地，全劇終。當時為了這個虛幻鏡頭，在網上費了半天勁去找像郭富城、像章子怡的小孩。飛起來的蝴蝶是用電腦特效做的，可惜為了影片的商品性，後來這些都剪掉了。

電影放映的時候，很多觀眾看了半天了，沒有認出趙齊全是我演的。我想起崔健的搖滾歌曲：「我要人們都看到我，但不知道我是誰……」

我看老一輩人演反派角色，他們真是有能力用自己的生命材料去解讀好角色，比如項堃老師演國民黨軍官，陳強老師演南霸天，還有前兩天我在電視裏又看了一遍電影《紅日》，舒適老師演的張靈甫多好啊，他們都是具有極好品質的藝術家，為人和藹可親，但他們飾演反面角色時又那麼入木三分，像真人一樣。孫飛虎老師把逃往台灣前的蔣介石在寧波奉化祭祖時的那點兒滄桑感演得那麼好，真像個活生生的人物。表演這門學問，其實是生命的科學，你得真的像那個人物，或者是讓人感覺你特別像。

就這麼一個喪盡天良的齙牙哥，我獲得了第十二屆華語電影傳媒大獎最佳男配角獎。

四　扶正氣壓邪氣

艾滋病傳播與毒品這一社會問題嚴重有關，主要是吸毒者共用針頭發生病毒交叉感染。在宣傳預防艾滋病和無償獻血之後，我參加了全國的禁毒宣傳工作，在演出空閒時間跑了很多地方，到東西南北問題嚴重地區的戒毒所搞宣傳教育。

記得在伊犁的戒毒所，我看到很多少數民族年輕人，那麼英俊的小伙，那麼美麗的姑娘，一失足成千古恨地被毒品害了，我心裏有很大的震動。我們一起搞活動，我聽他們唱歌，與他們跳舞，他們每個人的生命都那麼美好，這些孩子生活在臨近阿富汗的地區，那裏毒品走私猖狂，他們沒有知識，一時玩耍便吸食了。我鼓勵他們盡快戒掉毒癮，回到社會，成為自食其力的好青年。

在河南的一個戒毒所，我分別給男學員和女學員講。男學員方陣講完後，我走到女學員的方陣，站在台子上再次演講。我一邊說著，一邊感到有一雙眼睛有些異樣。我找到了那雙眼睛，那是一個比所有人都高挑、長得非常漂亮的年輕女子，她輕蔑地、冷冷地盯著我，和我對視的時候眼睛並不躲閃，就那麼橫著眉眼。我繼續講預防艾滋病知識，講毒品的危害，同時暗自想，她也許有著被傷害的遭遇，所以敵視男人。等到發放慰問品的時候，我特意走到她面前，衝著她真誠地送上慰問品，她終於笑了一下。我沒說話，我也知道我解決不了她個人的問題，我只能做一次讓她笑出來的行為藝術，我想讓她感受一次平等相待，送給她我的善意。我在《阮玲玉》裏演唐先生的時候，想起過她。原本我在《阮玲玉》裏飾演的是愛著阮玲玉的青年作家穆天培，可後來演唐文山的演員去世了，就讓我演這個色瞇瞇的、專門勾引女明星的大商人。當時我想起在河南的戒毒所那個還挺美的女子，也許她身後就有無數個唐文山這種人。希望她現在戒了毒癮，能嫁個好人家，生兒育女過上好的生活。

毒品這個東西，不管你是誰，千萬不能出於好奇心，或在生活中有了挫折和遇到煩惱而自暴自棄，去用毒品排遣或懲罰自己。我不相信毒品能提神，更不相信毒品可以帶來藝術靈感，必須零理由拒絕毒品。年輕人千萬不要去不好的場所。我女兒高小的一段時間和同學去一個歌廳唱歌，我不放心，暗自在胡同口等，還不能讓她看到，使她沒面子。那個年齡段的孩子似乎覺得自己大了，可以獨立地走上社會，不想讓家長總管著，可家長不放心呀。直到有一次她們被壞學生劫了，錢也被搶了，我反而挺高興，因為她再也不去那種地方了。

參加這些活動讓我和公安部有了比較多的交往，他們邀請我當特約督察員，有很多特約督察員，來自各行各業，為公安工作建言獻策。有一次開會，公安部領導點名讓我說說對公安系統有什麼意見。我說："我有一個意見，不知道對不對。警用車在執行任務的時候，車載話筒用語最好客氣一點兒。"這條建議還真被採納了，以前他們說的是"靠邊、靠邊、靠邊"，現在變成了很規範的用語："對不起，請讓行，注意安全。"並且，盡可能不擾民，非批准情況下不許鳴警笛。

五　讓孩子笑起來

我參加打拐的公益活動始於偶然。在西單圖書大廈門口，有幾個人來到我面前說："濮老師，這事你一定得管。""什麼事？""拐賣孩子。"我說："啊？還有這種事情？"

這些人都是公益聯盟"寶貝回家"的志願者，關注拐賣兒童這件事。他們請我幫忙在政協會上提出打拐提案。當時離政協會議還有三四天時間，我說做提案是來不及了，如果能給我具體的資料，我可以用社情民意的方式提交方案。他們第二天就把資料準備好了，附上了照片。看完資料我才發現，拐賣兒童的問題這麼嚴重。拐賣兒童是反人類罪，我寫了一個簡介，標明希望某某部門審閱。這之後我就參與了"寶貝回家"志願活動，做了幾年打拐的工作。有一次我坐飛機遇到一個公安系統的領導，我就去給他講拐賣兒童的事。公安部非常重視打拐工作，專門成立了工作班子，我們開過多次研討會，取得了一些成果。

我們提議建立了血液基因庫。以前只為大案、要案、血案做 DNA 檢測，後來也為丟失孩子的父母採樣，現在為當事人和疑似被拐兒童提取 DNA 成了公安這方面的常規工作之一，這樣一旦找到孩子，馬上就可以比對。後來我們發現上戶口這個終端很重要。如果給買來的孩子上了戶口，一蓋章，那這孩子就石沉大海了，再也找不到了。我們就建議堵住這個漏洞，要求非親生子女辦理戶口登記的時候必須把 DNA 信息傳輸到國家 DNA 中心。

第二是公安建立了覆蓋全國的打拐聯合系統，組織了專業的打拐隊伍。治安和刑偵原來是兩個系統，人口失蹤先由治安協同尋找，二十四小時以後刑偵民警才介入，否則不能立案，不到二十四小時去找刑警，刑警會認為這是治安的事情，不屬於刑警的工作範圍，可是過了二十四小時就錯過了最佳尋找時機。後來公安部開會討論，建立了一個新的機制，情況有了改變。

第三是在幾個重點地區成立了廳、市級打拐辦公室，人員是抽調或者是兼職的刑警。

一次參加公安部的打拐工作會議，很多丟了孩子的母親突然跪在我面前，一大片，著實驚到了我。他們還給我送匾。打拐志願者太多了，我不過是有點兒名氣，為此事在政協會上提交了社情民意材料。

我很欣慰關於救助被拐賣兒童這件事在政協交付的社情民意材料推動了政府多部門聯手開始了打拐的專項鬥爭，一些被拐兒童在公安部門及全社會的關注和參與下得到解救。

打拐是個讓人揪心的工作，那麼支教相比之下就愉快多了。《南方週末》成立了一個視頻機構叫南瓜視業，他們的首創策劃是"同一堂課"項目，請很多名人去全國各地的小學支教，以節目的方式記錄教學的全過程。我是頭

一個去拍的，在雲南壩美，我到那兒成了學校的特聘教師。

給我安排的上課任務是給孩子們講陶淵明的《桃花源記》。可是我之前沒好好學過，趕緊備課，現學現賣。結果一到壩美，看到那裏的景色，果然身臨其境，我一下就有感覺了，那裏太像《桃花源記》描述的了。我們從溶洞裏划船進去。那溶洞遇到下雨就漲水，船過不去，只能在不下雨的時候划船逆行而上。洞裏黑極了，用手機或者手電筒照亮。中間有兩個通天的溶洞口，到那裏就亮了，再往前划又黑了。大概一公里路程，一出洞口，湖岸像個馬蹄形，沿著水是一片村莊。村裏開發旅遊後，為了吸引客人，很多竹樓被拆了，蓋起了新房。可是竹樓是最棒的旅遊資源啊。後來村裏也意識到了，大自然和老祖宗留下的好東西我們一定要保護下來。

從湖畔望出去，層層疊疊、雲霧繚繞的山，好看極了。夕陽西下，我在大榕樹底下給孩子們上課。

除了講《桃花源記》，我自己提前準備，寫了課本劇《草船借箭》的腳本——給他們排一齣戲。小孩子們完全不知道演戲是怎麼回事，要麼忘詞，要麼把"上場""下場"這些舞台提示都唸出來，特別好玩。有個小女孩，怯懦在一旁，她連說話都說不好，可睜著期盼參加的眼睛，就是想演，沒安排她演她就哭。我就讓她端一端盤子，對她說："來，你當宮女，端盤子。"她的臉一下子就笑開了。小曹操是個天生要強、能打架的小男孩。在五天時間裏讓他們

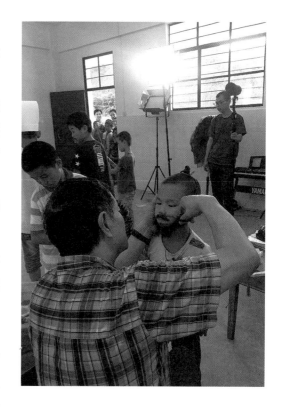

演一齣戲，我就是希望給這些大山裏聰明的孩子種下一顆戲劇的種子。時隔多少年之後，如果能再見到這些孩子，會是多麼好！我從北京人藝化妝組借了鬍子，剪小點兒給小曹操粘上，把畫好圖案的紙杯拴上繩，繫在頭上當頭冠，每個人繫上圍裙，胳膊套上寬套袖，讓同學們去山上撿小樹枝當曹操大營射出的"箭"。結果有一個老奶奶願意將她拾的柴借給同學們演戲，一下子有了充足的"箭"。

孩子們表演說台詞雖然幼稚，但認真得很，兩天很快背下了詞。我們計劃最後一天下午四點半在學校操場，利用高台階，讓別的班的五六十個同學站在台階上當背景，齊聲朗誦《三國演義》開篇詞："滾滾長江東逝水……"一切就緒，誰想到，中午開始下大雨，停不下來。四點多，我心裏焦急，已經準備改為教室內演出，但空間小，只能讓鄉領導和個別家長坐進教室，可效果差多了，正急得不行，老天爺真夠幫忙的，雨停了。全校同學出動，歡聲笑語掃雨水。因為在山裏，天黑得早，演出在天漸暗時終於開始。五六十

個孩子賣力地朗誦，小曹操、小周瑜、小諸葛亮都一個字不錯地表演。演出圓滿成功。小樹枝被五六十個熱情朗誦的同學投向"米菠蘿"（用反光板假裝的船艙），落滿一地。在熱烈的掌聲中，孩子們突然非常莊嚴、神聖地依次謝幕，那是他們從沒體驗過的藝術的美妙經歷，我一下子被他們的謝幕感動不已。多方感謝之後，最後我帶所有的孩子，齊聲喊："感謝老天爺！" 我在中國文聯"圓夢工程"文藝培訓志願服務行動中曾經說："每一個孩子在茁壯成長的時候會瞪大眼睛看著這個世界，認識這個世界，戲劇就是看這個世界的一道道門，一扇扇窗口，希望孩子們喜歡戲劇、喜歡朗讀、喜歡表達自己。播種夢想，點燃希望，讓每一個孩子茁壯成長。"

拍攝很下功夫，用了十多台機器，各種各樣的拍法，還有航拍，在盡可能不穿幫的情況下，記錄每一個瞬間，捕捉我跟孩子們之間的各種互動，整

整拍了五天。那五天我住在學校旁邊一個小旅社，過往的卡車司機經常住在那裏。那裏蚊子多，他們就想辦法去幫我找蚊帳。其實我有下鄉當知青的經歷，是能夠在那樣的環境裏過得踏踏實實的。尤其是讓貧困邊遠地區的孩子們笑起來，是我很願意做的事。

※　　　※　　　※

我曾將生命此階段比作長江中游之水，過了嘉陵江，出了夔門，已經沒有上游落差帶來的激情與奔放了，清澈的水花所折射的五彩陽光也沒有了，但是長江中游匯集的支流卻開始變多，水量豐沛，可以養育魚蝦，可以發電利萬物，惠澤四方。

我知道自己的位置，對於公益能做的很有限。雖然我有一定知名度，但只是一名參與各個公益項目的志願者。

越演越會發現，藝術到了一定層次，像音符、色彩、水墨筆紙之間的關係，常無法精確道出語言的表述了，呈現一種模糊狀態。哲學有"否定之否定"，形式的出現便因具體而有了局限，人們又不滿足地尋求新的可能。幾十年前我演《雷雨》也好，演《海鷗》《哈姆雷特》也好，還沒有現在這種認知力，我相信多少年後，我們的後人仍會在經典中有新的解讀和發現。

第八章

渐入佳境

手着试试吧，他叫住我，诗作念的"胡节"那是刚才念的呢？还是早我看到丰绘示扁，我有点儿小聪明，听出他用朗诵这个词说明诗有问题了。我回答："对这是块马送的。"他马上说："那你怎么朗诵得有腔的好像很慢了。"我马上意识到我的缺乏即作性。曹操第一眼看到 (忙与到别的) 女婿文姬的诗，张口念诵她而没有生流、惊喜，慢了代通申而朗到觉谅起来。有了无野老师的点

上页加★ "为天有眼何何不见我独漂流，为神有灵呵，何事亲戚试天南海北头。为人员天呵，天何配诗殊还。我不食神呵，神何强我越荒州…（真是好诗）

落，到台上一试真的对动心。曹操近房包下才出场，有一段与曹丕试诗之后，听周近的不朱宣听蔡姬力陈蒙纪的不白之冤，曹刺改判蒙纪无罪，而戏主要是在听的戏中去（向文姬道歉）成心理动作和念发的

10

一　在表演中生活：我和朱旭老爺子"洗澡"

在世紀之交，我和朱旭老師、姜武三個被電影導演張楊召在一起演了一台戲——電影《洗澡》。

我小時候在大澡堂洗過澡。寶泉堂和清華池，這是燈市口附近的兩個大澡堂，我在那裏都洗過。現在金寶街西口勵駿酒店的地方原來是個丁字路口，寶泉堂就在那裏。現在那條路已經貫通了，而且很繁華。那時候洗個澡大約兩毛錢，洗累了可以找個床，鋪上床單子，躺下歇一會兒，不過那床特別窄，而且來晚的話可能就沒有了，就剩籮筐裝衣服了，一個筐配一個手牌。泡澡的人經常泡舒服了就唱兩句京戲，泡完了就跨出池子，在邊上淋浴

搓澡。那時候搓澡不是拿現在那種纖維性的東西搓，都是用纏到手上的"毛巾把"搓。

長大了，城市改造擴建，寶泉堂、清華池沒了，多少年後第一次享受搓澡是在大連，可舒服了，大連人還管去海邊游泳叫"泡海澡"。你到歐洲去，你到美國去，哪兒有這享受！日本有泡溫泉，但是好像沒有搓澡。

在電影《洗澡》裏，朱旭老師演父親，開一家老式澡堂，我演哥哥大明，看不上澡堂子，在深圳下海經商多年，姜武演傻弟弟。我在這部電影裏是配角，第一主角當然是朱旭，第二主角是姜武，我排第三。

《洗澡》是我和張楊導演在《愛情麻辣燙》之後的第二次合作。張楊導演是一個很認真的電影人，他從來只拍自己寫的電影，不拍別人的作品。當

時有一個叫彼得的美國人特別欣賞他，他的幾部電影都是彼得的電影公司投資或者製作的。張楊導演在《洗澡》裏其實有出鏡。電影一開場幻想出現街頭自動洗澡機，洗澡的是何冰，但是只有臉是他的，屁股、後背是導演張楊的。我一直很欣賞張楊導演，他雖然年輕，好像也不善言辭，但他的劇本很有一種內在的東西。我看他的劇本，會被一種不可言傳的內涵所吸引。

"父親"朱旭老師是看著我長大的。我小時候去劇院玩，看朱旭老師在一齣叫《三塊錢國幣》的戲中演一個愛下棋的青年，結尾處他舉起一個精美的瓷花瓶往地上摔得粉碎，然後幕就閉了。

之前拍謝晉導演的《清涼寺鐘聲》，我和朱旭老爺子都上了太行山，朱旭老師被邀來演老和尚，我們倆分在一個老鄉家住，同住一屋。我們住在老鄉家，每日從組裏的食堂打飯回來吃。老鄉家的飯是當年的新糧，饃和烙的餅真叫個香，比劇組食堂的麵鮮，可老鄉卻覺得我們城裏飯好吃，於是我們常對換飯食。新糧有營養，沒幾天，不少演員都胖了，謝導緊急通知所有演員要減肥，要不就沒法拍苦難歲月的戲了。我倒沒胖起來，但是心真正閒下來了。那感覺是從來沒有過的自在，而且是和有趣的、看著我長大的前輩在一起。我有時陪朱旭老師喝一小口當地釀的土燒酒，有一次看村裏小賣部有種特曲牌子的酒，想換貴點兒的酒解解饞，沒想到喝完頭疼，又喝了一次，還是有不好的感覺，一問化妝老師，他也喝了，感覺也不好，我們才認定是假酒的罪過，還是喝本地小燒吧。我們還一起聊天、寫寫毛筆字……一段難得的清靜日子。我們倆每日早起去爬村外的山崗，隔幾步蹲在山坡頂的小樹叢邊"方便"，一邊自個兒舒服痛快著，一邊欣賞山色，看著朝陽的光慢慢掃進山溝裏的村莊，炊煙從一家一家灶台煙囪裏裊裊升起，被光染成一片金黃透過樹梢。一會兒看見這個出門洗漱，一會兒看見那個進後院兒倒尿盆，誰能想到有人在山上俯瞰大地窺視他們呢？還真有點兒神仙在天的感覺。其實大師們寫經典，導演們拍力作，演員在領悟角色的生命意義、思想言行的時候，要有如此的視角去俯察、發現。在山下人堆裏深入其中那是體驗，還要有鳥瞰的視角去仰觀宇宙之大、俯察品類之盛。

朱旭老師是我尊敬的人藝老人兒，他演了一輩子戲，在舞台上主角、配角一大堆。他以話劇大師洪深的話為座右銘："會演戲的演人，不會演戲的演戲。"他最常說的話是:"想演戲、演好戲,必須要體驗生活。"在生活中他無所不玩,特別會生活,除了琴棋書畫,提籠架鳥、養蟈蟈、玩蛐蛐,他樣樣在行。在話劇《名優之死》中,他操著京胡上陣,讓觀眾叫絕。他在《嘩變》中的那一氣呵成的八分鐘台詞,無人超越。

朱旭老師嗜好多,生活上也講究。他非常嚴格地按照傳統習俗過日子,立春他準在家吃春餅,頭伏他絕不會忘了餃子,春節、正月十五該吃什麼吃什麼,而且做飯都很講究。七十八歲的年紀,還照舊喝小酒,他說他的酒齡比自己的歲數少一年,因為他父親是張學良的秘書,工作忙,把幼兒的他託付給伙夫,伙夫也忙,就常用筷子沾點兒燒酒餵還是一歲的他。那老爺子渾身上下透著自在。他喜歡年輕人來家裏,我到他們家吃過好幾次飯,他是老輩人裏面唯一一個請同學、年輕演員們到家吃飯去的,而且不止一次兩次。他們家小阿姨特別好,是個苦孩子。有一次朱旭老師在甘肅拍戲的時候,遇上了這個沒人疼的孩子,才十來歲,長得順順溜溜的,沒有娘,跟著父親和繼母。也許朱旭老師因為只有倆兒子,看著姑娘心疼,就問她:"你願意跟爺爺到北京嗎?"她說"願意",朱旭老師就帶著她到北京來,把她當閨女養,一點點教文化、做家務,跟著爺爺拍戲就在攝製組、食堂或者什麼地方打雜,也送到廚師學校學習,所以她做飯我們都愛吃,後來她找對象、結婚都是朱旭老師操辦。現在朱旭老師去世了,她也離開了,自己過生活去了。

朱旭老師是一個非常本分、會生活的人,他在舞台上演戲、影視中拍戲都像他自己的生活那樣舒坦。不過我也聽說過朱旭老師在院兒裏與同事、鄰居下棋的時候,遇到人家不講理悔棋了,他強脾氣一上來,也會勃然大怒,又有點兒像孩子。

在電影《清涼寺鐘聲》中他演收留我的老和尚一葦法師,但他並沒有像我那樣專門去體驗生活,卻怎麼演都對。我想那是因為朱旭老師自身就有佛性,有智慧。我特別希望有他那種作為演員的鬆快勁兒,人藝許多老演員讓我佩服的就是這個,他們既會演戲又會生活。生活中自在,演戲必然自在。這種境界接近於禪,就是一切回到事物最原本的狀態。在《清涼寺鐘聲》裏和朱旭老爺子有這段相處,對當時一心想做好演員的我來說,是非常重要的一次修行。在《清涼寺鐘聲》裏我們演的是一對師徒、別樣的父子,這回在

《洗澡》裏我們真演了一回父子。

　　《洗澡》裏頭朱旭老師的角色是獨特的，他把老洗澡工演得那麼真實，那麼光彩。生活中有太多這樣的勞動者。其實朱旭老師的自身條件並不是那麼好，不熟悉他的人不知道，朱旭老師生活中有些口吃的毛病，打磕巴兒，但在舞台上他的大段台詞常激起陣陣掌聲，比如《嘩變》中的奎格船長在答辯中的大段獨白，簡直就是教科書一樣的表演，這說明他真是下了大功夫。一九八四年他撂了一次挑子。當時人藝要排《洋麻將》，一開始是請朱旭老師演男主人魏勒，和朱琳老師搭檔，可朱旭老師碰到了十分中意的電影《小巷名流》，那個角色太吸引他了，他太癡迷、太想創造那個角色了，就一定要去演電影。其實他跟朱琳老師沒有矛盾，跟誰也沒有什麼過節，這就是他的性格使然。也許他覺得正式請假沒門兒，於是他不顧一切就去四川大山裏的攝製組了，拍的這部電影還得了獎。

　　當時我父親是副院長，主持劇院的行政工作，他得一視同仁。朱旭老師是誰呀！這麼大一個演員，還是老前輩，可那時他還沒退休，我父親猶豫再三，慎重地決定此事在院裏通報批評，扣兩個月工資。朱旭老師接受處理。這件事我父親和朱旭老師都是君子，都知道要做給年輕人看。僅此而已，劇院就是劇院，演員就像家裏人，開除不了的。事隔多年，朱旭老師請我們全家到他的新居吃火鍋，我看著他倆聊起這事，幾杯酒喝下，一笑而過，都付笑談中了。我在旁很感動。藝術團體對藝術家的創作自由真的要有一份尊重。對有時出現的特殊情況，還是要網開一面。

　　我"弟弟"姜武從一開始就是向導演請纓堅決要求演這個傻子角色，他那個肚子是現成的，再弄一個下牙托，說話不清不楚的。他演得非常出色。我發現這個劇本裏我的角色和朱旭老師、姜武比沒有被賦予什麼特色，有一次我就跟姜武說："一個演員在一部電影裏什麼玩意兒都不使，也挺棒的。"我在這部電影裏試了一把沒有表演的表演，別再像《藍風箏》一樣露出舞台化表演，想嘗試一次"淡"的演繹，結果很失敗，沒有特色，比起朱旭老師和姜武，我顯得蒼白了，缺少表現力。這部電影在法國一個小鎮中國電影展中放映，他們沒時間，邀我去參加了。我在現場，同意法國觀眾認為我不如朱旭老師、姜武演得好，這時也響起了掌聲。

拍《洗澡》的那個澡堂子就是一個老澡堂子，在大紅門的一個居民區裏面。如今這種澡堂的景象沒了，所以這部電影中的場景很有歷史紀實性。

朱旭老師的經典表演不僅在演主角的時候，像話劇《推銷員之死》，英若誠演男主角威利，當然是編劇兼導演阿瑟·米勒認為最好的，因為劇本都是英先生翻譯的，但是阿瑟·米勒同時特別欣賞朱旭老師，他說："如果老跟男主角威利打牌的鄰居（指朱旭老師）是自己的鄰居就太好了，當你有憂、有愁、有什麼事的時候，他就會出現在你的身邊，說幾句就走，絕不賴在家裏頭，有這麼一個鄰居就好了。"

二　在想象中淡淡地演：風月無邊，表演無痕

我們中國有很多先賢。我心目中尤為敬佩的應該是老子、孔子、屈原、李白、杜甫、竹林七賢中的嵇康，還有范蠡。天野老師在晚年突然間熱情勃發，要發揮餘熱，他想排《吳王金戈越王劍》，找到我說："你得給我演范蠡。"可當時我真的另有計劃，是早就安排好的。我一拒絕，他不高興了，回了一句："那——我來演！"我就知道不能再說"不"了，馬上改口說："行行，我演。"於是推掉了原來的計劃出演了范蠡。二〇二〇年他老人家年逾九十，還要導戲，重排《吳王金戈越王劍》的時候，我又改演越王勾踐了。

二〇〇〇年，我還演了明末清初戲劇家李漁的話劇《風月無邊》。李漁是個閒情才子，沉溺戲曲，醉迷女色，文采風流，情深義重……

《風月無邊》裏有一句台詞："唱戲不是美差。"我們表演何嘗不是如此！李漁身上的習氣我沒有，我尋找這個人物的感覺很難。在排練的近三個月裏，我一直不滿意自己，到了連排階段了，我懷疑自己是不是這次要砸了。我問劇作家劉錦雲是不是很失望，他說："沒有，挺好。"我想他說的不是真話，他擔心影響我的情緒。劇本裏雪兒對袁姨說："可天底下的男人，是不是他最好？他那麼老，老得像個爺爺；又那麼小，小得像個孩子。他那麼明白，比誰都明白；又那麼糊塗，真的，不是裝的，比我還糊塗。"這是編劇劉錦雲心目中的李漁，描寫得很有趣。我獨自閉目冥想：李漁是個什麼樣的人？他的生活形態、音容笑貌是什麼樣的？我心目中黃宗江先生有這樣的氣

質，我請黃先生看戲，請他吃飯，想多接近些，找找人物感覺。

演員在創作人物時如果遇到找不著感覺的困難，我覺得應該盡可能放鬆下來，體己度人，不要強做，不要生演，避免有添足之感。有位法師給我寫了一句偈語："看破放下般若發光，自在平常法身清涼。"把這偈語用在藝術創作上，也有番道理。既然這個文學的李漁是劉錦雲心中的李漁，那也可以說舞台上的李漁是濮存昕的李漁。我以李漁這個角色的名義表達我自己對李漁的體會，也未嘗不可。那場愛情戲後，李漁有段台詞："這一

《風月無邊》劇照

天過得，放走一個人，唱了一段戲，溫了一下舊情，畫了兩道眉，死了一個老婆，留下倆孩童……"我淡淡地說，淡淡地演，慢慢地加些輕狂，這是李漁的文人心態裏有的孤芳自賞。

很多觀眾說我演的李漁有李白的影子，我想這有一個前提：這兩個角色是由一個演員創造的，無論兩個角色有多麼精彩的不同，也離不開這個演員最基本的素養和能力。在我看來，李白和李漁最大的不同點是：李白的痛苦、人生磨難、命運挫折多於李漁。李白的飄逸是濃烈的入世，是豪情之後的飄逸，而李漁的淡泊是淡泊之中透出孤憤和孤傲。李白的飄逸之情與李漁的淡雅、瀟灑由一個演員表演，可能會令人聯想雷同。當然，聽到觀眾的反饋後，我在演出時得尋找改進的方法。

舞美設計還是易立明創造的，樂池設了水槽，燈光反射，滿台和觀眾席天棚上都是水影，百葉幕簾造成宋代寫意山水和工筆牡丹等畫幕，和雪兒情到處，也和李漁相好的櫻娘不忍看，用手表演拉簾，百葉幕簾合閉起來。舞台上還出現了一個五六米長的魚缸，游著金魚，真是很神奇的舞美設計。

有評論說，在話劇《風月無邊》的舞台上，林兆華導演擺脫了物質的束縛，把一個美學觀點張揚成一個大的舞台畫面，用最簡單的手筆描繪出最複雜的東西，在舞台上創造出化境。中國藝術傳統不同於西方的是對意境的營造，物象隨心、隨意。所謂鄭板橋說的：胸中之竹非眼中之竹，手中之竹非胸中之竹……這樣的化境是多麼有趣。林兆華在很多戲中的舞台調度，演員站位的變化，都是他個人獨創的風格樣式，更多地來源於心理的、包括欣賞心理的需要。舞台虛擬所產生的藝術效果，使得觀眾聯想豐富，產生只有劇場才有的樂趣。這是影視作品不可比的。在這方面，中國戲曲藝術在學術上真是達到了高境界。

因演李漁這個角色，我二度獲得了中國劇協的梅花獎。細想想，讀古典詩歌，這應是我父親的朗誦藝術對我的影響，他還讓我學過一點兒吟詠的曲調，這對演古裝戲唸台詞的字調音韻很有幫助。另外，要感恩在空政話劇團時，有過很多的業務訓練項目，其中戲曲身段的形體課，拉山膀，雲手起霸走台步，中華文化中特有的動律，板眼的寸勁兒，多年後，讓我演古裝戲時能把寬袍大袖穿出樣來，手眼身法能幫我塑造好角色。現在一些年輕演員不重視這方面的基本功，只好臨時抱佛腳，臨上轎現扎耳朵眼兒了。

三　與"曹操"相會三次半

我飾演曹操這個角色，算來有三次半。第一次是在二○○一年，我被邀去在電視連續劇《曹操與蔡文姬》中飾曹操，第二次是在人藝重排的《天之驕子》中，演行將就木、為立太子憂心忡忡的曹操，之前我年輕的時候，一九九五年首演此劇時，我演曹植，曹植著名的《七步詩》："煮豆燃豆萁……"在此前有高潮場面。第三次飾曹操是二○一一年，換了年輕演員演蔡文姬，我由董祀的角色榮升到了曹操。那這個"半"是什麼意思呢？日本著名的現代音樂家石井真木在一九九九年創作的以《三國》為主題的交響音樂，要找一個能唸古詩詞的中國演員，將楊慎所作的《三國演義》開篇詞、曹操的《短歌行》、曹植的《樂府》以及蘇軾的《赤壁懷古》攏在一塊兒，冠名《人間如夢》，他通過中央音樂學院找到我，我很高興地為他試唸了一遍，他錄了音，回日本譜了曲，半年後來北京，請了歌劇院的交響樂隊，因為是現代音樂，中國的樂團加日本的特色樂器，龍笛、瑟（五十根弦）、特長貝斯和一組打擊樂，有意思的是一個架子上吊著粗細不等的竹管，敲擊出好聽的梆梆聲，但到《赤壁懷古》的"驚濤拍岸，捲起千堆雪"的段落，描繪戰爭場面的時候，日本樂手激情地摟抱簇在一起的竹管，發出極具特色的音效，和樂隊、和常規的打擊樂的鼓鑼、吊鑔，產生了震耳欲聾的音場！我這時從高台的蒲團站起，經過打擊樂，穿過

中提琴、大提琴組來到台前，節奏強勁的弦弓聲在一聲大鑼中戛然而止，我空寂了五秒以上才低沉地慢慢道出："江山如畫，一時多少豪傑。" 我沒參加排練時，中國樂手們都覺得他的這個作品總譜很零散，不知道得怎麼演奏。那天我第一次去排練廳，與音樂一合，我認識的幾個中央歌劇院的樂手說："太棒了，加上朗誦，他的音樂創意妙極了。" 石井真木先生是日本政府常年資助的大藝術家，這個作品也是為中日友好二十週年的主題創作的，我還被邀到日本去演出了呢。

所以說在這個《人間如夢》的日本音樂作品中，我朗誦了曹操的《短歌行》，深深地體會了一把孟德的建安風骨。

坦白地說，電視連續劇《曹操與蔡文姬》是根據一些歷史傳說杜撰的故事，曹操年輕時師承蔡邕，可能與文姬有青梅之交，戰亂中文姬被匈奴人擄

去，曹操重金贖回她，讓她在銅雀台繼承父親遺業撰修《漢書》，這是一段編出來的曠世奇緣的愛情故事。那個年代興拍歷史劇，雖有些編撰，但我很想演一把這個人物。這個電視劇之前就是軍旅片《光榮之旅》。蔡文姬是劇雪扮演的，她的氣質很適合這個角色，我們合作得很開心。難忘大冷天在焦作或涿州的外景地拍完戲，我們倆還有沙景昌、趙小銳等好友去吃涮肉。從夏天拍到隆冬，古代服裝，夏天熱死人，冬天冷死人，更難耐化妝膠水，粘頭套和鬍鬚，粘的時候得心唸"阿彌陀佛"，一天拍下來用酒精卸妝時又得唸一聲"阿彌陀佛"，熱天有汗殺得慌，冷天冰涼疼得很，只好心裏再唸："天將降大任於斯人也，必先苦其心志……"拍這個電視劇我又重重地被馬摔了下來。那是因為拍戰爭戲，曹操的頭盔是服裝組做得最精緻的一頂，但騎馬一顛，護後頸的鎧甲片總戳在後背的鎧甲上，將頭盔頂得遮住眼睛。我在開拍前幾天就向服裝組反映了希望剪開護後頸的這片鎧甲，他們沒做，也許捨不得，他們自己認為將這麼精緻的製作剪開可惜，意思是讓我自己克服一下。我不情願地被他們穿戴好，騎上馬開始拍，一片衝殺聲，馬跑起來，在我投入地衝過攝影機前表演動作時，頭盔又被護頸的鎧甲頂起來遮住了眼睛，用手支一下，但馬在跑，總是被遮擋視線。沒想到，馬跑的路線前面有個小水溝，我的騎乘節奏因頭盔干擾，有點兒亂，正好我的眼睛又被擋住的時候，馬一後閃，我就飛出去了。空翻後背著地，後心震得我一時喘不了氣。問明原因，導演怒斥服裝組，我也就不發火了，痛得我也發不了火。他們馬上就將護後頸的鎧甲片剪開了，再戴上果然就不出問題了。也許製作組為了降低成本，請的技術部門還是不夠專業，這種事真的沒脾氣。好在沒摔壞，戲繼續拍。這是"走麥城"的一件事，拍騎馬戲咱也有"過五關"的精彩表現。我騎的這匹馬是人家專門為拍各個影視劇訓練過的，會"起揚"，就是馬能前腿立起來，只要低位拉兩下韁繩，牠就前肢立起，拍騎馬戲時我練過。《三國演義》裏，曹操參加董卓生日慶典佯裝有病，趁機攜獻帝出逃，就建議用這匹馬，讓曹操當著呂布的面，馬驚立起，讓我摔下馬來受傷告退，更有情節的緊張感。那天，在現場我們設計曹操騎馬來到宮殿前與呂布打了照面。這時，讓一輛馬車駛過，擋住呂布視線，我一拉馬韁，馬立，我主動摔下馬，抱著胳膊在地上大喊受傷了。完成得非常精彩，我可是主動失去重心撲下馬來的。天已入冬，雖是土地面，也挺硬，身體自然落地也是疼的。可攝影師說再補一個近點兒的景別，加強視覺衝擊力。沒想到他們在這麼關鍵的時刻沒有用雙機拍我，沒脾氣，演員又必須勇往直前了，但馬車再組織起來有難度，我建議大車輪的馬車就動一動，我也不騎在馬上往下摔，拍我重重地落地就行，讓場工多弄點兒乾土撒在地面，增加氣氛。於是，就在開拍車輛啟動後，有人也牽著我的馬走起來，我飛身起腳一踏馬鞍，摔在地上，抱著胳膊偷窺呂布，突然大叫，演疼痛不已。這回近鏡攝像機跟上了節奏，拍成了，現場又是一片掌聲，大夥誇讚濮老師馬術真挺棒，我暗自得意，這是我在黑龍江鍛煉出來的，我懂得馬性，當然也是因為被摔過太多次。拍這部電視劇的難忘瞬間還有很多。這是我第一次扮演曹操，而且電視連續劇的量很大，可供角色創造的發揮空間也大。反正是編撰的，讓老百姓看跌宕起伏的故事，我從一個下級軍吏的曹操演起，一直演到他頭風病殺了華佗，目送最後來病榻前探望的蔡文姬款款走遠，結束了戎馬一生，與可望而不可即的情人只期來世。我心裏對自己說：「我演過曹操了。」

回到話劇舞台，劇院決定重排一撥年輕演員的《蔡文姬》，我從董祀升任曹操。我真正的願望就是向原創曹操的老前輩刁光覃老師學戲。刁光覃老師還是我父親更前一輩的大演員呢，抗戰時期就在演話劇了，特別是五十年代焦菊隱先生導演《蔡文姬》，讓演員們學習京劇唸白，刁光覃老師飾演的曹操，台詞極具特色，言、行拿捏特別精彩。刁光覃和朱琳夫婦曾經去京劇團輔導京劇樣板戲《杜鵑山》中飾演柯湘的楊春霞。我小的時候，就在後台玩，在台下看，對刁老師也熟。我振振有詞地排練了起來。一天在舞台合成，藍天野老師來劇院報銷醫藥費，上樓前聽到後台監聽器傳來我學刁光覃老師唸的《胡笳十八拍》：「為天有眼兮何不見我獨漂流？為神有靈兮何事處我天南海北頭？我不負天兮天何配我殊匹？我不負神兮神何殛我越荒州⋯⋯」過了一會兒我們在一樓後台口碰到，也許他就是等著我呢。他叫住我，問：你唸的《胡笳十八拍》是剛接到的呢，還是早就看到後在朗誦呢？我有點兒小聰明，聽出他用「朗誦」這個詞，就是說明我有問題了，我回答：「應該是快馬剛剛送到。」他馬上說：「那你怎麼朗誦得有腔有調的，好像很熟了。」我馬上意識到我的表演缺少動作性，曹操第一眼看到快馬送到的才女蔡文姬

的詩，張口唸誦，一開始應該有生疏、驚喜，慢慢地再唸得通暢些，朗讀起來。有了天野老師的點撥，我到台上一試，真的對勁兒。曹操這個角色下半場才出場，主要是在聽的戲中完成心理動作和態度的改變，我想到了學習于是之老師的《茶館》一幕，也是看著一撥一撥登場之人張揚神采，聽著他們振振有詞，把人家的戲托得服服帖帖，到自己的詞便接得順順溜溜，別人演的彩兒也接過來了。曹操在聽戲的幾個節點上每動一下都要斟酌講究才對。這也是《蔡文姬》這個戲舞台實踐的體會，不動則一絲不動，反倒利用對手的動對比出不動的意味，要動得讓觀眾明白為什麼，動作層次鋪好，亮相的

主戲才有表現力。

　　在《天之驕子》中年邁病重的曹操只有一場戲，要把他那"老驥"志已不能的感傷，要當機立斷考查曹丕、曹植誰為太子的心力交瘁演出來。曹操有一句台詞，郭啟宏老師編得真好，曹操感歎地對卞后說："權勢之爭其實是歲齡的較量！"

　　我在《天之驕子》中塑造的這個曹操化妝造型，對自己的臉型做了很大的改變，我學電影《魯迅》的人物造型，讓化妝師給我用塑膠材料製作了眼袋和兩腮，臉一下寬了，多了曹操的霸氣，因為舞台觀賞距離較遠，化妝的痕跡可以誇張，不必太細膩。在後台，我不張口，很多人認不出是我，挺好玩的。在演《窩頭會館》時，我化完妝，在後台通道，陳小藝這麼熟的同事眼神一掃沒認出我，進屋問宋丹丹：「剛剛走過的是誰呀？借來的演員嗎？」大夥兒一通笑。

四　在《雷雨》裏三級跳：從兒子演到父親再執導

多少年前，有一次我在開車時偶然聽到廣播中傳出一九五四年于是之老師扮演周萍時的錄音剪輯，我的耳朵一下豎了起來，後來到廣播電台找這個資料，無果。大概從那時開始，我對《雷雨》有了求解的念頭。當年是之老師自己也真誠地認為自己演周萍是失敗的，但用今天改革開放、解放思想的文化態度看，是之老師的表演，也許也有新解。試想，周萍在失去了母親、父親又憤然出國的十多年中，他若以私生子的身份，只能在無錫周府的下房與老媽子吃飯過生活，也許在學校遭同學恥笑，帶著這樣的成長經歷，他會是風流倜儻的嗎？如果可以這樣解讀，他二十幾歲被接到天津的周公館，學礦課也會是父親安排的，畢業後為什麼不隨父親在礦上忙，而是住在城市家中，並在天津的公司幹閒差？他是被父親批評、讓人說閒話沒有出息的青年……這樣一想，就和現在一般的對周萍的解讀有了出入，一般這個角色都是讓才俊小生演。我自己也是這樣的演繹。

我一直還有疑問，「相認」一場的調度，周樸園與魯侍萍對了半天的話，為什麼不看一眼侍萍呢？第四幕劇情矛盾已如此激化，周樸園真的就事不關己地去樓上睡覺，直到繁漪大喊大叫吵翻了天才下樓來？魯貴第一幕跟四鳳說了這麼長的一大段沙發鬧鬼事件，就沒告訴老爺周公館這天字號的秘密？周樸園知不知道自己的兒子與妻子有染？多年來我存著疑問在心，當林兆華導演問我你還想排什麼戲，我一衝動說咱們弄《雷雨》吧，但沒能排出來，只是讓他戲劇工作室的年輕人試驗性地排了一版解構劇情的《雷雨》。我的年齡和他們搭不上。我只擔任了故事講述人，詞還是我自己編的，經常當節目主持人真是沒白幹，也展現了當初林兆華讓我在《縱火犯》中練的把台詞當人話說的本事，現在應該有了些說人話的本事了。這版《雷雨》只在天津大劇院的“林兆華戲劇邀請展”中演了兩場，但那不是我想要演的《雷雨》。

　　終於到了二〇二一年，我自己當導演並升位演了周樸園。在與唐燁導演的共同合作下，新版《雷雨》誕生了。我現在回憶是哪個緣由讓我想導演這部戲的？念頭的產生，有可能是那年在烏鎮戲劇節，我坐在第一排的邊上，看了俄羅斯劇團演的《奧涅金》，他們對普希金詩劇的解構，賦予舞台如此豐富、精彩的想象力讓我震撼，那一刻我感到舞台是創造奇蹟的地方，觀眾為看到奇蹟而來。我不禁對坐在一旁的《北京晚報》戲劇記者王潤說：“我想排《雷雨》了。”《奧涅金》的塔基婭娜與熊舞蹈，讓我想到了三把油紙傘下《雷雨》中的主人公從舞台深處走來……還有一次是在蘇州，參觀一處叫雕花樓的旅遊點，那是已有近百年歷史的一棟富宅。室內陳設有一對百年前進口的意大利沙發，扶手、靠背都有鏤空。我見過所有的沙發中，這個沙發最適合南方潮濕氣候，一定可以被認定是三十年前無錫周府的舊物。我欣喜若狂，用手機拍下來，後來改成長沙發，就是現在新版《雷雨》置在舞台正中的道具。我開始想象《雷雨》的場景了。開演前，觀眾可以看見一束燈光下，三十年前很精緻的沙發靜靜地擺在台口，序幕的情景，三把油紙傘在悶雷聲中“嘭”的一下打開，三個逝去的年輕人，也許他們在天上的魂靈，為三位父母親遮著雨走來，到沙發前，周樸園喚繁漪，叫侍萍，二人不理，被沖兒和四鳳打著傘分兩側下。周萍也撐著傘走回台的縱深處。只剩孤獨的周樸園在惆悵中，這時傳來礦山罷工的騷亂聲迴響和鎮壓罷工的幾聲槍響，周樸園茫然，不禁側目，看到一扇門推來，後面是自己回家後三天不下樓見面的妻子繁漪。大提琴的呻吟，而後魯貴從暗處上與老爺耳語。老爺示意，魯貴指揮家丁搬上三十年前的舊家具，吊杆降下佈景，和景片形成了一幕的場景。這個過程中，周樸園想念中的三十年前的舊情人侍萍形象出現在他身邊，她把侍萍的人像照遞給了樸園，而後消失。此時觀眾聽到的是江南的評彈曲“紅酥手，黃縢酒，滿城春色宮牆柳”的低吟……魯貴復上，說全劇第一句台詞：“老爺，警察局長到了！”周樸園從回憶中驚醒。鎮壓罷工之事，要求助於警察局長，他馬上放好鏡框。速下場。序幕轉一幕，正戲開始。這一點一點的構思經過四年多，慢慢形成了我們今天新版《雷雨》的開場。新版的《雷雨》中周樸園會在“相認”一場戲中，見而不識地對待舊情人，這對侍萍來說是很殘酷的心理打擊。最終讓周樸園在語音上辨出了侍萍的身份，在侍萍大段的訴說中就有了加強戲劇衝突的節奏。第四幕繁漪高喊："誰也別想走，大門已經鎖上了。"在這當口，我們創想被淋得一身雨水的周樸園手提院門的大鎖闖進了房間。一下觀眾領會到周樸園都在幕後聽到了，他一直參與劇情，現在他這是想放生……我把四幕佈景設計變為周公館連接廚房的西餐室，並通大院後門，他推開門一聲呵斥："你們在吵什麼？"但已沒有了一幕的威嚴。這個新解從根本上脫離了一九五六年版對周樸園的批判性，讓他融入了曹禺先生悲天憫人的整體主旨。我欣喜，觀眾和同行們對這一點給予了肯定。

《雷雨》是我第一次在原創作品當導演，感恩我們人藝年輕的"老"導演唐燁和場記萬璐。我們共同努力，在曹禺先生一九三四年創作的老劇本中尋覓到一九五六年被刪除掉的一些情節和台詞，比如說，在台詞中幾處提到老爺準備搬家，而且是背著繁漪進行的。這說明了什麼？老爺回家三天了，繁漪避而不見，為什麼？我們統一了對劇本的解讀，確定老爺知道家裏出了他很不樂意的事，誰告訴的，當然是魯貴。

為什麼魯貴聽繁漪吩咐讓老婆侍萍一下火車就到周公館來，來幹嗎？是讓四鳳捲鋪蓋走人，這是因為周萍與四鳳有男女之情，繁漪要報復周萍，而魯貴要報復繁漪。魯貴安慰四鳳說："太太那兒你別怕，她怕你爸呀，你爸爸會抓鬼！"同時重點突出了魯貴愛護四鳳的行動線。

這些台詞可以發掘出，周樸園應該是知道家裏出的事，仔細研究這個戲的背景，大事件只有兩個：罷工和家庭風波。但他一系列的言行，整頓家風，又不能讓此事鬧大。在第一幕，我演的周樸園怒斥周萍之後，拉開大廳的門，魯貴早就候在門外，他在門外參與了逼繁漪喝藥的這場戲。然後周樸園又去推開了通往繁漪臥室的樓梯的門大聲地宣告："我的家庭是最有秩序的家庭，我的孩子……我絕不能讓他們被旁人說一點兒話的！"轉身出門，魯貴閉上了門。

四幕，他不想再見面的、已是魯家的侍萍又夜闖回來；隱匿了三十年的秘密敗露；三個孩子瞬間死亡；這一切全不是周樸園始料的。八十多年前曹禺先生寫了序幕和尾聲，是想表現主人公此生的懺悔，雨果、托爾斯泰經典的情節在二十四歲的曹禺心中一定有著影響。序幕中周樸園十年後沉重地步入已經改為教堂的周公館，來探望自己的兩個女人，他心裏是有著一絲人性光亮的。在我的新版《雷雨》的尾聲中，大提琴和琵琶鳴奏著沉遠的旋律，主人公們一簇打著傘，離開令人心碎的那個長沙發，長沙發緩緩降入樂池，生死兩界的主人公走向天邊，天邊現出一線"魚肚白"的光亮⋯⋯這"魚肚白"的光亮是彩排前創造出來的。我總覺得天幕還不透，陰鬱感要打破，天幕的遠方要出現雷雨過後的晴的希望。合成結束，我來到天幕後，黑黑的，我打開手機上的電筒，光從台板折射到天幕，非常柔和地泛出我要的"魚肚白"效果，於是燈光設計孟彬馬上加了地排燈，打出了地面反射光。

我當年演的周萍曹禺先生沒看過，他看的那場是 B 組吳剛演的，我在新版《雷雨》的節目單上寫了這樣一句話："我覺得台下的觀眾都是代曹禺先生來看戲的。"

二○○三年是非同尋常、令人難忘的一年。這年我五十歲，真是知了天命了，命運的軌跡出現轉向。

第九章

輕舟已過萬重山

喜欢代滋在舞台口向观众佛述最后的独
"桃花红，李花白，话说花开都一个颜色？"
释然了。

说真心的话，不是胜在塑造李白，是李白还
有造才的许多角色在塑造我。我太爱的
举剧里于试的角色和他们那么精辛的台词。

李白因报国心身陷权贵之争，流放经长江奉江，
州一位阿婆积小姑娘在读月而评：在溢记配。
青线青编得很戏剧性，李白感动不已。时此前
不解，共竟主是代在什途，在角场响不到的
挚的考赞和批评。阿婆没有认出眼前之人，
李白，对李白的批评眼晴论权势发了火。
有人污陷太白先生 逃避 多么珍贵的情感
在角色中才能遇到的温暖，李白会是样地
丢失的鞋子突然见到娘而号啕大哭，能
走你里 试下论演，把那体会读出来。代
不会本考虑到间 山川河流美好情角由才能做

119

一　已知許多 "愁滋味"

五十歲之後，我開始演所謂反面人物，或稱有複雜人性特色的角色。到了這把年紀了，已知許多 "愁滋味"，好像在塑造角色的時候更懂這類人物了。

一九九四年，林兆華導演了北京人藝為數不多的 "女人戲"——《阮玲玉》，而且是和劉錦雲搭檔，那是他們在《狗兒爺涅槃》大獲成功後的再次合作。首次演出時，我在劇中演阮玲玉的精神導師穆天培，初出茅廬的徐帆出演大女主阮玲玉，並且憑藉出色的表演獲得了梅花獎。那時候我的角色還有點兒本色出演的味道，但到了二〇一三年復排的時候，因為人員變動，我要演的變成了瘋狂追求女明星的大茶商唐文山。

這個唐文山的生活原型叫唐季珊，他追求到了阮玲玉，之後又把她拋棄了，然後還自鳴得意："我沒錯，我可以拿大把的紙鈔點起衝天的焰火，但是我不允許你原配的丈夫毀我一點兒名聲。" 我真能演得像這麼個人嗎？排演中，排與阮玲玉在夜總會跳舞，突然就點燃了這個角色，八十年代流行跳交誼舞的時候我學過一點，拍《最後的貴族》的時候也學過恰恰。我想唐文山一定好這種生活，一扭起來，你就知道他常混跡在舞池中，紙醉金迷。我找到了這個感覺，因為他也不全是壞人，愛的時候還是真愛。在阮玲玉最需要有人幫忙的時候，她身邊卻沒有人，那天晚上如果唐文山陪在她身邊，她也不至於這樣。

我演唐文山一直演到了二〇二二年，在那一年我最後一次演《阮玲玉》了，必須要告別演出了。都不是二十八年前了，那時我還能抱徐帆，後來抱不動了，只能改為相擁了。最後一場演出前徐帆做了退休的決定。演完最後一場，徐帆挺激動，她一定要跟觀眾合影。我們轉過身來，觀眾都打亮了手機電筒，照了一個與觀眾席的大合影。

我還演過另一個 "壞人" 角色，就是《窩頭會館》的古月宗。

《窩頭會館》這齣戲是二〇〇九年為慶祝新中國成立六十週年創作的。當時大多數文藝創作都是以解放軍進城、改天換地之類作為題材，但《窩頭會館》是一個北京胡同的戲，講一九四九年北平解放，南城胡同裏一座小院內發生的一個關於財產重新分配的故事。這是劉恆創作的，他很有自己的寫作技巧，把這戲寫得引人入勝，主題也很深。

這個故事的主角苑大頭早年間接了地下黨一筆錢，受託要轉交到南河沿十六號，但是那個地方被特務抄了，接頭的人也死了，這筆錢握在手裏他不知道怎麼辦，在自己兜裏燒得慌，所以就把這個小院買下來了，結果把自己套進去了。這小院原來是古月宗的，苑大頭只是看大門的，他一把小院買下來，所有的產權關係和鄰里住戶的關係就發生了變化。

這戲是何冰主演。張和平把我們都叫到一塊兒，說："你們五個明星一定能把這個戲演好。"何冰和宋丹丹看完這劇本激動不已，都說這個劇本好，宋丹丹把劇組演員，還有劉恆、張和平請到她家吃飯，大夥推杯換盞。但其實一開始我沒看懂這戲到底什麼意思，眼瞅要建組了，還不知道怎麼演。我演的古月宗是一個酸唧唧的、天天給自己棺材上漆的一個七十多歲的糟老頭子，他就想弄明白：你苑大頭哪來那麼多錢把我的院子買去了？不行，我還得在那兒住著，我就想探聽你這個窮光蛋怎麼買的我院子。

演古月宗這個角色，我老是找不著感覺。宋丹丹手拿把掐地教我，台詞應該是怎麼唸。林兆華導演聰明，發揮演員主動性，一幕讓宋丹丹導，二幕是楊立新導，三幕由何冰導，他當了"太上皇"。排練時我想起我的四姨姥姥，才突然找著了感覺。她是個老姑娘，長得歪瓜裂棗的，一隻眼睛是斜的，嫁不出去。我外公是老大，照顧她，就給了她一個西廂房住。我們小孩藏貓貓的時候，一見她就被嚇得不行，她就成心嚇我們，常藏在門後，突然出現，翻著眼睛來嚇唬我們。

古月宗肖像
2010.5

我為自己演的角色畫的像

這個戲林兆華也不做導演闡述，編劇劉恆來排練廳，也沒說透所謂主題思想，大夥兒一片生活地對詞、走戲，交流地演著演著，我也慢慢融入了其間的人物關係。

我們像是孫猴子，上下翻飛地演一片生活，導演林兆華好像在排練廳很少說話，讓我們自己發揮，可最後苑大頭中了槍，搶著在死之前，掏心窩子說了兩三頁的獨白。林兆華用了表現主義寫意手法，所有人站在台上不動，苑大頭一個人像魂一樣任意走動，說著內心獨白，易立明設計的燈光只把小院的屋頂打亮，而苑大頭的形象，燈光只打上半身，這些異樣的視覺讓人浮想聯翩。苑大頭最終死了，卻睜眼坐在小達子的裝滿金條的箱子上，他最放不下心的兒子吹著憂傷的口琴。一台寫實的戲結尾成了詩，主題是什麼，觀眾自己想吧。

舞台藝術是形象文學，充滿了太多我們無法接觸的生活，我一輩子都在閱讀這本"書"。

二　只演三場的《趙氏孤兒》

二〇〇三年年初，林兆華領著我們在人藝排起了原創大戲《趙氏孤兒》。

文學方面，林導以新世紀對歷史故事的解讀，提出了"十六年前的怨仇，要不要由後代來報"的命題。春秋無義戰，權力的爭鬥，一代代地報復下去，人類總是在無仁無義的角鬥中鑽不出歷史的局限。戲上演後，確實引起了一片爭論。在戲劇形式上，易立明又在舞台上創造著奇蹟。上台合成的時候，我們驚訝地發現，他竟架起了一個巨大的有坡度的平台，上面立著鋪上兩萬多塊紅磚。租來的馬和牛出現在舞台上。那匹白馬據說就是電影《臥虎藏龍》裏的那匹。開幕中觀眾只聽見馬蹄踏在磚上的清脆噠噠聲，走到位，一束光才灑下來，照亮黑衣人牽著的那匹神奇的白馬，讓人想到昭陵六駿。音樂在營造氣氛，這片磚的下面有若干水霧的噴嘴，水霧彌漫，比放煙的效果好很多。觀眾正飽眼福時，飾程嬰的何冰緩緩走上來，看著白馬，說起了第一段獨白：十六年前……

林兆華導演常對演員說，"你一上來先別給我那麼多內心體驗"，他的意思並不是不要體驗，而是說內心體驗絕對不是終極目標，也不是唯一的創作方法，體驗在整個創作過程中是打基礎的一個環節、一個過程，必須得用動作方法體現出來。我這麼溫良恭儉讓的人，竟被分配演殺人魔王屠岸賈，在國王面前又開始得勢，要滿門抄斬丞相趙盾家族……我的角色體驗是理解、想象和執行動作：我到趙盾家去抓他，我和他兩人對角站在舞台兩側，我們要體驗並表現出劇情的環境氣氛，最終讓觀眾體驗到那種環境，甚至讓觀眾分辨出白天和黑夜，雖然這些觀感在台詞裏和場景中根本沒有，可我們兩個演員緊戲慢演地拿語言較勁，就是要努力讓觀眾感覺到眾多士兵圍在周圍，火把在燒，刀槍林立。體驗一定是不可缺的，但不能自以為體驗到了就可以，必須在動作控制中影響觀眾，引發觀眾想象、理解。如果演員只是自己進入到情緒化表演，"哎呀，我很感動啊。"感動了自己不等於感動了觀眾，觀眾可能一點兒沒感動。

林兆華在舞台形式上有一個強烈的願望，就是把舞台的調度、舞台的表演空間從具體的受限制的環境中解放出來，打造一個多元的舞台表演環境。《趙氏孤兒》的空蕩的舞台全是紅磚，有兩三個堆兒，可當演員坐的支點。這個戲充分成就了林兆華導演利用空間的探索：群體的列隊，主角的行走、調度，對稱的站位，表演的時候只唸台詞，身體、手勢簡練到極少的使用，儀式感使台詞的表達作為戲劇主要的信息傳達給觀眾，調動觀眾聽覺更專注於台詞的內容。不動、少動更強迫演員內心體驗和醞釀的激情。

林兆華在這部戲裏前所未有地探索舞台空間使用的簡約和動作的形式感。他借鑒英國彼得·布魯克"空的空間"的戲劇概念，進而在創造利用空間，創造簡潔的表現方法，靜的、不變的畫面背景，動的人物，情節的演繹。大面積留白的舞台給了燈光豐富運用的可能，多元、多意、假定性極致的美術形態，讓戲劇具有現代藝術的間離效果。觀眾可以任自己很個人化地認識這個舞台、這個故事。著名畫家陳丹青也非常認可《趙氏孤兒》，而且說林兆華本人是一個了不起的藝術現象。

還要提的是戲的結尾。那個被程嬰捨棄親生兒子保護了的趙盾的兒子，十六年後長大了，還成了屠岸賈的義子，改名叫屠勃。他明瞭真相後，卻沒有為親父復仇，屠岸賈和程嬰這兩個冤家相坐對視，只有無言。此時傾盆大

《趙氏孤兒》劇照，誰說我老演大正面，屠岸賈可是殺人不眨眼的

雨從舞台上方的兩條水管瀉在我倆兩側，砸在磚頭上，濺起水花。水從磚下的防水布流入水槽，通過舞台側面的水管排進劇場外的下水道，舞台效果堪稱奇蹟。舞台是能創造奇蹟的地方，包括演員也能創造的生命能量的奇蹟。這是觀眾買票走進劇院的理由。

還有一個舞台奇觀，表現十六年過去了的場景轉換，隨著燈光的變化，舞台上方降下了一棵盛開的桃樹，一個農夫牽著一頭黃牛橫穿舞台，慢慢走過，那頭牛竟每每此時在桃樹下拉一攤屎，真的很臭。大導讓道具人員大大方方地走上台將舞台清理乾淨，之後，老了的程嬰這回不是看馬了，是看著牛，向觀眾娓娓道來："十六年過去了……"這種超現實的假定性的舞台形式，在二〇一三年話劇《刺客》中也使用了。《刺客》中常有假西瓜從獨輪車上摔在台上，裏面的沙子撒了一地。幕後的工作人員可以上來掃沙子，慢慢掃，在沒有到達觀眾無法忍受的程度時掃完，現場樂隊多奏一會兒，然後開始下一場。這樣舞台就和觀眾發生了一個很現場的會心的交流：我不藏著掖著，我的小小穿幫就在觀眾的眼前。在適度情況下，可以這樣處理舞台事故，也是合乎整體審美的一個樣兒。

我覺得我們的《趙氏孤兒》的最大成功在於演員的表演。何冰演的程嬰應該是他在人藝的代表作，演得很好，他說通過這個角色，他懂得大導要的那種舞台戲劇、那種沒有表演的表演是什麼意思了。能說好獨白的演員，也就是能在台上講述內心的演員才能站在舞台中心。在戲曲，就是你先得能唱好唱段。所以說，台詞是演員表演課的基本功，要不你只能演演配角、跑跑群眾了。

我演殺人不眨眼的屠岸賈，也沒有臉譜化，化妝不過就是畫了個通心眉，我有個同學就是兩條眉連在一塊的，耳腮處貼了兩片像威爾士人的鬍鬚，顯得能狠一點兒。殺趙盾時，我們的道具是金屬打製的很鋒利的劍，我貼著趙盾身後，刺進塑料泡沫質地的"石牆"裏，趙盾只是閉上了眼睛，轉身走下了場。這就是舞台充滿假定想象的審美。

當我們正充滿熱情地排練的時候，被稱為非典型性肺炎的疫情正在醞釀，到我們四月底首演的時候，觀眾席中的口罩一清二楚。演到第三場，白色的口罩接近滿場，政府也下達了停演通知。北京街上的行人、汽車越來越少，有一次電視台採訪我，就在劇院門口，話題是"防疫中的北京人藝"。我憂心忡忡地走到劇院前的王府井大街上，生平第一次看到王府井大街上沒有車和人，那場景真的就跟小時候看過的科幻小說一樣，毒氣炸彈在空中爆炸，氣體下沉，城市安然無恙，可人全沒了，像幻境。

二〇二〇年，又有一種病毒在全球蔓延，這回叫新型冠狀病毒，我不由得回想起十七年前劇場裏口罩一場比一場多的景象。

三　在《北街南院》中感覺像關公走麥城

還有憂心忡忡的事也發生了。四月，正在電視劇《天下第一樓》裏演修鼎新的時候，任命我做人藝第一副院長的任命書到了，翻開一看，簽字的市長叫孟學農，原來是我小時候住內務部街斜對面的街坊孟四的大哥，但小時候不認識。我擔任了北京人藝第一副院長，要擔起這份重任。人的難點就在於對將要發生的事情沒有任何準備。如果我的經驗裏面有好幾個選擇，那就會從容些；但如果只有倆選擇，那就糾結了。後來我才想到"早知如此，何必當初"這句話，還有"不知天高地厚"這詞。

其實在九十年代主管領導就找我談過話，希望我承擔院裏行政工作，我一直拒絕。在知青點的時候，我就寧願養馬，也不願意留在團部宣傳隊工作，因為我覺得到高高在上的團部不如生龍活虎的連隊生活快樂，當領導不是件容易事。那一兩年，領導非正式地找我談過話，我沒答應。我父親做過副院長，于是之老師是以第一副院長的職務病退的。他們操持劇院的事，我了解一二，多是憂。是之老師對人藝現狀表示過有兩大憂慮。第一是"戲不上座"，沒觀眾可是一個劇院最要命的事。九十年代初，他滿懷期望地請來莫斯科藝術劇院總導演葉甫列莫夫執導契訶夫的《海鷗》，不僅是倚重英若誠，側重英國、美國兩方面的劇團和導演向改革開放的中國介紹世界藝術，也請蘇聯藝術家來提高劇院藝術建設水平。令我感動的是，在與我父親因工作有分歧、鬧意見的情況下，他仍推薦我演男主角。

但當年《海鷗》的排演最後可謂是竹籃打水，排練中碰到了蘇聯"八一九"政變，導演是布爾什維克，心情很不好，總共一個月不到的排練時間，他要請三天假在酒店調整心情，希望誰也不要去看望，只給他兩箱北冰洋汽水和一箱二鍋頭就可以。三天後，他又來到排練場，頭一句話說，"藝術、戲劇至高無上，為了契訶夫，排戲！"到了帶觀眾彩排時，按劇院慣例，發彩排贈票，劇院家屬們不免帶孩子來看。開演前，葉甫列莫夫導演向于是之院長近乎抗議地說，彩排首演是一個劇院最神聖的時刻，為什麼有這麼多孩子在觀眾廳嬉笑、跑動，這是不尊重演員的！是之老師只能賠以苦笑。首演結束，成功不成功兩說，也許是為安慰不高興的導演，是之老師準備了來自馬克西姆餐廳的晚宴，設在首都劇場四樓，記者來了一大堆，吃完了高級宴會走了，可兩三天不見什麼評論、報道，我見到是之老師苦惱的神情，也許因不見什麼報道宣傳，觀眾上座率不高，馬克西姆白吃了。

莫斯科藝術劇院總導演葉甫列莫夫在給我排練《海鷗》

　　那個時期，也是文學藝術的一段低谷。後來，電視劇《渴望》、室內連續劇什麼的慢慢帶起文藝的熱度。不上座是于是之老師的第一憂慮。第二是劇院的機關化、體制化，行政處室一時間都掛上牌，以前人藝二樓的房間沒有這些牌牌，現在的這些屋好像是有了主兒，閒人免進了。幾年下來，按政府體制、人員編制，各處定編，人數增加不少，文件審批之類讓是之老師精力吃不消。所以他說：「得，一個內行變倆外行了。」意思是，當了官，連演員這行也幹不好了。

　　我為什麼當年就答應了呢？一是劇院來了新的黨委書記，他誠懇地與我談，他的工作也非常投入，事無巨細。他有一回見我鞋帶開了，蹲下身子就給我繫，我很震驚，這在以前的歷屆領導是不可能的。我也被感動了，他懇請我擔當，誠懇地說有什麼事他會幫我分擔，你仍演你的戲、拍你的影視，一年出去一半時間也行，院裏他會撐著，目前班子裏的人都是支持你的。這是我當時的感受。二是我是想在人藝幹一輩子的，為人藝的發展做事。擔任管理工作，支持林兆華在導演上探索創新，讓他在晚年多出些作品也是我的

願望。我和大導因此事也一起談過，也是有些憧憬。但當提出由他任劇院藝術總監時，就遇到了甚至是全院的阻力。一方面大導年逾六十，國有院團藝術家也要隨年齡退休，可以返聘，但不可擔任行政職務；另一方面，上級也不同意，院委會頭天開會說這事，第二天上級就來了電話說不允許。這下我"涼快"了。

我還太嫩，調查研究不夠就公開提旗幟鮮明的主張，誰能馬上表態跟你搞改革呢？你幹砸了還可以繼續演你的戲，行政人員就要倒楣下崗了。這個理兒我一旦意識到，也就對院裏的很多同事有了寬諒。可是我已被架在位置上，一番工作後，我很孤獨，又看了于是之老師的傳記，我眼前都是他因當了院長而苦惱的影子。

"非典"期間，我參加完抗疫主題的《北街南院》的創作策劃會，編劇去寫劇本，黨委書記說你休息一段吧，批准我去美國看望留學的女兒。那次去美國是我去的時間最長的一次，二十多天，我雖歇著沒事幹，心可一直在壓力中。我是在人藝長大的孩子，父親和老一輩人都在看我行不行，那眼睛裏有期望，也有懷疑。把你當孩子、當普通演員時是一種眼神，把你當領導看，那眼神就不一樣了。原來那些特熟、說笑鬧在一塊的同事，當你一推歡聲笑語的門，他們臉收了，話停了，你說刺激不刺激。我不喜歡這樣，這也難怪，大家把你當了領導，說話得小心了，沒有人能一起交談是我的苦衷。我開始擔心人藝將會毀在我這兒，思想鑽了牛角尖，失眠很嚴重。有一次我在紐約的摩天大樓上看地面熙攘街市，我想到那些以自殺求解脫的人，我想到了董行佶叔叔、任寶賢老師，他們自殺的那一刻是無畏地面對生命的結束。當然我沒有這樣做，我只是吃驚我有這樣的想法、這樣的心理的瞬間。這是我的"生活"嗎？將來藝術創作時會有體驗嗎？我不知道。說這些像在寫小說了，但這是我真實的曾經。我那時已決意回國後想辦法辭職。好嘛，在美國二十來天，夠鬧心，淨想這個了。

回來已是疫情尾聲，《北街南院》的劇本已有雛形，建組後全院大幹快上，朱旭老師勇當主角，何冰演小院裏的出租汽車司機，我仍和龔麗君演一對，不過這次是離了婚的夫妻，劇情是因疫情緊急封閉了小院，我正巧來看女兒，卻被封在裏面出不去了，只能在四合院的小門洞下尷尬過夜。而且我的角色還是剛出醫院的"非典"患者。在排練場，我腦子淨想辭職，應付各種會、談話，腦子在排練場集中不起來，看著朱旭老師、何冰、吳剛他們那麼生動、全心投入地塑造角色。

何冰演的出租車司機閒著沒事和岳秀清演的鄰居在小院放風箏，倆人嬉笑當年的同學戀，台詞是何冰自己改寫的，那叫有生活情趣。何冰是個能讀書、有腦子的演員，他曾說："咱戲劇好像是蘋果，蘋果好吃，會得到 VC，但你不能直接請觀眾吃 VC。VC 是觀眾通過吃蘋果（看好戲）得到的，但戲演得不好，觀眾要 VC，就不來劇院，去藥店了。" 他和我都好體育，打籃球、滑雪、打網球，我倆常一起玩。

新來的年輕演員白薈演我女兒，她熱情綻著笑臉，在排練中一見到我撲上一個擁抱，把我震驚不已地感動。班贊幽默地扮演河南口音的保安員。可我的詞老不準，戲演得蒼白，投入不進去，真是與他們相形見絀。排到哭泣自己患肺炎在醫院無助，恨不得在醫院跳樓的那段戲時，我想起了"紐約的摩天大樓"，但總完不成這段"移情別戀"的表演。這個戲很快在八月八日首

《北街南院》劇照

演，我終於在前幾日醞釀寫好辭職書，送到宣傳部，在大門口被門房告知今日週六，政府機關休息。突然他認出我，並說自己也是黑龍江兵團回來的，可以幫忙轉交，我信任地把信留給他，騎車回劇院排戲。下午的排練一下我就有了融入感，面對對手給予的表演交流都有了感覺。和演我女兒的白薈相見擁抱，那一刻我真差點兒冒出眼淚來。

我又複印了很多份辭職信，上班的週一在劇院各處室分發。黨委書記吃驚得很，跟在我背後勸解我，並又到各處室去回收我的辭職信。我知道他也是好意，想化解一切矛盾，但我的決心已下。

《北街南院》首演成功，觀眾能這麼快就在舞台上看到直接反映剛剛過去的疫情生活的戲。戲的結尾，疫情過去，小院獲解封，大家找各種歡呼動作，我和何冰往安裝在門洞的籃筐裏投籃球。閉幕前，我總能在四米開外投進，得意至極，觀眾一片叫好。

回過頭來說辭職的事。上級沒回應，黨委書記仍找我商量事。劇院要把上半年失去的損失補回來，密集地排好下半年的劇目，我參加四部戲：《北街

南院》《趙氏孤兒》《蔡文姬》和《李白》，真是天天晚上演著戲，下午在排另一個戲。這時又有閒雜聲音："小濮當了領導，私心重，演出全安排自己當主角的戲。" 我心裏這火 —— 我都快累死了，還說風涼話？！這是院裏的集體決定，怎麼是我的個人主義呢？書記安慰我，你是藝術家，在家是公子，我們當領導的要受得住委屈。他還用自己的經歷開導我：一次市裏開會，他坐在第二排中間的座位，發現面前小桌的格子裏有不知誰的手機，市委書記正講話時，這手機竟沒關，響了。領導和旁人都看著他，他講，自己沒解釋，把手機關了，散會了也沒解釋。他說市委書記也許至今對他還有負面看法。他以此事勸導我要學會忍辱負重，可我心裏不平，憑什麼要委屈自己呢？這真是差距，我水平不夠呀。

天經地義，戲得保證演出，各種會可以少開，或不開，請假有了理由。院裏一開始還給我新置了一輛一點八升奧迪，我說自己有車，配的車沒用，就每月給我發汽油票，後來我也不要了。院裏還安排了辦公室。我擔心像是之老師一樣，誰都找進來，甚至受到不禮貌的對待，就沒要二樓行政層正面的大屋子，選了類似林兆華那樣的後通道處沒陽光、總得開燈的小陰房，有個地兒歇歇就行了。總之低調為好。開始有人管我叫"濮院"，我不習慣，也不入耳，反應也不熱情。慢慢地我的同事還是以"濮哥"為稱，我馬上會有親切感。出去演出，班贊他們在西安街市地攤上給我刻了一枚"濮哥"倆字的章，我很喜歡，常用至今。這樣，我在劇院為人處世仍以演員自居，慢慢地彷彿"山還是山，水還是水"了，雲在藍天水在瓶，該幹嗎幹嗎，濮能返了，真也歸了。

院裏領導們還是很理解我的，書記擔起了沒有我參與而更繁重的院裏工作，多少年來節假日我沒值過一天班，院領導就幾個人，因人手不夠，處長也頂上假日值班，上級整頓作風反腐倡廉來考核劇院工作，這方面沒人給我提意見。我想，我拼命地在劇院演戲，每年一百來場演出，再加上排練時間，沒閒的時候，這份努力也平衡了我不好好當副院長的群眾意見。轉年，市裏還同意我參加雅典奧運火炬手傳遞，跑了趟希臘；還讓我入了全國政協當了委員；又成了劇協主席和中國文聯副主席；二〇〇七年，逢中國話劇運動一百年慶典，我榮獲三十人名額的"突出貢獻獎"，是百年來還在世的中國話劇藝術家，這三十人名額裏有六位是北京人藝的，有于是之、歐陽山尊、朱琳、胡宗溫、林兆華和我。沒有我父親，我很慚愧。

說這些是表達感恩，這事有點兒大人不計小人過似的。當然，榮譽不是我最看重的，我要當好演員，距離前輩的藝術水準還遠著呢。我還是有些分寸的。一定要擔的事，我也要負責，出國演出，在美國巡演《茶館》，一趟一個多月，我是演出團團長，不擔起責任那得出大事的。

四　《李白》伴我三十年

二〇〇三年，《李白》時隔十年才恢復排演，我曾問過當時的院領導："為什麼這麼長時間不安排《李白》？"當時的副院長正在打牌"敲三家兒"，回答："不上座。"有一段時間劇院裏上班時間興打牌，可見那段時間單位多渙散。我那時正一個接一個地拍影視，不爭辯了。到二〇〇三年"非典"疫情結束，院裏開會決定恢復《李白》，我父親也很高興，導戲的時候興致勃勃，有了很多新想法。他重新錄了幕間朗誦詞，音樂也修改重錄。我的戲經歷十年，穩了很多，我最高興的是父親也不強求我突出憤懣了。角色有了些生活化，也就更生動些了。有趣的是，排練中當我在排到李白經受官場迫害，流放夜郎（現在貴州和雲南交界處）途中時，面對長江大聲地呼喊："我若不死在夜郎，我再也不過問世事了！"連同我父親，排練場一片大笑。

李白這個角色，在編劇郭啟宏老師的塑造中，突出了一條生命主線，也是中國歷代知識分子"窮則獨善其身，達則兼濟天下"這個進退兩難的人生命題。我在黑龍江時何嘗沒有這種困境，我們也是有難同當、經歷過國家歷次的艱難歲月……所以演李白，我體會著角色能報國之大歡喜和身陷官場、仕途險惡之大悲憤。這大歡喜和大悲憤是怎樣地匯於胸襟，當一下聽到被朝廷赦免，狂喜中呼之欲出的激情，從心靈深處如火山噴發般誦詠出《早發白帝城》，第二句"一日還"，三個字要如同那年在福建莆田看颱風中的大海一樣，汪洋恣肆，吼成什麼樣都不過分。

郭啟宏老師寫過一系列的文人作品，一九九五年的《天之驕子》也是他的佳作。關於曹氏兄弟爭位的各類劇目不少，曹植的《七步詩》更令人們同情，而郭啟宏老師創作的《天之驕子》指出了曹植作為政治家的短板，他只能是個悲情人物。我演曹植，我喜歡走到舞台口向觀眾說最後的那句獨白："桃花紅，李花白，誰說花開都一個顏色？"他釋然了。

李白因心繫報國身陷亂黨之爭，被流放途中經長江奉節，聽到一位阿婆和小孫女在唸讀自己的詩，談論自己。這個情節編得很有戲劇性，李白看到最普通的百姓也在唸他的詩歌時，突然覺悟自己生命最真的原本，讓他感動不已。我以前體會不深，其實這是他在仕途、在官場聽不到的最真摯的誇讚和批評。阿婆沒有認出面前這人就是李白，對李白自己批評自己也曾諂媚權勢發了火，不許有人誣陷太白先生，這是多麼珍貴的情感，只有在民間、庶民百姓那裏才能遇到的溫暖，李白會怎樣呢？他會像迷失的孩子突然見到娘而號啕大哭，能到這份兒上，不會太誇張的。我下次再演得把這個體會演出來。他熱愛山川河流而性情自由，才能寫出"飛流直下三千尺，疑是銀河落九天"的浪漫詩句。我也愛田野、草原，當年知青的牧馬生活，早上出車割草，露水打濕衣裳，中午陽光曬乾，割完一車青草對著馬兒吹口琴，馬耳朵

隨著我的音調轉動著表達感情，夕陽正斜，套上馬拉一車飼草歸來，置身大自然，我與李白有同趣。只有這種自然之道的品格，才能有李白的赤子之心，赤誠地對待一切，包括有矛盾、傷害他的人，過後一笑泯怨仇，能 "輕舟已過萬重山"，這 "輕舟已過" 和佛家偈言的 "心無所住" 近似。文明、修養的要點是：達觀且能自知、自悟進而自律。廣州那邊的記者用香港的俗稱給我扣了個 "少婦殺手" 的帽子，二○○一年春晚有個小品裏說我是 "少婦的偶像"，我只能付之一笑，拿我娛樂一下，玩笑而已，平常心平常事吧。演員自然要站到台子上讓大家看，不被反感就已經很不易了，還能讚賞為我鼓掌，這真得感激不盡。而且我是話劇舞台演員，多少觀眾是多少年來場場買票看戲，這其實是在為我的演藝事業贊助，為我交了學費。所以我得知道天高地厚，踏實在人藝盡力做好演員，向觀眾匯報每場作業。我想到《李白》第五幕在長江邊，詩人只有在這裏才能聽到那個阿婆和小孫女這些普通百姓

的真情實感。再演《李白》這一幕，我會從這兒理解李白的情感爆發，這裏的表演三十多年來一直在尋找角色創作的空間。不過，年紀大了，誰知這個戲還能不能有體能再演了！

有人以為《李白》是為我量身定製的劇目，當然不是。在《李白》首演的一九九一年，我三十八歲。是之老師和我父親當然都喜歡李白這個角色，可是他們年紀都大了，年輕的巍子辭職了，是之老師對我父親說："你我都演不了，就讓你兒子演吧。"我這才撈著了"詩仙"的角色。《李白》於我而言的一個特別的意義是，這是我和我父親的第一次合作，他是導演。

話劇《李白》從一九九一年十二月十日首演至今三十餘年，滋養並提升了我的生命。我父親非常喜歡唐詩宋詞，他的古典文學功底很扎實，郭先生劇本中文白糅合的語言很得他的喜愛。他曾寫過一首《念奴嬌》贈給郭啟宏老師，其中有一句"觀眾癡迷非品醪，今古心弦同調"。我還應不斷揣摩李

白的人生，不斷地感悟和融入李白的角色，努力塑造這位以赤子情懷閱世走人間的偉大詩人。說真心話，不是我在塑造李白，是李白，還有我演過的許多角色在塑造我。我太多的學養來自於我的角色和他們那些精彩的台詞。

五　登上“白鹿原”

二〇〇三年我剛剛擔任副院長的時候考慮創作什麼作品，當然是想讓林兆華多在人藝排戲。我和他商量，他說：“咱們得弄一部大作品，排《白鹿原》。”真是不謀而合，我想的也是這個。我還記得那晚聊得有多興奮，茶喝多了，回家一夜沒睡著，失眠了。我們馬上聯繫陳忠實老師，這回是一拍即合，陳忠實老師爽快地答應了。話劇《白鹿原》就此提上了日程。很快我們就和陳忠實老師簽了三年的合同，三年內出話劇作品。

林導委託原總政治部話劇團團長孟冰改寫劇本。孟冰跟林兆華二十年前在人藝的《紅白喜事》裏結下交情，那部戲的導演是林兆華，孟冰是編劇之一。那部戲裏也說方言，說的是河北定縣話。那時候我還沒到人藝，林兆華當時被一些人批評導演了《絕對信號》《車站》《野人》這些創新的話劇，違背了北京人藝前輩開創的現實主義創作道路。林兆華為了表明他不只是會排實驗劇，也會排寫實劇，就排了實得不能再實的《紅白喜事》，就那麼一個寫實的河北農村院落場景：水泵能壓出水，上房曬老玉米，房頂也能坐人。《紅白喜事》是少有的全劇組深入農村去體驗生活的戲，至少有十天半個月。朱旭老師、林連昆老師那時候還年輕，五十上下，也全程一起去體驗生活。他們演得真好。朱旭老師演村裏的小學教員，林連昆老師演家中老大。男主角叫熱鬧，是梁冠華演的，那時候他剛畢業，長得胖乎乎的，喜興，也演得很好。

長篇小說《白鹿原》有六七十萬字，太豐滿了，把它改編成三個小時以內的話劇，當然很難，而且我們要用全章本，劇本改編用了兩年，再不定稿合同要到期了，別的劇團也在搶這個題材呢。林兆華和孟冰最終使劇本有了些眉目，於是五月我們就開始建組，去了西安體驗生活，去了五天。

哇，“原上”原來如此。“原”就是西安市向東不到十幾里地，突然間斷崖式出現的一片高地，下面是西安市，上面是原上，地殼運動真是神奇。原

上是一片片的村莊，這是黃土高原文化最核心的地方。

我在原上的幾個村子體驗生活，留意尋找白嘉軒的模特。為了演白嘉軒，我得在心裏模擬一個樣子。這個樣子究竟是什麼樣的呢？我想到羅中立畫的《父親》，那端碗的粗糙的手，但那個形象是平面的、固定的，我找不到白嘉軒說話走路、待人接物的動態。見了村民、村長、鄉長、書記，都找不到影子，最後在陳忠實老師請人藝全體人員吃烤全羊，對面坐著喝酒吃肉時我猛然發現，白嘉軒的形象就可以是陳忠實老師呀。

體驗生活這件事情不太好說。音樂家、舞蹈家去採風，也許直奔主題能找著感覺。但是表演藝術創造角色不一樣。我這兩年看是之老師的創作筆記，他曾經寫過，他演《龍須溝》的程瘋子，去體驗生活中找窮苦人的樣子。他要演一個工廠的廠長，可是採訪工廠的廠長後也沒“找”到戲裏的廠長體驗對象，費半天勁也沒有一點兒收穫。

我們決定用陝西方言排《白鹿原》，所有演員都要說陝西話，我的陝西話主要是跟郭達學的。

大夥為了貼近生活，努力學方言，就是在萃華樓請陳忠實老師吃飯，還向他求教怎麼發音準，一片笑聲，引得別桌的人直瞧我們這一桌。宋丹丹當然有語言天賦，說我太差，又問我：“你有車嗎？一會兒坐你的車回劇院吧。”我答應了她。等吃完飯走出門，她發現我的是自行車，誇張地說：“這也是車！太逗了。我二十多年沒騎過自行車了，更甭說被人帶著了。好吧，坐‘二等’。”最後這“二等”是北京話，也許老式年間等到汽車是“一等”，沒等著汽車，讓叫跑活兒的自行車代步叫“二等”。我騙腿兒上了車，她抱我腰上了後座。路上有行人驚呼“宋丹丹”，她還招手咯咯樂。說方言確實讓這齣農村戲有了品質上的提升，接近了生活真實。但演員一時半會兒音調還容易拌蒜。《紅白喜事》就鬧過笑話。有一回正式演出的時候，戲裏的大嬸應該說：“熱鬧，多麼好的孩子呀。”結果說成了：“熱鬧，多麼‘孩’的‘好’子呀。”聲調把語言給帶偏了，“孩子”變成了“耗子”。這一說，同台演員就愣了，滿場的人就憋，連老演員都笑場了，演大嬸的演員知道說錯了，重說了一遍還是錯，結果觀眾聽出來了也笑了。

《白鹿原》戲裏面的魂兒、面貌上的神兒絕對是來自華陰的老腔民間藝術

家。當年在西安原上體驗生活時，五月天熱，這天吃完午飯大夥兒正犯睏，陳忠實老師請全體人員聽高原風情的民間藝術演唱，秦腔、"迷糊調兒"、碗碗腔先唱，最後是從華陰請來的老腔。小舞台上一聲吼，敲板凳的叭叭響，我們這些打盹的一下子全醒了。民間藝人們扯著嗓子喊出的唱腔讓林兆華一下子笑了，他回過頭，手掌拱著嘴向我也吼了一句："有了！"他腦子裏一下子形成了用老腔、秦腔串聯起十多個戲劇片段的舞台結構，將戲劇人物抑鬱在胸的情緒面向天地吼出來。後來所有觀眾一提北京人藝的話劇《白鹿原》，馬上會記起老腔的演唱。後來我們在話劇演出的休息日，還在中山公園音樂廳舉辦了"老腔專場音樂會"，觀眾中，在京的"陝西鄉黨"來了很多，就想聽鄉音。我為音樂會當主持人。老腔民間藝術當時已快失傳，年輕一代沒有人願意學，我們的《白鹿原》讓老腔一下紅火了，央視《藝術人生》也辦了專場節目。我因此與這些民間老藝人交情很深。他們的樸實、善良、對手藝的忠誠，還有說話的硬朗、實在，擲地有聲的方言，眼睛裏與人交談的認真勁，都是我飾演白嘉軒獲取角色感覺的源泉，使這個角色與我扮演的其他角

色大不相同，突出了性格化的塑造，我真感謝他們。

二〇二一年我們安排了《白鹿原》的演出，領唱張喜民領著他們一干人來京，在酒店隔離了十五天，每頓飯分派兩三個人來人藝食堂打盒飯在酒店吃，他們還有內部紀律，不喝酒，不准個人向人藝提要求。他們後來又參加排練了十幾天，結果疫情又嚴重了，只能退票，不帶觀眾，內部拍攝演了一場便回了陝西。我沒聽到他們一句怨言。他們沒有表現出不高興的情緒，我想到"風來穿衣，雨來打傘"的佳句。我特地趕來劇院為他們送別，分別時只有不捨。希望在他們還不老，在我也還有體能的年月，再請他們來京吼起老腔，再演《白鹿原》。

我去林兆華導演家看他，他八十多歲了，耳朵聽不清話了，也不能再創作了。最後這次《白鹿原》排練和錄像是導演李六乙主持的。我感歎，林兆華的戲劇時代過去了！歲月苦短。"青山依舊在，幾度夕陽紅。"他的戲，我還想演，觀眾一定還想看的。

陳忠實老師的《白鹿原》深受《靜靜的頓河》的影響，這兩部作品都既有文學巨作的體量，又有文學語言、故事的精緻。俄羅斯的八小時話劇《靜靜的頓河》我看了。演員沒有問題，導演也沒有問題，但是他們淡化了時代背景，總體給人的感覺就變成了偷雞摸狗的男女之事。相比之下，我們的《白鹿原》真的不差，而且我們的文學劇本是全章本的。文藝離不開男女情愛，離不開人的本性張揚，但是要有社會屬性，我們中國的戲劇不僅要追求很個人、很私人的趣味性，更要著意於深刻的、社會人間的思想內涵。

就像詩人食指在《相信未來》裏說的，用"看透歲月篇章的瞳孔"，"撥開歷史風塵的睫毛"。陳忠實老師不受干擾地憑直覺對待土地文化在時代中的變遷，對待他生於斯長於斯的黃土高原上的中國近現代史。他寫到了農民革命的局限性，寫到了戀愛自由、進步、參加革命這些新的文明，寫到了選擇不同道路、不同生活方式的孩子們，寫出了一條既一瀉千里又魚龍混雜的黃河，寫出了愚昧與文明交融的混沌的世態炎涼。

還想演《白鹿原》，還願演"白嘉軒"……

※　　　※　　　※

你們發現了嗎？曹禺先生的四部話劇都有關於"出走"的主題。巴金先生的《家》也是。這是人類文明都向往光明的主題。在這一年我當了副院長，雖呈上辭職申請，可上級不批准，也沒批評，我也不爭了。愛人藝、愛戲劇是心裏話，那我努力演戲吧，謙謙做君子還是要的。

《林則徐》裏有句台詞："行年五十而知四十九年非。"我告誡自己，不給人藝添亂，要團結，不搞小圈子宗派，要盡我所能，要一切為劇院。當好演員始終是我最重要的事。

當演員的益處是每每創作，特別是演經典、飾先賢，自身能得以進步、成長。過了知天命之年，我算有了一點兒名氣，但是在電影創作方面，我還沒有創造出令自己滿意的角色。話劇《建築大師》我演的索爾尼斯有一段台詞："希爾達，你知道嗎？有一些人，只是很少的一些人，他們命中註定有資質有能力去渴求一些不可能的事情的發生，他們的渴求是那麼的強烈，他們的意志是那麼的堅定，以至於這種渴求必然要成為現實，你不覺得有這種人嗎？"我覺得我是多麼幸運，說曹操曹操就到的事真的在我這兒發生了，而且是好事成雙。冥冥中像是有什麼力量在助我。

第十章

兩個夢中角色

看過的電影《一輪明月》第一句話對白
說荏苒，生命在一呼一吸之間。時光十年一
輪，我為人生總結了六個字"玩、學、做、悟、
了。"意思是玩小多玩，可以聰明，一輩也會玩。又
要，對事物保有好奇，人走上之水，鶴發童顏。
古做，可指，破万卷，行千里，從小日基礎知識
多懂得生活常識，力學出來的經學移進入社会
彼此，尋覓真知，獲得盡多的信息。有了見
件好嘗試成败。现在也子子比较铁头找的也
的艱苦，拼搏的爱付费和那種支持的雕尊，也些试
是一个人长大成熟的条件。第四個悟学是我们
都有失败，自已會求其比較判断和選擇
個也一定產生智慧，往天下明事理
課子义行任勋去实现成功。但是，比时行
也不十年起步奋斗的第一阶段也许功求名。

（一）

一　終獲機緣得“明月”

二〇〇八年抗震救災的話劇《生·活》中，有一句台詞是我在排練中自己加上去的：“不管天地有多大，時間有多久，這兩個人走到了一塊恰恰是因緣前定，這是緣分啊！”這“緣分”二字，在英文中好像沒有一個確切的詞來直譯，問了很多朋友，沒有定解，而我們常把緣分當成心想事成的歡喜。

弘一法師原名李叔同，浙江平湖人，近代史上著名的藝術家、教育家、思想家、革新家，中國新文化運動的早期啟蒙者，一生在音樂、戲劇、美術、詩詞、書法等諸多文化領域中都有極高的建樹。他是我們五千年中華民族文化傳承中的一位先賢，近代佛學的一代宗師。他的一生充滿傳奇，他的身後盡顯美名。然而就在他極負盛名時，他卻令世人不解地毅然遁入空門，終日念佛，持戒研律，不久便成為佛界宗師，被僧俗兩界推崇讚揚，以至進入二十一世紀，他圓寂六十二年（他享年恰巧是六十二歲）後的二〇〇四年，知識文化界人士仍然常常談起他，繼續探求他為什麼出家的話題。而這一年，描寫他傳奇一生的傳記電影《一輪明月》邀我扮演弘一大師，那年我五十一歲。

這個人物對我的吸引力非常大。一九九〇年跟謝晉導演拍《清涼寺鐘聲》時，我讀過《弘一大師傳》，作者是台灣作家陳慧劍。看完之後我特別激動，一是我正在演和尚，需要體驗生活；二是這本書寫的弘一法師的人生是如此的真切：從世俗到出家，越往後，特別是出家以後，傳奇性、可讀性就越強。

我還讀過好友孫小寧老師對台灣文化人林谷芳先生的訪談錄，其中有關於李叔同為何出家的文章。認真讀完後，我很想有機會結識林先生。後來我去台灣演《茶館》，有緣得見林先生。他也曾來北京，我去見他時特意穿了他永遠穿著的白色中式布衣，我們一起聊了弘一法師，聊得天南地北。他的一句話我記得很深：弘一對當下以至後世的影響，不僅是他的藝術，而是他獨有的生命樣式。我和先生很投緣。

讀《弘一大師傳》時，我曾暗許心願，盼望將來有機會能飾演這位了不起的人物。有一次在火車臥鋪車廂，我偶遇上海佛協的一位先生，聊天中說到我想演弘一法師。他鼓勵我發的這個宏願。後來我專門去到杭州虎跑寺，面對弘一法師的舍利塔合十祈願。從那以後，我學了一些佛學知識，也是因為弘一大師的感召，我很自然地把他當作自己崇拜的人，"雖不能至，心向往之"。

豐子愷先生在廈門養正院為弘一大師做的演講中說："我以為人的生活，可以分為三層：一是物質生活，二是精神生活，三是靈魂生活。物質生活就是衣食住行。精神生活就是學術文藝。靈魂生活則是宗教。'人生'就是這樣的一個三層樓。懶得（或無力）走樓梯的，就住在第一層，即把物質生活弄得很好，錦衣玉食，榮華富貴，孝子慈孫，也便可滿足了。抱這樣的人生觀的人，在世間佔大多數。其次，高興（或有力）走樓梯的，就爬上二層樓去玩玩，或者久居在裏頭。這就是專心學術文藝的人。他們把全力貢獻於學問的研究，把全心寄託於文藝的創作和欣賞。這樣的人，在世間也很多，即所謂'知識分子''學者''藝術家'。還有一種人，'人生慾'很強，腳力很大，對第二層還不滿足，就再走樓梯，爬上三層樓去。這就是宗教徒了。他們做人很認真，滿足了'物質慾'還不夠，滿足了'精神慾'還不夠，必須探求人生的究竟……他們不肯做本能的奴隸，必須追究靈魂的來源，宇宙的根本，這才能滿足他們的'人生慾'。這就是宗教徒。"

我演李白，每每謝幕的時候真的會有極大的滿足感。生命如果在此一了，也便罷了。那種盡情，那種淋漓，那種快意。好詩好戲啊！大幕一閉，燈光一熄，又感覺多麼像賣火柴的小女孩……藝術審美往往是短暫的，藝術的精神生活也是短暫的。我沒有豐子愷先生說的那種腳力，沒有弘一大師那種生命能量，我上不到第三層，我在二層和三層之間的樓梯上向上張望。所以說，雖然我文化水平不高，但我想把自己放在這堆兒人中，見賢思齊往這堆兒人前湊，豎著耳朵去聽、瞪著眼睛注視他們。

一九九五年年初的時候，已故電視劇導演潘霞籌拍電視劇《弘一大師》，潘霞當時已經是知名導演，獲得過飛天獎優秀導演獎、金鷹獎。劇組盛情邀請，我欣然應下。但是後來一看劇本、一琢磨角色，我深知自己沒有底氣，詩琴書畫、金石篆刻、心境修養等方面都沒有準備好。當聽製片人說項目籌措的資金很少，我擔心這部囊括這麼多歷史人物的電視劇拍不好。我真的不

長亭外，古道邊，芳草碧連天。晚風拂柳笛聲殘，夕陽山外山。
天之涯，地之角，知交半零落。一壺濁酒盡餘歡，今宵別夢寒。

是擔心自己的片酬，我入行多年，知道一部影視沒有充足的資金，品質上就
會捉襟見肘，拍不出像樣的作品，會對不起觀眾的期待。加上我同時收到了
廣東方面寄來的《英雄無悔》的劇本，並且一下就被打動了。我當時還沒有
和《弘一大師》劇組簽約，所以就辭了。潘霞導演為了這個事很不高興，對
我很失望。她克服了很多困難，最後還是堅持拍了這部電視劇，由佟瑞欣演
弘一法師。潘霞導演在接受採訪時說，有個明星毀約使很多投資方撤資，為
這部電視劇的拍攝造成了困難。我聽說後很內疚，因為我讓已故去的女導演

曾經這樣艱難地面對困境。

眼高手低的心態有時真的是進步的動力。十年後，在我幾年沒有機會拍電影之後，夢寐以求的機遇來了，拍弘一大師的電影的機會不可想象地來了。

那時家裏都有電話了。有一天，陳家林導演打來電話，問我能不能拍《一輪明月》，飾演弘一大師。

我還記得我當年還在空政的時候，正值創作壯年的他籌拍電影《譚嗣同》時曾找過我。我們在國誼賓館長談至深夜，他給我講"有心殺賊，無力回天"的譚嗣同，行刑前頭枕木樁，見一小甲蟲在眼前，他淡笑，一口氣吹飛牠，閉目赴死。鏡頭他都設計好了，講到此處，我眼中有淚，他便認我為可教之才。但最終，他選了達式常老師演。但他說過，有機會想把我培養成日本明星三浦友和一樣的中國新星，年輕的我曾盼了很多年，未果。

現在電話裏，他覺得我必須在電影界出色了，於是他又想到我，那一刻我的心映現出一輪圓月。前面說過，二〇〇三年是我人生最困頓迷茫的時期，正好需要調整歇息。這個電話如打開幸運之門，一直埋在心裏默默期待的機會來了。也許正是一九九五年那不了的因緣，決定著這個大機會不早不晚在我整五十一歲的時候來了。機不可失，我如此欣喜，二話不說立即答應了下來。要知道，彼時我剛剛被任命為北京人藝副院長。但是，我的好運似乎像當年上級領導體諒于是之老師，讓他離開領導崗位去演謝晉導演電影裏的曹操那樣，這次我居然也被批准了。可能這和我二〇〇三年下半年為了挽回"非典"疫情造成的損失，參加了四個戲的一百來場演出有關，領導們大概關心地想："小濮是業務幹部，也得讓他在影視上有創作機會。"

我斗膽扮演弘一大師，是出於我對這位近代中國歷史上著名先賢的尊敬，出於一個藝術工作者想探究一代大師人生內涵的創作衝動。我認識的一位法師說在他心目中，遠崇玄奘，近推弘一。自忖到知天命年紀，狀態尚好，這個角色又需要從青年到老年的形象跨度，我還能勝任，過了這村就沒這店了，不能再放棄。

二 "二一之徒"

一開春，我進了《一輪明月》攝製組，片名取自趙樸初先生讚弘一大師的詩：

> 深悲早現茶花女，
> 勝願終成苦行僧。
> 無數奇珍供世眼，
> 一輪明月耀天心。

製片人是兩位虔誠的女性居士，籌了四百萬元，再加上電影頻道入了一些股。陳家林導演下令："先拍起來，不然小濮沒時間了，他現在是領導了。"

我深深地敬仰弘一大師，完完全全是在崇拜的心境中附體於他的形象。我不能浪費這次機會，也要不負年華，演這位可以說億萬人敬仰的先賢，我此生只有這一次。

我怎麼才能有資格"成為"弘一法師呢？除了閱讀關於弘一法師的資料——看他的照片、他的傳記和他所有的文獻，還要先有形，做到形似。可是我的相貌、我的身形不夠像，苦行僧不可能是豐滿的，我能不能在很短的時間裏瘦下去？從我定下來出演到電影開拍之間，大概不到一個月時間，我必須趕緊消瘦下來。但我沒有吃任何減肥藥，確實是從心出發，我也吃飯，但在"戲比天大"的意願之下真的可以少吃，每餐盒飯減半，還挺有效果。真的，人有了志向之後，做起事來是不一樣的。我每天告誡自己吃多了就是罪過。但還是有躲不過的、不得不去吃的酒宴，回到宿舍，我便學日本電影《追捕》中高倉健飾演的杜丘，被逼吃完迷魂藥，一壓舌根吐出來。雖然催吐不好受，但在決心面前，人會有超越自我的本能。拍完《一輪明月》後第二年拍《魯迅》時，我也常壓舌根強迫吐食物。結果二〇〇五年體檢，我被查出胰腺出了囊腫，現在我的胰腺還不太好。醫生說反常的生活行為對腸胃會有傷害。但我不後悔，能有幸在電影中飾演這兩位傳奇人物是值得的。托爾斯泰在生命的最後一封信裏說，做自己要做的事，接受一切後果。就是這樣。

臨開拍的時候我就瘦下來了，越演到後面越瘦。劇組裏面的工作人員向我投來讚許的目光。我想，所有人都辛苦地、不圖回報地來拍這部低成本的電影，演弘一的演員若是不爭氣可真的是罪過。記得拍完《一輪明月》回北京的第二天，我就回了劇院排《茶館》。在排練場，大夥一見面，都說："呦，這是濮哥嗎？怎麼瘦成這樣了？""是不是病了？"一句一句的京腔，我有些接不上茬兒，好像還沒從電影中出來呢。

　　外表像是形似，更重要的是神似。在神似這一點上，我以為弘一法師的靜很關鍵。我認為我能夠心靜到什麼程度，決定著我接近這個人物到什麼程度。弘一法師不好言說，不像平時的我，好家伙，甩起腮幫子來口若懸河，這將來演玄奘行。我瞎想，玄奘大師的個性特點可能是口若懸河，他的學識和思維空間非常開闊，把誰都能說動了，能說動妖魔鬼怪，能說動土匪惡霸，所以他總能夠化險為夷，一直走到印度去。將來我如果要演玄奘，還得再練練嘴皮子功夫。弘一大師不會是這樣，所以在攝製組，特別是創作初期階段，我用少言寡語體會角色。

　　拍攝計劃先拍角色在出家前有頭髮的，再剃頭拍出家後的，最後拍二十來歲年輕時代，我歲過五十，一個多月拍下來，天天捏皺紋化老年的妝，臉上已不像青年時代的李叔同了。我去美了一下容，注射了點兒什麼，抬頭紋平了，可是因腦門皮下有填充物，抬眉毛給頂住了，乾瞪眼兒，眉毛挑不動了，幾個月後才恢復，但你別說，確實顯年輕了。

　　有一場戲是李叔同與馬一浮在西湖畔對話，鏡頭要先從一段《高山流水》開始拍，我臨時抱佛腳學古琴。在上海車墩影視基地拍戲時，我上海的知青朋友認識古琴大家龔一老師，我被引領登門求教，學了基本指法，同時用小攝像機錄了龔一老師的指法，回攝製組後我就在招待所裏用道具琴練，弦是細繩，不出聲，放著錄像，聽著音樂，模仿指法。笨人笨方法，指法練習得還挺準。拍攝那一日晨風習習，我在攝影機面前，琴聲播放出錄音，我的指法八九不離十地撥弄下來了，最後影片呈現還挺真實。其實到現在我也不會彈奏古琴，雖然家裏一直放著一把古琴。我老說要學起來，可我沒有精力去背工尺譜。我若是要還想演嵇康，那必得學古琴，才好一展《廣陵散》之壯烈，這個夢怕只是夢了。

　　我開始練毛筆字，臨弘一法師的字。弘一法師給人寫了很多楹聯，他用書法來交友，其他的藝術都放棄了。他的字是從魏碑慢慢演進形成綿軟而內有筋骨的弘體字，這太有意思了。電影裏面展示的那些字都是我寫的。我父親年輕時曾在國立北平藝專學過水墨山水。後來水墨山水不怎麼畫了，但常練書法，一手隸書被人稱道。我受他影響，從小就在乎字要寫好看些。下鄉當知青時期，我閒時用米字格寫寫毛筆字，不得要領，便用硬筆臨行楷字帖，有一點兒效果，字算還有些間架基礎。能在拍攝時寫好他的字，也是很重要的創作準備。所以那段時間我每天練書法，臨弘一大師的字。練著練著，心慢慢地靜下來了。拍攝現場，每臨到吃飯時，我只吃蘇打餅乾和一瓶酸奶，便常留在現場看機器設備，一個人靜靜地尋覓無念空心的角色感覺。有句禪語叫“心無所住”，意思是聽而不聞、視而不見，萬物皆如過眼煙雲，不糾結一處，恍惚間不知今夕何夕。我似乎懂了《歸去來兮辭》的那句話：“雲無心以出岫，鳥倦飛而知還。”

　　有一天我們在泉州拍攝，我姐姐帶著我父母在廈門旅遊，他們就順路到

泉州來探班。他們在監視器裏看我和太虛法師對話的一場戲。我父母感歎我的化妝造型很像人物。扮老年妝要用一種大概叫共聚物的液體，塗在用手繃著的臉的局部，用粉底敷上，反覆用吹風機風乾後臉上就有皺紋了。我要靠這種化妝方法保持一天的拍攝，所以不能出汗。記得那次見面時，我們都沒握一握手，我想他們是怕我從角色感覺中跳出來，又變成他們的兒子。

拍這麼一部非商業化電影，沒有困難是不可能的。也許因為拍的是弘一大師這樣的大德高僧，也許我們的誠意感動了上蒼，《一輪明月》的拍攝順利極了 —— 遇到資金短缺，總有八方支援；遇到艱難險阻，總能化險為夷。真的是因為這部電影是塑造弘一大師的緣分。

《一輪明月》的拍攝從一開始就得到了大師的支持和幫助。開機是在上海，那天龍華寺住持照誠法師為了支持影片的拍攝，為了鼓勵我塑造弘一大師成功，他將珍藏的弘一大師手書"悲欣交集"第一版原尺寸的拓帖贈給了我，我當時激動不已。我將拓帖放在招待所房間的桌上，時時體會，感悟這字帖透給我的信息。

中國近代文化史上這樣一位大師級的人物，最後以僧人的身份圓寂，在圓寂前伏案寫下了"悲欣交集"四個字，便斷水斷藥，主動了結生命，他的生命自覺讓人驚歎。很多人都在問：他為什麼一定要從世俗走入空門？作為一個演員，我要演他，我也要想清楚：為什麼？好奇心一直在支持著我拍這個電影。細看照誠法師送我的"悲欣交集"拓帖，我很驚詫，原因有三。第一，沒有想到這四個字寫得這麼小。我想象大師圓寂之前撐病伏案的狀態，他一定不是揮毫，而是無言默默拿起小楷筆，力透紙背緩緩地寫下這四個字，然後側臥床板躺下……第二，他用來書寫的這張宣紙，竟是一張紙的邊幅，不是一張空紙，多麼隨心隨意，自在平常。第三，弘一法師用的筆是禿的舊筆，因為起筆收筆不見毫鋒，信手寫下這四個字以告別人生，他內心一生的萬千感慨，最後都定格在這一筆一畫之中。大師的精神內核還是一個藝術家，僅以"悲"和"欣"的"交集"向人間合十。電影後期製作要給弘一大師配畫外音，我就一直在想：該怎麼表現這個人物往生後還對世人說自己的經歷？後來我在聽星雲大師的《除夕祈願文》錄音時，才找到弘一法師獨白的感覺，是一個人自省似的慢慢地對著虛空說出來的心裏話。這些畫外獨白也許就是弘一大師圓寂前寫"悲欣交集"四個字時的心境吧。

記得五月三日在泉州開元寺拍大法會的那場戲，年事已高的弘一法師置危難於不顧，面對日本侵略軍已逼近廈門而向在場信眾弘法時說出他的名言："念佛不忘救國，救國必須念佛。"那個群眾場面需要上千人參與，正值節日長假，政府主管部門以及社會各界大力支持，對影片拍攝特別批准，出動警力支援，幾十輛大巴車載著那麼多僧侶和居士從附近的莆田、晉江等地趕來，聚集到開元寺。那天烈日當頭，萬里無雲，組織場面時，副導演和製片組用喇叭請眾人不要到樹蔭和牆根下躲烈日。那麼大的場面秩序井然，等待拍攝的時候也沒有人打遮陽傘。待調整好陣型、最後組織好，已是上午十點多。我在廟堂裏最後定好妝，扮著弘一大師的相，被一把大遮陽傘護著，出現在大殿眾人面前，那麼多人的場面頓時安靜了。路奇導演向大家介紹我，並解釋說我化的老年妝不能出汗，否則臉上捏的皺紋就會被汗水溶濕而開裂，所以開機前得有人幫我撐傘遮陽。全場響起了掌聲，表示理解，越來越響。我當時被感動得熱淚盈眶。從他們的掌聲中，我感到了人們對弘一

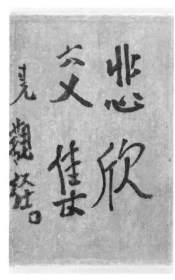

弘一法師書法"悲欣交集"第一版的一比一拓帖。這是在一九五四年或一九五五年做的,拿小楷筆寫的,一共做了六份。在《一輪明月》的開機儀式上,龍華寺的住持照誠法師把它送給了我,說:"這個持護你拍好這個電影。"

大師、對藝術、對共同的歷史之壯美的虔誠。弘一大師在泉州多年並圓寂於此地，當地人對家鄉的文化、對弘一法師是有感情的。他們非常珍惜泉州與弘一大師的淵源，所以他們趕到這裏，幫著再現那一場歷史上動人的弘法場面。他們並不想在電影裏突出自己，只是想為這千人場面填一個空兒，在群體的吟誦中增添一點兒聲音。真善美是有這樣的號召力的，可以讓每個人微弱的吟誦匯成宏大的交響樂。

當我扮演弘一大師雙手合十地在高聲唸誦經文的隊列中穿行時，沐浴這麼多人一雙雙敬仰弘一大師的眼神，我的心被一種超越一切的偉大托舉起來，我真感到角色與自己合體了。是群眾的眼神和心態給予我這種信念，我要拍好這個角色。那天拍攝很順利，又是"㷛一條"。

記得在杭州靈隱寺大雄寶殿釋迦牟尼足下拍李叔同轉為弘一的剃度時，我剛剛被剃去了頭髮，一仰面，與垂目向我的佛眼對視，心頭一熱。我剎那間心生一念：要不要隨角色一去，也索性當個和尚？頓時淚流滿面。拍攝中這個念頭在我心中纏繞。慢慢我靜下來，自省我真實的生命狀態，我還是斷不了從前的生活的，我沒有力量真心邁出這一步，我放不下家庭，放不下當好演員這一職業。

　　半夜開拍，還沒拍完，已過上午八點，大殿外上香的群眾早已等得焦急了，他們的說話聲、敲門聲讓同期錄音的拍攝進行不下去了。製片人和廟裏協助拍攝的戒清法師出去勸阻，無果。我乾脆出門，對眾人說：「馬上拍完最後一個鏡頭，請大家多多支持和諒解。」眾人看到扮成弘一大師的我，便不吵了。弘一大師在天之靈給我們的拍攝解了燃眉之急，很快就拍攝完了。

　　結束泉州和廈門的拍攝，我們還輾轉溫州的雁蕩山，要拍弘一大師行走無疆、跋山涉水的修行路。去雁蕩山踩點打前站的人說沒法拍，到處是遊客，拍攝難度太大。但電影人從來都有明知山有虎、偏向虎山行的勁兒。我

們減少了拍攝人員的數量，準備找人少的地方抓拍。山路崎嶇，水溪潺潺。先把弘一大師入深山、過溪水的鏡頭都拍了。還缺開闊的畫面，我們的車出了景區，向非遊覽區開，到了一處檢查站，說明我們想開上山去拍電影。一會兒前去交涉的製片上車請我，我下車見了檢查的人，合十感謝支援。檢查站的兩位一看是我，而且扮著弘一法師的相，居然就放行了，還囑咐說山頂有雷達站，是軍事禁區，嚴禁外人上到山頂。於是我們又減少了人員，只開一輛車，費了九牛二虎之力沿山路向上盤旋，突然發現路邊有一個坡，可以跨下去走在山脊上，是俯拍弘一大師在崇山峻嶺上行走鏡頭的絕佳角度，真是有航拍感。興奮的我們下了車，馬上投入拍攝。誰知小製片哭了起來，原來為了減少人數，道具人員沒上車，弘一法師標誌性的用草蓆捲裏的行囊沒帶，不"接戲"了，這怎麼拍？大家正不知如何是好，有人想去雷達站問問警衛能不能借或買一張草蓆。這時突然有人一眼看到軍營牆外的垃圾堆裏露出一角葦蓆子。我們如獲至寶，趕緊拽出一看，顏色、破舊感和道具捲行李的蓆子差不多，只是潮得有一片發了黴。我們拿到太陽底下曬曬，小心翼翼地清理乾淨黴跡，再把司機師傅的大衣捲進去，行囊的難題解決了。於是我跨過路障，正對夕陽，我的身影融入日暮餘色一片的山巒。這沒踏鐵鞋卻得來圓滿之喜悅，充滿全組人的心。這也可能是命定的緣分。

製片破涕為笑，我和全組人正在歡呼，雷達站的領導開車下來了，嚴厲詢問我們是哪路神仙，敢上山到軍事禁區來騷擾。一經解釋，又把弘一大師的形象搬出來，那個應該是中尉級別的領導不再警惕了，還與我合了影，讓我們上到山頂門崗前掉頭下山，盤山路窄，車掉頭危險。

拍攝過程中在福建泉州開了一個新聞發佈會，我在會上即興發言，大概是這樣說的。如果西天界外，弘一大師有靈知曉今天有人在拍關於他的電影，在以他的名義扮演他的角色，會怎樣看待呢？我想他會淡然一笑而已，因為他曾有一句偈言："一事無成人漸老，一錢不值何消說。"這分別是宋朝蘇軾與明末清初的吳梅村的兩句詩文。弘一法師取這兩句的頭一個字，給自己起了別號"二一老人"，常印於書法落款處以明志。這就是弘一。我們今天仍懷著崇敬的心情拍攝關於他的電影，塑造他的藝術形象。拍完了他的電影，我也不能說我完全懂得了他。大師的一生，從俗家到僧界，有太多的傳

奇，又有太多讓人悉心揣摩思量而不得其解的地方。但對現代人來說，更多的是一種感動，一種生命的參照：我們的文化史中，有過這麼一個人，這麼活過一生。

我那次即興的發言很動情，但內心又是很平靜的。我是弘一大師的後輩。我很喜歡他那句偈言，這是大師的人生態度和品格，飾演弘一法師，與他的心靈接近。感於他的高風，我把他的偈言作為座右銘銘記。我在拍完《一輪明月》後請人刻了一個章，妄稱"二一之徒"，用以消滅自己的名利之心。反正我覺得我有這點兒資格，因為我曾經扮演過他，我深深地受過他的影響。

許多人都說影片中我演得越往後越像弘一大師。而我想說，扮演這樣的角色真是幸福的沉浸。不會太多想使用演技，更不會想到彰顯濮存昕的什

麼，只想以我的身心和這門藝術表現出弘一大師的光輝形象。因為出演《一輪明月》，我被提名第二十五屆中國電影金雞獎最佳男主角獎，收穫了第十一屆中國電影華表獎優秀男演員獎。我心裏更高興的是獲得第十三屆北京大學生電影節最佳男演員獎，感受到大學生們對弘一的熱愛。

執行導演路奇是個有才幹的年輕導演，拍了很多廣告，也拍了很多當年流行的音樂 MV。他的鏡頭運用感非常棒，得了不少大獎。現在看來，這部片子在拍攝期間就已經有了對剪輯結果的考量，我還是滿意的。《一輪明月》也可以理解為一部"流水賬"，但是誰敢不"流水賬"？我覺得文藝的傳播一定要通俗，所謂的"通俗"就是跟人家交流的時候別拿高深去交流，"是真佛只說家常"是句佳言。

有人說，弘一大師哪裏談得上愛？你看他拋妻別子，說走就走。我曾經設想大師和日本妻子訣別那場戲怎麼演。雪子的角色是徐若瑄演的，她能說日語，氣質和大陸地區演員不同。她抱著我的後肩說："回日本吧，在日本也能做和尚，日本的和尚是可以娶親的。"弘一的台詞："不，我只在中國做和尚。"我刪改了些台詞，我對陳家林導演說，不能再有台詞了，因為雪子一再請求，兩性之情確實在影響著李叔同的堅定，所以他只能嘴在動，等雪子說完最後的台詞，弘一扭過頭看著月色，小聲地唸了一句："阿彌陀佛。""阿

三枚"二一之徒"的印章，各有各的味道，小佛是我刻的

彌陀佛"能夠涵蓋一切，向往空靈。弘一一定是厭世的，他對當時世事一定是失望的，外憂內患決定了他必須另尋出路。

我們在泉州參觀弘一法師紀念館的時候，廟寺的大和尚說："來看展覽的人老在爭論該不該出家。我就回了一句話，他們就不爭論了。"他說："你們不要用有礙的思想評判無礙的境界。"就是說，用世間的俗情、價值觀不可能理解從李叔同到弘一法師的境界升華，按照普通人的人生態度是不可能理解這種身份轉換的。所以，我真覺得我有幸以他的名義扮裝成他，我的心靈彷彿跟他擁抱在一起，我著上袈裟、穿上海青，我赤著腳，坐在他的門邊，門上一邊的門聯是"草積不除，便覺眼前生意滿"，另一邊是"庵門常掩，毋忘世上苦人多"。我在這樣的境界中體味弘一大師的生命，深受他的影響。

三　"去去就來"

弘一法師在最後的日子裏對一直持護他的妙蓮法師說："不要難過的，去去就來。""去去就來"這四個字，一下子把我的心撥出一個響來。"去去就來"，弘一大師的襟懷是一個多麼大的空間啊，人間過客，一生一會。不必斤斤計較、貪圖生之享樂，生死尋常。又如同今天睡去、明天醒來，如同做完這件事放下，還有下一件事。人生以至自然、物質的存在永遠在生滅之間。據說，佛陀曾說："人生不過在一呼一吸之間。"這就是弘一法師。一個人一旦擁有了這樣的品性，那就無所懼，與好友曉瑜聊到這兒，他給我刻了個閑章"無怯怖"。

弘一法師的人生之範，在於他能立地成佛。我家有明哲法師的偈言，"看破放下般若發光，自在平常法身清涼。"看破是認識了主客觀規律，明見空相的意思。放下心裏一切業障糾結，以"無"的襟懷生"有"的智慧，弘一大師是我們的楷模，誰能有他決絕告別，行跡天之涯、地之角的果敢。

弘一法師在遁入空門之前，是一位精通音律、詩詞、書畫以及戲劇的大才子，他最著名的音樂代表作品便是他早在二十世紀初年寫的歌詞《送別》，"長亭外，古道邊，芳草碧連天……"至今傳唱不衰，感動著無數人。一九九八年，我們劇院的前輩，我尊敬的英若誠先生，在除夕之夜為大家朗誦的詩歌就是這首《送別》。

英先生得了五六年的肝硬化，最後轉變成癌。經歷了這種生命的歷練之後，他的臉色暗而發青，然神情淡然，和藹親和。他年輕的時候可不是這樣，大才子，聰明過人，人稱"英大學問"，人群堆兒中就他神采，說書一樣成為聊天的中心。他扶病參加了一九九八年除夕演出，他欣然接受了朗誦《送別》的詞。在他身後有一個老年合唱隊，穿著粉色的長裙，哼鳴著。英若誠先生走到台前，在麥克風前開始朗誦："長亭外……"但是不知道為什麼，在他開口朗誦第一句之後，長達二十秒鐘沒有往下接，卻沒有一般忘詞時的慌促。我在旁邊看著，頭髮絲都立起來了。這是出什麼事了？觀眾一開始在靜待，但慢慢地，觀眾也覺得有問題了。英先生站在台前，什麼表情都沒有，停了二十多秒後詞又有了，"古道邊"，然後又停了十多秒，"芳草碧連天……"

這是黃金停頓呀！我以為，這個停頓絕對不是藝術處理。一位老人，一位一輩子的舞台藝術家，確實是他最後一次站在舞台上了。他在體味著"一壺濁酒盡餘歡，今宵別夢寒"的情境，這種情境也許使英先生的心不能自己，他用李叔同先生的《送別》向觀眾告別了。《一輪明月》上映前兩年，他去世了，在二〇〇三年。我演的莎士比亞戲劇《大將軍寇流蘭》，是英若誠先生一生最後翻譯的劇本，是他在病中用了一年多的時間翻譯出來的。我深深地懷念他。

四　"用出世的精神做入世的事業"

在幾個月的角色創作中，我能以弘一法師的稱謂，說他要說的話，做他能做的事，更親近地與他在靈魂中對話。你相信靈魂對話嗎？我想，閱讀先賢們的文字，體味他們的境界，一定就是在和他們的靈魂對話，我們今天的生命和他們那時候的生命一定是有淵源的。外國人學中國歷史，一定比我們入道慢，因為他們沒有中國的文化血緣，沒有中華的文化命脈，而我們是有的。

我曾經扮演過李白、曹操、曹植，讀過、朗誦過很多大師，如蘇東坡、陸游、聞一多的美文，也演過莎士比亞、契訶夫、易卜生、曹禺和老舍等大師筆下的人物，與他們的靈魂信息接通，這靈魂對話如同我們今天的無線微波訊號、短波頻率，我似乎懂得了他們，他們的心靈在影響我們，我以角色的名義感悟並言行，是角色驅使我扮演了角色，在角色的大悲歡中得到滋養，獲得體驗，作為演員的我，人生經歷從而豐富，我的精神境界也因此有所提升。

這一次扮演弘一大師，更讓我有了職業的幸福感。我深知，理想永遠是引領我們前行的光環，十全十美是不可能的，我不敢說我以及攝製組準備得很充分，也不敢說拍攝質量達到了完美精良，更不敢面對觀眾說我成功地塑造了弘一大師的形象，甚至面對電影市場不敢期冀放映火爆。我只能珍惜機會，盡力用真誠拍好《一輪明月》。然而最終中國電影已進入了商業化時期，《一輪明月》的發行遇到艱難，全國電影院線基本沒排上片，太多人沒看過，但這部影片對我很重要。我想，若通過網絡大家能看到《一輪明月》，同我一起能在情感、心靈上與弘一大師親近、交融，那便是我的期盼，便是我們對當代文化的盡責。那一刻，便是"月滿一輪"了。

朱光潛先生曾用"用出世的精神做入世的事業"這句話評價弘一大師，這就是弘一的生命品質所能帶給我們的精神滋養：人無遠慮，必有近憂。站得高看得遠。你的思維判斷空間大，就不會為雞毛蒜皮的小事困擾，才可能放得下。用今天的價值觀看，它還意味著要把自己放得低一些，要知進退而善其身，懂得寬諒方可濟天下，為他人也利自己。

從某種意義上講，弘一大師是行者，而且是遠行者，他永遠不惜力地行走著，在人生的道路上探尋著真諦。他永遠不會在一個驛站、在一個樂園苟留，哪怕他曾為之獻身的文化、文藝，也沒有讓他停留太長時間。他永遠永遠地不滿足，使他最後走到了宗教的高度，如同翻山過河，穿過戈壁荒漠，終於越過喜馬拉雅，到達聖地。而我們不是的。我們很容易享於一個安樂窩，每天忙於瑣事，連看書的時間也沒有。弘一大師的求索之修，來自他的自省力量與自由性情，生和滅悟得特別透，所以，從藝也罷，教書也罷，最難的是情戀，都只是他人生的驛站。這是他令人難以望其項背而心馳神往之處。

電影《一輪明月》拍完了，我和靈隱寺結下了緣分，大和尚重視文藝，想做一些文藝方面的事情，以利佛學教育。我就給他出了一招兒，搞詠誦經文的有聲部的合唱。他聽了特別高興。我請來合唱界的專家，安排給"梵唄"寫低聲部的旋律，還請來負責過春晚的導演。在他們的創作排練下，兩百多名和尚和居士一邊走著隊列，一邊唱中國佛教經文的歌誦。後來他們唱到了聯合國教科文組織，還在林肯藝術中心演了一場。

我參加了弘一法師的研究會、研討會。他的崇拜者還是挺多的，全世界都有。弘一法師的紀念展在台北舉辦時，我也去參觀過。

弘一法師是中國話劇開拓者之一。早在一九〇七年，還是李叔同的他，在日本留學期間得知浙江大水，便發動同學們一起義演話劇，籌得善款，援助祖國的災民。從此我們國人開始了演話劇的歷史。換句話說，中國人演話劇是從李叔同先生開始的，他和曾孝谷創辦了春柳社。二〇〇七年是話劇運動百年，那一年我承擔了八部話劇，一百二十三場演出，我用這樣的創作密度紀念中國話劇百年，紀念弘一法師李叔同，那一年我榮獲國家授予的"中國話劇藝術突出貢獻獎"。

五　天上掉下個《魯迅》

二〇〇四年，拍了《弘一大師》之後，到了年底，又來了一個好機緣，丁蔭楠導演向我發出了邀請。神情敦厚的丁蔭楠導演可是鼎鼎有名的電影

《周恩來》《孫中山》的大導演，專門拍人物傳記題材。

當時我正在河北樂亭拍一個電視劇的外景，那兒是中國評劇的發祥地。在轉場的車上，我接到了丁蔭楠導演從上海電影製片廠打來的電話，問我："明年年初有沒有檔期拍電影《魯迅》，飾演魯迅？"那一刻我簡直不敢相信自己的耳朵，就好像十九年前的那一天天野老師問我願不願來人藝演《秦皇父子》一樣。我在報紙上早就看到過籌拍電影《魯迅》的消息，怎麼突然讓我演？我的腦子頓時開始高速運轉：魯迅在中國近現代文化史上是何等重要的人物！又是多麼受尊崇的師長！將魯迅先生的形象創作在電影中也是幾代文藝家的心願，但都沒有做出來。我意識到：我的大機會到了，一定要參加呀。我當然想演。腦袋裏這樣想，可我還謙虛著："我行嗎？我化妝能像嗎？"丁蔭楠導演說："咱們得先試妝再說這事兒。"

幾天後，我們約在北京一家酒店，攝製組包了一個套房，化妝、服裝、製作人，一大屋子人在等我，讓我感到拍電影的陣仗比話劇大多了。不多說話，他們把我帶進衛生間，開始試妝。我就在衛生間裏面對著鏡子，開始讓化妝師沈東升老師塑造我，當時所有人都映在鏡子裏看我。沈老師有信心地說："演員只要能瘦一點兒，顴骨腮部能顯出來，只做眉骨和眼袋的塑形膠件就夠了。"他問我："你能瘦些嗎？把顴骨瘦出來。"我說："沒問題，瞧我的。"前面有過飾演弘一大師的經歷，心有大願就有毅力，說瘦就瘦，多吃一口就有罪過感。真的，精神有時是決定物質的，演員這行不就是為一張臉面嗎？觀眾也就認這張臉。演員沒演好，也不殺頭掉腦袋，怎麼會說戲比天大、救場如救火呢？其實就是為了觀眾心裏期待的那點兒真實感。演員的自尊心，演員努力的終極目標，應該是觀眾的關注與共情和知音的讚許。

沈老師把我的臉稍微上些底色，先粘上鬍子和眉毛，頭套是現成的，不是給我量身定製的，頭套剛戴上還沒粘呢，我就覺得映在鏡子裏的所有人的臉都湊近了一下，副導演用上海話說著"蠻像蠻像"，匆匆跑到外面，叫外屋的人進來看。我的眼睛又一眯，於是上海話此起彼伏："像！""蠻像！""老像得嘞！"丁蔭楠導演來了一看，說，"噢，好好好！"就這麼定了。於是把帶來的長衫給我穿上，一通拍照，馬上向上影廠匯報。

真的要讚揚化妝沈東升老師，他為我在外形上接近角色立了汗馬功勞。

從第一次造型到開拍只有二十天，中間只有三次試妝的機會。沈東升老師馬上根據給我翻下的一具臉部的石膏造型，用塑形膠精心製作了眼袋和眉骨的造型，這是當年他為了拍電影《西遊記》特地去美國好萊塢考察、學習回來的技術，結果《西遊記》項目下馬，猴王、八戒和沙和尚還有眾多神妖的造型沒做成，這回我用上了。每天化妝，眼袋是貼上去的，用乳膠和特別細的那種定妝粉慢慢黏合，拿吹風機一點點地吹乾，再粘再吹，直到沒一點點縫兒了，再做皺紋的印，讓那些彌合處和我的皺紋接上。整個妝弄一副眉骨和一副眼袋，就要花三個小時。拍攝的兩個月裏，有一次想快一點兒，花兩個半小時完成，結果在現場塑形件與皮膚的邊緣總開裂。所以，無論現場怎麼催，化妝一定要三個小時。化妝的時間裏我基本上都在睡覺。那時候還沒有躺椅，我就縮靠在椅背上睡，時間長了腰夠累。沈老師為我化妝的全過程被拍了下來，在電影博物館的一個廳佈置放映。我父親評價沈老師的成功，說："他的設計沒有完全依據魯迅相片，而是利用演員相貌的條件去尋找魯迅。把從內在神態上去接近角色的可能交給了演員和導演。"

現在看來，大家還是很認可那個造型的。畫家陳丹青聽說我拍電影《魯迅》之後，特意與我一起到北京師範大學一個禮堂裏看學生場的電影《魯迅》。用的是兩個十六毫米的機器，我們就坐在它前面，"嗒嗒"的馬達響著，有種懷舊感。現在用十六毫米放映機放映電影已成歷史，成了青少年看電影的回憶。我在黑龍江下鄉時，電影隊來連隊放電影，那可是節日般的快

我父親扮魯迅的造型

樂，食堂要給他們專門做好吃的飯菜，我們雖饞得心裏有牢騷，但因為能看電影，那點兒油水兒讓他們去吃吧。在北師大禮堂外有一張《魯迅》的電影海報，豎版的。陳丹青經過時看到我的魯迅扮相，他愣了一下，嘴裏連用他的口頭禪：××的真像。他是畫家，他的眼睛是認品質的，聽到他的認可我在一旁還有點得意。

一到上影，試鏡頭時我化好妝，穿上服裝，他們說："來說幾句話，試試鏡。"我走到攝影機前，唸起了魯迅的雜文《〈野草〉題辭》。我以前讀過魯迅的東西，很早以前就把《〈野草〉題辭》當台詞訓練，背過，琢磨過，所以當時在沒有提供台本的情況下，我可以點著一支煙，張口就來："當我沉默著的時候，我覺得充實；我將開口，同時感到空虛……"很可能出現的尷尬就此化解。魯迅是怎麼說話的我也不知道，我覺得他總會是邊思考邊說的，特別是有深度的句子常是斟酌出來的。導演丁蔭楠和現場的人都說很自然，有人物感覺，大家都表示有信心。

後來等我演完《魯迅》回到劇院，我們劇院的李濱阿姨扇了我後腦勺一下："你小子真撈著了！趙丹當年想演魯迅沒演成，你爸一輩子也想演，這回讓你演上了。"

是的，我知道幾十年前趙丹老師要演魯迅，而且劇本已經送審了，他自己都試過妝了，但是最終劇本沒有通過，這件事就停下來了。趙丹老師將沒演成魯迅視為終生遺憾。

我當然知道我父親想演魯迅。我父親覺得自己有點兒像魯迅，所以他特別想演這個人物，但他沒有機會，就跑到家對面的理髮館剃了平頭，粘上從劇院取來的鬍鬚，讓我給他拍照，過了一把癮。其實他真的演過魯迅，而且是兩次。他在北京人藝影視部為學校發行拍的課本劇《劉和珍》裏演過魯迅。上海電視台曾做過四集電視劇《更夫》，請我父親去演魯迅，他興致勃勃去演，那是二十世紀八十年代的事，那時的媒體宣傳力度小，影響不太大，所以知道的人極少。

我在電影《魯迅》中的造型

我父親朗誦過不少魯迅的文章，像是《記念劉和珍君》，我也學著朗誦過。《〈野草〉題辭》我現在還能夠張口就背，這些都是父親對我的影響。他看我拍的《魯迅》是到黃宗江老師家，丁蔭楠導演特意用電腦給二位前輩放的，大家看完都表示讚揚。父親對我說："你真的是很幸福啊，能夠演魯迅。"

六　是我的"魯迅"，才能是觀眾的"魯迅"

有一回，我和孫周導演一塊兒飛廣州，坐在一起。我問他，若你的電影選一個出名的明星級演員，你的出發點是什麼？他說："名演員在我這兒得有改變的空間，讓觀眾，也讓我相信他是新的藝術形象。他要是自持自己的那股勁兒，我改造不了他，那我就不請他了。"我想我願意做演技派演員，每

電影《魯迅》劇照

創造一個角色，都一戲一格，有新的面貌，融入作品，讓觀眾眼新。《魯迅》剛開拍時，丁蔭楠導演對我說，觀眾太熟悉你了，得在影片一開始第一個鏡頭就讓觀眾盡快忘記你，認為你就是角色，這很重要。

我腦子過片一樣地尋覓我相識的學者和專家，曹禺先生、于是之先生這些文化人的影子在閃現。當然也有我父親的言談舉止，父親在他的小書桌前沉靜、自在、專注於文筆的神情。他也吸了一輩子煙，他吸煙的時候也是很認真專注的，總不浪費，總吸到快燃著手指。他們都很沉靜。所以我覺得演魯迅，臉上要鬆，要沉靜下來，盡可能讓觀眾的視點落在我的臉上。我和魯迅的身材不一樣，個子的問題真沒辦法解決，我也不能把腿鋸了，攝製組就在別的演員挑選上為我著想，跟我搭戲的演員（甚至包括群眾演員）都是個子高高的，像演蕭紅的范志博有一米七多，這樣就稍微顯得我矮些。

神形怎麼辦？臉部表現要經得起中、近景別鏡頭的考驗。魯迅先生在痛苦的精神境界之外是什麼樣？我怎麼演出一個真實的卻又別樣的魯迅？表演的動作性上一定要找到屬於魯迅的情感。

在一場戲裏，許廣平在租界區的洋人醫院與醫生談先生的肺疾，心情很沉重地看了一眼在走廊等候的魯迅，而魯迅卻若無其事地吸著煙。護士過來請他不要在此吸煙。我的表演是，抬眼看了一眼不容分辯的小護士，坦然地又吸了一口，才把煙按在她的托盤裏。我覺得這個心理細節挺魯迅的。

魯迅跟許廣平鬧別扭那場戲，我們想了很久，一直沒想好。許廣平想讓魯迅去蘇俄治病，被魯迅拒絕，她便哭了起來，賭氣不理他。兩人不說話之後怎麼和解？魯迅怎樣安慰妻子？我們討論到半夜，還是沒有好辦法，總覺得不對。如果為了示好上手一相擁，那就不是魯迅了。到了夜裏三點了，還是沒設計好，現場已有人不耐煩了。後來我們有了好創意 —— 讓魯迅從書架上取出自己的散文集，唸了一段特為妻子寫的關於楓葉的散文，然後抽著煙，倚在床頭陪著哭泣的許廣平，一直無語，等她慢慢平靜下來睡著了。鏡頭慢慢從睡了的妻子抬起，魯迅先生已在台燈下寫作了。看完成片後，大家感覺魯迅的那個味道有了。

還有一場戲，蕭紅來告別魯迅前往日本。魯迅這時候正在生病，一番談話後，目送她下樓。在這個鏡頭中，我的目光裏有著一種惜別之情。我想起曾讀過萊蒙托夫的一首詩："不，我如此熱戀的並不是你，你的芳姿對我啊失卻了魅力；在你身上我愛那往昔的惆悵，和那早已消逝了的青春時期。有時當我看著你的面龐，盯著你的雙眸久久地凝望……"我以為魯迅一定喜歡蕭紅。又聽到樓下的孩子不放蕭紅走大哭，還對樓上的父親喚"明朝會"。我把回答"明朝會"的這段表演演繹為劇烈的咳嗽。怎麼演好咳嗽？也是挺有趣的，魯迅抽煙，他的肺不好，最後他的死也直接和肺有關。我沒有肺病，怎麼能弄出肺病患者那樣的動靜？我想了一個辦法 —— 喝一點點水，嚼半塊餅乾，讓嗓子眼兒黏糊糊的，這樣咳嗽的時候會出氣泡的聲響。錄音師把我讚揚了半天：怎麼能夠咳得那麼好？！而且拍了三遍，三遍全得這麼咳嗽，同時又得說著話，回應著樓下鬧著的海嬰"明朝會"，把和告別蕭紅的心情糅在一起，這個鏡頭表演有了多意性。

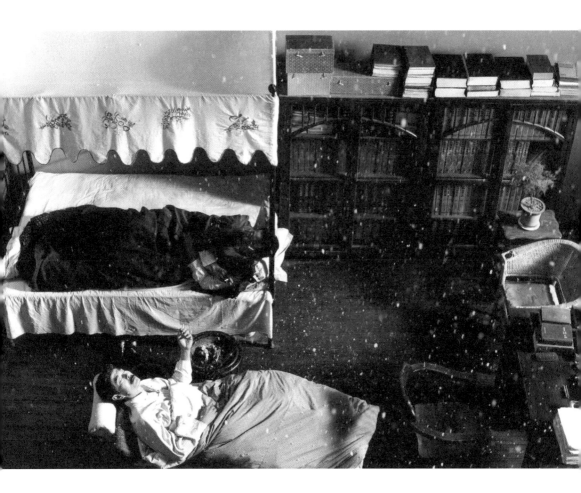

　　我印象深刻的是，丁蔭楠導演和攝影于小群像詩人一般，用極浪漫的鏡頭處理魯迅與瞿秋白的深夜傾訴 —— 以俯瞰的鏡頭，用搖臂一下子拉出了天花板的屋頂，升至夜空，畫面中心是一張床、一張躺椅、兩個人，越來越小，滿天雪花飄落。瞿秋白跟魯迅說著心裏話："你知道我的筆名為什麼叫犬耕嗎？我本是一隻犬，卻要我去耕地……"

七 "讓自己的生命充滿自我價值"

　　孫過庭《書譜》曰："一點成一字之規，一字乃終篇之準。"意思是，起筆的一點決定此字的形，第一個字往往是整篇書法的格局。電影《魯迅》的第一場戲是魯迅在北師大演講，這長段的演講是角色在片中第一次亮相。一定要下功夫準備好，這是標誌成敗的一場戲。

魯迅先生面對學生們說："你們是誰？對，是學生。可學生又是什麼？學生，是知識階級的預備軍。你們是知識階級，而知識階級該是怎樣的呢？在我看來，他永遠是精神界的戰士⋯⋯因此，他又是孤獨的，富於洞察力的，他會從天上看見深淵。社會的不斷的進步，正需要這樣的，永遠不滿足現狀，永遠不合時宜的真的知識階級。"

魯迅先生說，真正的知識分子能"於天上看見深淵"，不光看到地的表皮，還能看到地心。《〈野草〉題辭》中也說，"地火在地下運行，奔突；熔岩一旦噴出，將燒盡一切野草，以及喬木"。魯迅先生深邃的目光能直看到事物的本質。我們今天為之奮鬥、為之享受、為之操勞的人生，是為了什麼？從一定的哲學意義上講，它是面對著死亡，面對著生命的結束，在有限的生命中讓自己的生命實現自我價值，充滿自我精神的認知。也就是說，人想自己在生命中樂觀地做些什麼，讓自己有做的滿足感、快樂感。魯迅的作品主題往往離不開死亡，到最後，他寫的那篇遺囑，寫到死，他不寬恕任何人，讓他們怨恨去吧。他希望自己的生命如同野草，也盡快地死掉，和這黑暗一起死掉。他只有在死的時候才希冀別人看到他的微笑。

在整整兩個月的拍攝時間裏，我一直在練這段演講，台詞早背得滾瓜爛熟，細微處的轉折、斷句、氣口、深思處的靜默。我父親曾用"方有所悟，仍有所思"形容人的思維快感、頓悟時的一絲喜悅，我沒事就自己在賓館房間裏反覆琢磨。丁導有經驗，他把這場片頭的戲放在了整個拍攝的最後一天拍，他相信我會越拍狀態越好。

那天黎明，我被鬧鐘叫醒，最後一次去化魯迅的妝。早六點交妝，我穿好長棉袍，上車去蘇州。近三個小時的路程，我在車上睡著了，睜眼時已經進了蘇州大學，校園內老式的紅磚樓真有時代的味道。

那天是週日，操場上群眾演員近兩千人，都是蘇州大學的學生，已經在清晨集合，換上五四時期的校服，女孩兒梳辮，男孩兒落髮，三台攝影機、燈光都到位了，現場組織工作真不容易。一見我下車向現場走來，全場好像終於真見著了大先生，愣了一會兒，大概覺得"像得嘞"，頓時爆發熱烈的掌聲。我不禁咧嘴露出我個人的笑容，又一下覺得不能破了相，我現在是魯迅先生呀。於是立刻收斂表情，很有人物感地走進人群讓開的甬道，來到場面中心，登上了課桌搭的講台，感受著拍攝前的現場氣氛。這時我告誡自己，"是騾子是馬拉出來遛遛"，這可是考驗我的當口，怯場可就沒法收拾了。準備了倆月，今天是最後一"哆嗦"了。我不顧仰臉崇拜的學生們，最後再默背著台詞，練習和演配角的學生搭話的分寸。攝影師于小群坐在伸過來的搖臂上，一邊操持攝影機，一邊像飛行員似的向我伸了個大拇指以示加油。

只聽丁導演大聲號令著穩住現場，近兩千人一片寂靜。我的神定住了，

可內心熱血債張。只聽一聲"開始"，我在一片歡迎的掌聲中登上課桌講台，環顧了一下，開始了自己背得滾瓜爛熟的台詞："同學們，我是上個月回到北平的……"神在幫我！你相信有神靈嗎？無形的一種力量從心理、從腎上腺、從呼吸的通暢沉穩、從肩背骨骼的每一個關節上給我勇氣……真的又是"濮一條"！丁導演大喊"停"，語氣是興奮的，全場又一片掌聲。按常規技術上還要補一條，我是老演員，知道這個，所以我沒鬆氣，等著再來一遍。我想所有拍影視的演員在重頭戲關鍵鏡頭的拍攝中，都有一往無前、盡善盡美的心態。第二遍來得更好，真的。攝製組有頭天到蘇州的，有夜裏兩三點從上海趕來的，已入夏，讓這麼多群眾演員天沒亮就換上五四時期的春秋裝，上午十點多是太陽光線最好的時候，可那時候多熱啊，但大家的創作熱情是為了在電影中再現魯迅先生、再現歷史，為了鏡頭中藝術的真實，一切都完成得這樣好，能不高興嗎？只見丁蔭楠導演又是那麼憨厚地笑著走來，衝我說："怎麼樣？可以吧，我看可以了。"我這才意識到拍攝結束了，可以放鬆出戲了。

下了講台，要簽字、要合影的浪潮一下子湧在我周圍。我在擁擠中與丁導演重重地握了下手，丁導吩咐快將我帶離現場。我被幾名製片組工作人員護著離開了人群，來到了辦公樓裏的一間屋子。

他們又都去收拾現場，只留下我，一下子安靜得一點聲音都沒了，我當時有熱鐵淬火的感覺。真的拍完了，不再化這個妝了，不再穿這身長袍了。兩個多月，就要和角色告別了。我想抽支煙。我來到走廊，週日沒人上班。終於見一保安在門前過，我竟帶著這角色的裝束找保安索煙抽。煙在肺腑中彌漫著，兩個月來，不吸煙的我以角色的名義一直在吸煙，道具師傅專門給我在煙廠訂製了沒有過濾嘴的煙卷，這煙卷也要與我告別了。看著空氣中裊裊的煙霧，我開始回想這段令人難忘的日子……

八　人生如爬坡

演完《魯迅》和《一輪明月》之後，我又不太拍電影了，現在的電影市場都商業化，使得魯迅、弘一法師這種題材的電影完全沒有票房，但我太喜歡這一類的題材。再一個原因是，拍電影都是提前一兩個月來約，但我的話劇計劃都是提前一年就排好的，時間和空間沒法再填別的東西。我覺得，該幹什麼就幹什麼吧，木心的詩說"一生只夠愛一個人"，時空決定人生的一切，排戲也是。在專門分析劇本、參考資料的階段，你不用功，對詞就會蒼白。對詞再不用功，到上場走調度了，詞還不熟呢，或者詞還不在嘴上，你已經是顧得了吹笛顧不了捏眼了。然後你手裏拿著本，走著調度，上半截和下半截就不在一塊兒了。上半截已經演上了，下半截還在踱步呢，根本就沒跟上心。等到你固定下來表演狀態，你很難重新去調整腳步。因為我們又不是舞蹈演員，我們支配身體，自由使用自己身體的這種能力沒有他們好，語言和身體便是脫節的。如果到連排的時候，你還處在一種完成導演安排的狀態下，沒有主動駕馭自己，讓角色驅使你行動的話，到了舞台上你的角色不可能給予觀眾真實感。所以和人生一樣，隨著時間、什麼時候幹什麼事，排練的不同階段，每一步都不能掉隊。

在生命的輪迴中，直面死亡的時候，弘一法師說："不要難過，去去就來。"而魯迅先生的態度則是"我將大笑，我將歌唱"。魯迅是以這種坦蕩，這種徹底的知識分子品格，成為中國現代文化史中第一人。據說《魯迅全集》是全集類圖書裏最受歡迎的，說明魯迅永遠不過時。

二〇〇四年的我，人到中年，有一種人生如爬坡的感覺。人的生理機能真的有一個高點，然後開始下坡。我自認為在這個曲線上我開始走下坡，我知道不可能什麼好事都是我的。我並不覺得我淡泊名利，我沒有做到完全不在乎名利，淡泊名利只是不要過分在乎它。沒有名利的時候當然要有名利之心，沒有名利之心，人怎麼進步？要有一種奮鬥的吸引、刺激、鼓勵，要向往金牌。哪怕是遊戲，也要玩得痛快。等下完坡到了平地，就像長江水過了吳淞口，就到了汪洋一片、去去就來的時候。那海平面被烈日蒸發起騰騰的霧氣，化為雲朵飄回喜馬拉雅，"應是天仙狂醉，亂把白雲揉碎"，落下雪又結成了冰峰，陽光再將其融化成長江之源和黃河之源。物質不滅，生命時時都在循環往復。

《一輪明月》和《魯迅》這兩部片子檢驗了我一下。這兩部片子是對在北京人藝成長的我的一個表演總結，一次考試，看看我創作角色的能力達到什麼樣的程度。雖然它們不是話劇，但是在塑造角色方面，我在提升演員創作角色的方法。

我以為，弘一法師、魯迅先生的形象塑造，是我多年來在舞台實踐中學、向前輩藝術家學、跟我尊重的同行學的結果。塑造角色，改變自己，提升自己。創造的角色，創作的人物有文學意味的性格化，我在這兩個電影角色中得到了鍛煉。

我很得意自己演了這兩個角色，我覺得沒有人像我這樣幸運。我希望這兩個角色不只是和我，而是能和更多的觀眾朋友有著交往。這兩部電影雖然在院線沒有放映太多，但是我相信，在將來，甚至是幾年、幾十年以後，大家會知道，在中國不僅有賀歲片，不僅有商業武打片，還有這樣值得靜下來觀看的電影。

"白駒過隙"，人過六十，體會到這句話的意思了。一般到六十歲就可以退休了，我是全國政協委員，可以到六十五歲再退。作為演員，只要有體力能演出，無所謂退不退。細一想，我雖已經是所謂著名演員了，也被冠上"表演藝術家"之名，還當了劇協主席，可是我的戲不見得演得很好，不敢妄言"得其所"。這些名位，我覺得不應該是我所求的，但"安分守己"卻是個好詞。我演的電影《一輪明月》，第一個畫面是一隻陀螺在轉，傳來話外音："時光荏苒，生命在一呼一吸之間。"我在六十歲那年為人生總結了六個字：玩、學、做、悟、捨、了。

第十一章

已得其所，安分守己

在南非，朋友带我去国家公园玩，看到一群斑马排队在草地上走过，许正在路旁上拍照。我说：迎面对着车走来的老象，你可得�上车箱拍照。"许一看，小路上对着许的汽车走来一老象，步履很慢，真的很高，像山一样。人和车的水不敢出一点声看于扰它。当它从许的车旁走地有震动感，隔着玻璃，我确信它一口吞了许，我们对视了。据说象老了，都有动离开群，走到原野的隐密处孤独地迎接死亡，非很悲壮，有种诗和音乐感。

许离了这区，但不妨先做点功课。其实，许到我早晚靠着到舞台，自己已有三年了，还能将这出戏行干得再好点吗？张院长在的那些年，也是许创作浓度最大的一段时全力以赴，用演出、演出，再演出孙补许对北京成功的弓欠。我许在许退休后不至于让人觉得虎溜无残心可以放下，能让许弓得从容些，"满船空载月明归⋯⋯

一　玩

"玩"不只是小孩兒的事，大人也要玩兒，我現在也有很多可玩兒的事兒。少小多玩，可以聰明，一輩子會玩兒，樂趣無窮，對事物保有好奇，雖鶴髮仍童顏，能有赤子之心。性情是能"玩"出來的，"玩"滋養我們的品質。

我跟所有人一樣會吃喝玩樂。我一直特別在意鍛煉，一輩子是個體育迷，只要能玩的體育項目我大約都玩過，也許恰是因為腿不好，應了這句話："沒什麼就想來什麼。"上小學的時候，我羨慕能跑能跳體育好的同學。腿病好些了，我什麼都玩 —— 乒乓球、籃球、羽毛球。參加宣傳隊的時候，我扶著把杆跟著練舞蹈基本功，學京劇身段，找人練過劍。這些後來都用到演戲中了，我演話劇《李白》時，詩以詠志舞的劍常被觀眾點讚。

五十歲之後，我不打籃球了，因為二〇〇三年鬧"非典"，這期間室內場館關閉，我與球友只好到水泥場地玩兒，把膝蓋給傷到了，一照片子，膝蓋有了骨刺，而且很明顯了，一走路就疼，籃球不能打了。

從五十歲到今天這二十年來，我特得意的就是學會了滑雪、騎馬和寫書法。

拍電視劇《闖關東》的時候，我又一次到了黑龍江。拍完戲，我跑到附近的亞布力滑雪場玩兒，雖是零基礎，但一下就迷上了，慢慢滑上癮了，開始了我的滑雪生涯。我從初級道滑到高級道，幾乎年年冬季都往滑雪場跑，國內在北京、吉林、烏魯木齊的滑雪場，國外去過日本的北海道、長野，歐洲的瑞士。有一回在高級道滑雪摔壞了膝蓋，後來做了手術，滑雪漸少。

雖然冬季運動項目參加得少了，但我仍然成了二〇二二年第二十四屆北京冬奧會的火炬手。在這之前其實我已經當了兩回奧運會火炬手。

那是二〇〇四年年初，我在拍《一輪明月》的時候聽到信兒，我被選中代表中國去參加二〇〇四年希臘奧運火炬傳遞。開始我不敢相信我的耳朵，不敢跟別人說。公佈火炬手名單的新聞發佈會後來竟是在人藝的小劇場開的，我才真的相信有這榮幸的事。

二〇〇七年，我第二次成為奧運會火炬手，還為北京奧運會拍了一條迎奧運、講文明、樹新風的公益廣告 —— "我們每個人邁出一小步，就會使社

會邁出一大步"。這條公益廣告深入人心，影響至今。我成為擁有三支奧運火炬的人。

不能滑雪了，那玩什麼呢？我家附近有個天星調良馬術俱樂部，我就參加了。頭兩年癮頭大，我能天天一大早去訓練。尤其是冬天，黑著天呢，我常七點到馬場，自己推上閘，開開燈，第一個進訓練場。有個時期我的出勤率在馬場是最高的。

後來只騎教學馬不能滿足了，趕上俱樂部去歐洲買馬，我申請俱樂部給我選一匹。他們在歐洲當場發來微信，我馬上拍板，就買了這匹馬。牠的檔案裏是外國名，但那名字不好記，馬還沒運回來，我就想好了"知青"這個

中國名字，紀念我知青的歲月。馬愛青草，正配這名字！所有人都說我給這馬起的中文名字好聽。"知青"長得很好看，頭星印記彷彿一頭小獅子的正臉兒，我正好是獅子座。馬的平均壽命一般為二十五歲到三十歲，"知青"出生於二○○六年，七歲的時候從荷蘭來到我身邊，牠是一匹場地障礙溫血馬，正當年。"知青"是全馬場最讓人喜歡的馬，因為好吃，誰跟牠打招呼，牠總以為人家是要喂它胡蘿蔔，頭便湊過去，很通人性。牠能不用韁繩，像狗一樣圍著我跳起來撒歡。當然，我兜裏有胡蘿蔔。我像馬戲團馴獸員一樣，與"知青"在室外場地一塊玩，真的很開心，什麼煩心的事那時都忘了。

"知青"是能跳障礙的馬，但幾年下來，為了讓我安全些，牠與我一起轉為專門練舞步了。從跳障礙改練舞步，這對"知青"是件不容易的事，就好像跳街舞的改行練芭蕾，馬的整個身體的骨骼肌肉狀態都得改造得更柔軟、收縮，有彈性，有爆發力，又要更穩定安靜，快樂地與騎者跑出各種步伐。這可是馬術運動的最高境界。比賽中的判分，不僅是要達到各項技術標準，不出錯，還要考量人馬合一，馬匹要不受干擾地專注、順從，並主動地參與技術標準動作。良馬通過訓練增強智力，被開發出非凡的能力，也是人以對馬匹身心的理解，通過馴養，使這種動物達到最完美的生命表現。所以說，千里馬是因為伯樂的發現、調教和駕馭，方可行千里。沒有人的要求，馬沒有目標、方向，跑一會兒就會吃草去了，這和孩子的教育是一個道理。馬文化講的是首先要尊重馬的福祉，一切從馬的角度出發去訓練。一匹優良品種的馬都從兩歲開始就接受訓練，歐洲的馬業，商業鏈很完整，青年馬三四年的訓練成果也決定著買賣的價格。可以這麼比喻，"知青"來到我身邊的時候達到了初中水平。

王教練在我不騎馬的日子裏每天訓練"知青"，保證牠的體能運動，提高牠越障礙的技術。王教練曾經騎著"知青"參加馬術協會舉辦的年度賽，跳過一米二的賽程，也有過好成績，不過沒得過第一名。來到舞步學院後，張教練用了近五年的時間把"知青"調教成能完成中二級別的舞步馬。我每每騎上"知青"，必須與牠一起提高舞步的技術指標。不然教練教得好好的，我一騎又水平下降了。人的騎坐與馬的節奏比跳障礙時更要穩定，兩腿的包夾要更有力，特別是韁繩要不緊不鬆，時時聯繫馬嘴，不出現干擾性的拉拽，

我畫的"知青"

使馬安靜、愉快地明白騎手的意圖，完成牠能完成的步伐。馬舞步時可不是聽音樂才跳的，是人的想法通過韁繩和騎坐的指令驅動的。

和"知青"在一起訓練，啟發了我對話劇藝術的思考，提升了我的藝術觀。這多像我當教員，怎麼給學員進行表演教學，當導演，怎麼幫助演員進入表演狀態，啟發他們的能動性，不生硬地強迫，允許他們有理解過程，不急於求成，尊重他們的身心本能。在馬場，我被教練指導，教練也指導"知青"，"知青"也指導我，因為我不對，牠也就不對。牠用錯誤來告訴我，是我錯了。優秀的導演、教師、教練，是不應該指責演員、學員和運動員的，而是要琢磨合適的辦法通過技術的改進，彼此互相提高。

二〇二一年，我終於敢報名，第一次與"知青"參加了北京馬術運動協會舉辦的盛裝舞步公開賽，有近一百名選手參加呢。我報的是中二級別。那天我提前一個多小時到賽場邊的練習場地熱身，"知青"一切正常，沒有因為場面熱鬧、人多馬多而不安，特別是比賽場地邊一牆之隔還時不時地過火車，牠也沒事兒。可令人驚奇的是，"知青"剛一上場，就面對裁判席和觀眾的看台嘶鳴不止，氣勢很強，然而又很專注，順利地完成了比賽。結束動作時，又嘶鳴起來。太奇怪了，這麼多年我基本上沒聽過牠叫喚。很多人分析，有的說牠在給自己壯膽，有的說是因為牠總在室內場訓練，比賽環境一下子這麼開闊，再加上身邊沒有了別的馬匹，牠覺得孤獨。我更愛解釋為這是牠第一次走進舞步賽場的歡喜，興奮的它也許在想："練了我五年，終於讓我上場了！"比賽結果是，我倆錯了一個動作，所以沒有拿到名次。但讓"知青"有了一次公開賽的經歷，我很高興。我想，我都這歲數了，擁有這麼好的一匹馬，結果跟我這麼多年，還沒做出成績，耽誤了牠，多對不起牠呀。

新冠疫情期間，我報了書法班，教我書法的百川老師是個博學者。

我以前也自練毛筆，但寫出的字，我父親看後只一句話——"行氣十足"，令我汗顏。現在我每天早上只要有時間，第一件事就是臨帖交書法作業。我覺得在寫毛筆字的時候，畫畫的時候，呼吸是最平靜的。其實打坐也好，站樁練氣功也好，追求的都是一種呼吸的身心修煉。呼吸是一個可以操縱的生理技術。太多人的呼吸不通暢，就像火鍋那炭火，不捅一捅，就不旺。我小時候在家生煤球爐，摟摟爐箅子，上下捅捅煤火眼兒，空氣一通，火苗旺起來。

"玩"是一種心態。只要有興趣，即使做最累的事，若當玩兒一樣，就不覺累了。我拍電影《魯迅》的時候是很認真的，但也沒妨礙我找樂子。那天

拍上海各界為魯迅舉行葬禮的場面的時候，我沒事幹。我來到化妝組提議：「咱們開個玩笑，把導演嚇一下。」化妝沈老師把我裝扮成一個有大鬍子的印度巡警，服裝師傅董仲民給我一件租界軍警的服裝，道具老師給了我一匹馬。我就騎著馬出現了有一千多人的拍攝現場，副導演也沒認出我，讓我混在群眾演員中間，老在鏡頭前晃盪。導演說：「這人太突出了，讓他到後頭去。」他們對導演說：「您過去看看那是誰。」真相大白，一片笑聲。

二　學

「學」可指破萬卷，從識字、學習基礎知識開始，慢慢懂得生活和為人之道的常識，從走出家門，後經學校進入社會，天南地北，走點彎路、吃點兒虧上過當以尋覓真知，獲得更多的信息和見識。

讀書當然是重要的學習方式。我覺得人一生中有幾次重要的讀書階段。第一次在十二歲到二十歲之間，這個時候你認識的字積攢到可以閱讀了，你也有了一定的理解力，可以讀一些篇幅長的書。這是一段可以集中閱讀的時光。二十歲以後踏入社會，沉不下心，顧不上讀書了，要戀愛結婚打拼生活，等等等等。第二次讀書的機會大概在「四十而惑」的時候。這時你要不讀書，可能就缺少解釋自己的能力。這時是一個「進補」的時候，或者說，是一段必須反省的日子，這個時候讀一些對你有意義的書。第三次讀書大概是在退休以後。閒下來，用閱讀認識生命意義，為晚年生活做準備。

我作為知識青年到農村，在黑龍江一幹就是近八年。我是喜歡閱讀的。當知青的時候，白天幹一天活，晚上就著點兒亮，有時是點著蠟看書，看小說。當演員後，台詞、劇本是我的教材，是我閱讀的主要內容，我向我演過的角色學習。我不敢說我的學識到了什麼程度，我只能說我願意當一個知識分子式的演員，可謂是現學現賣。

我演角色，有的時候想創造表演上的奇觀，就像我們的奧運會和冬奧會。我們的開幕式在全世界亮眼，張藝謀他們的空間設計是一個奇觀。奧運會的時候是人海的奇觀，冬奧會是科技之奇和簡約之美的奇觀。我們看老前輩們一個一個的藝術創作的樣式都是奇觀，我們學他們的戲。像童超老師演

《蔡文姬》的時候，我們作為年輕人，心裏沒有他那種怒火中燒旱地拔蔥的"氣"，但是得學，逮著機會表演的時候，就得這麼幹，創造出一個人性的奇蹟。學老前輩的戲，就像試試能不能奏出貝多芬的傑作，能不能讓柴可夫斯基的旋律和諧起來。我從二〇〇〇年到現在，算起來真的有小十部學老前輩的戲。把他們的樣式學到自己身上，演得不好，至少我學了。

古人云，三人行必有吾師。我的同事、高朋、親友都會在生活的點滴間使我受益匪淺。我的個人愛好沒有特別鑽某一門，是東一榔頭西一棒子地學過來的。"學者型演員"這個詞很容易被誤讀，我們演員的學問大概可稱為雜學。是曉天下、明事理，能有解讀生活、人物和各種各樣事情的能力，還要學到最高的境界：坦白、誠實於千變萬化之中。

活到老，學到老。認識世界，省悟自己。

三　做

"做"可指行千里，做就是嘗試、實踐，經歷成敗。我想，我們這代人的艱苦、挫折的人生和曾經無望的痛苦，都是一個人長大成熟的條件。

學藍天野老師《蔡文姬》中的董祀　　　　學刁光覃老師《蔡文姬》中的曹操

　　排老戲是我在這二十年來特別想做的創作實踐。人藝有保留劇目的創作機制，過去那麼多的好戲，要由新人繼承，只有不斷地經常演出，才能使精品成為經典的藝術作品。我想按照戲曲藝術傳統那樣學老劇，比如學藍天野老師《蔡文姬》中的董祀，後來在此劇中又學了刁光覃老師演的曹操。

　　我們劇院因故憤然辭職的著名編劇李龍雲去世後，我和楊立新還有院裏領導在弔唁的時候說到要紀念他，來年咱們得排他的《小井胡同》。楊立新說：「那誰導演呢？」我說：「你呀！」他沒搭茬兒，我知道他心動了。我接著說：「我來演林連昆老師的劉大叔，怎麼樣？」二〇一三年紀念李龍雲去世一週年的時候，我們首演了人藝八十年代曾經很轟動的話劇《小井胡同》。這個戲是如今很少看到的表現我們國家那段動盪年代的故事，像歷史教科書一樣的文藝作品，我也算在這個戲中接了林連昆老師的氣了。

白樺先生的歷史戲《吳王金戈越王劍》寫得好。二〇一八年，在白樺先生的紀念日，天野老師復排《吳王金戈越王劍》，我申請從演范蠡改演越王，這樣我就能學呂齊伯伯的戲了。越王勾踐是一個內心複雜、性格很矛盾的人物，他為復仇十年臥薪嘗膽，而一經取勝得勢，又淪為昏君。我原來的角色范蠡由荊浩來頂。越王原來是鄒健演的，他人很忠厚，我搶了他的角色，他還甘願在劇中演了配角更孟，我們合作得非常愉快。

　　二〇一四年，我動意與在人藝的老搭檔龔麗君一起學于是之、朱琳老師的《洋麻將》，請唐燁執導。這個戲只有兩個角色。為了能有創作的初始感，我決定先不看老版錄像，自己“摸著石頭過河”，接近人物。但我當年是看過這個戲的，是之老師的音容、身體的節奏、風格的特徵，排著排著就都上了身，融在了我的表演想象中。排到一半了，我們決定看看錄像。不知是我們

先入為主，還是當年的影像不太清楚，反正我一邊覺得老前輩演得特別棒，一邊又覺得有些沉悶。後來想想，應該是對劇本的詮釋有著不同。是之老師和朱琳阿姨那個年代，我們國家還沒有普及養老院，所以很自然地會從揭露社會問題角度，帶有一些批判資本主義的意識，讓這個戲突出了悲劇感。而現在養老院已經不是新鮮事。我和龔麗君的表演，更突出了個性對立，有了些輕快的喜劇感。觀眾會時常為兩個人的衝突發笑。翻譯這個劇本的美籍華人藝術家盧燕阿姨來看排練，我和龔麗君為她演了兩個片段，她大加誇讚，竟說是比美國人演得好。我有些不相信，反正也沒看過，但我們獲得了首肯，就有了信心。我突然發現，于是之老師當年演這個戲時還沒到六十歲，可我已年過花甲。也許小時候算術沒學好，腦子算不過數。全劇共十四把牌，我總把戲演串了，於是我想了個法子，在牌桌的桌布上，寫下後三幕容易忘的幾把牌的台詞，做上記號。唐燁導演戲稱我這叫"天書"。上台演出，見觀眾了，我依賴"天書"演得挺得勁兒，效果還真好。可有一天花鏡的螺絲鬆了，演到第二幕，眼鏡腿兒斷了。試了幾下不行，架不在鼻樑上，當著觀眾，我從容地把眼鏡揣進口袋接著演，可眼睛老花是真的，我瞪著桌布，看不清"天書"了，龔麗君也幫不了我，直抿嘴笑。靠了她的經驗，她把被

動交流的戲改成了主動，引導我的台詞別演串了，才把戲演完了。好家伙，大冬天，我出了一頭的汗，快迷住眼睛了。直到中場休息，化妝組拿來備用花鏡，才得了救。

這個角色的創造使我因為像是之老師而感動，因為我是被是之老師看著長大的，我也看著他老去，直到他告別人世。在舞台上我竟有一時恍惚——現在我竟是了不起的是之老師了，而不僅是角色魏勒。他說的"好的角色的創造應入詩入畫"，我期望自己能達到。

我從世紀初到現在，算起來真的有小十部戲是學老前輩的戲。照著學但有新意，從角色體驗到表演技巧，知行合一。

四　悟

年齡增長，因玩、學、做的積累，已獲的信息大有提升。古今中外、天文地理、世間人情，會對比分類，也會數學所說的合併同類項了，進而產生了價值、興趣的取向。感應、判斷過程的直覺形成經驗的聚集。腦子猶如計算機，信息對比量越大，速度越快。認知漸清晰，似乎有了覺悟。演員的文學、思辨能力基礎差，就只會完成台詞表面的一般理解，空間感小，勾連不出自我體驗，也會缺少多意的悟性和旁引佐證的靈氣。有文學修養，能解讀角色和開悟自我的演員是有腦子的演員，他的台詞，特別是獨白，就是大聲的思想，與台下觀眾共情於作品的思緒。經過多年舞台實踐，我似乎更懂得與觀眾同在的交流、表演的專注、動作的強和準，還有段落之間的轉換。新的一個層次前，身心的"空"，"無知"的"鬆"，恰是引領觀眾參與的地方，一直繃著勁，節奏沒了，觀賞性也會下降，所以我每場每次演同一戲同一段落同一台詞時，直覺、即興是演員演戲最有趣的時刻，比如樹每年新芽換舊枝，有常理無常形，樹幹的粗枝不變，而細枝新葉和去年卻有不同。梅先生的戲，戲迷百聽百看不厭，除了玩味技法唱功，還在賞品梅先生每場即興的不同點。我父親為范先生畫的《一行和尚觀天圖》賦詩一首："寂然凝慮，悄嫣動容，似有乎悟，仍有所思。"描寫出開悟、頓悟瞬間人的神態。

我給年輕演員排練時也講，在台上的人在無詞時要像打籃球、踢足球一樣跑動補位，籃球攻到前場，四個球員與持球隊員要盡量相互保持三米距離跑動接應，球就傳得活，當然突然拉開距離打是變節奏，三米之間保持接傳是陣型的保持。用到舞台上，每個人都要專注主戲的發展，支撐這個情境的氣場，不許空在邊上沒事幹，出了戲。排練時與對手演員就要建立知己知彼的微妙交流的專注，上了台正式演出，可以在彼此能接應的細節上即興發揮，如同足球訓練出多套戰術，不管中路傳切滲透，還是底線傳中，或是長傳衝吊，可賽場上要即興調位，自由運用戰術。即興狀態的生動表演是舞台最具真實感的精彩。這些跨行、跨界的借鑒比對，是多年來我對話劇舞台表演的領悟。

還有學校裏的好學生，所謂"學霸"，一定是帶腦子對待各門功課，汲取每個老師的傳授、對比、聯繫。算術往往是和語文、物理、自然、體育都有聯繫的，比如應用題，沒有文科和其他科的知識，就難解，找不到演算的方法，因為切不到題的內在邏輯。我們人生呢，李白的台詞："人生百年，百年三萬六千日，一日喝三百杯才好……"三萬六千，這生命珍貴的日夜裏，我

們該怎樣有興趣、有意義地度過呢？我在電影《魯迅》中有句台詞："真的知識分子是可以從天上看到深淵的。" 我還聽過一句話，科學、文化、藝術、社會文明的所有努力，應是為了延緩這個星球的滅亡。我們有悟性，常常是一眼便曉結果的能力，太多的是非利害，太多的人情世故，讓我們很累、很煩，得悟出一個好的選擇，規避兇險和失敗。我感恩我的青少年時代，生活雖不太順卻豐富，讓我懂得遠遠規避負面的困境。所以我為人處世要求自己盡可能謹慎謙和些。

我現在在導演契訶夫的《海鷗》，是因我看了國內外幾個版本的演出，又自省自己曾在一九九一年演出的不足，疫情防控期間為了演員隊訓練翻開這個已泛黃了的舊劇本，覺得似乎有些讀懂了這部經典名著，產生了創作願望，漸漸有了這樣或那樣的舞台想象、故事和人物的來龍去脈以及台詞的解讀，這是一個悟的過程。快七十歲，時隔三十年，記憶被偶然的一個機緣打開了，匯集在一起，發現了新空間、新通道，這大概就是算有了悟了。

五　捨

我們人藝老前輩黃宗洛老師一輩子以演小人物著稱。他拍完了電影《找樂》回人藝說："這電影把我整苦了，我的玩意兒拍電影用不上呀。" 黃宗洛老師在我們人藝《茶館》中飾演松二爺，他深受 "演戲是演 '細'" 的表演觀念影響，無處不有個人 "細" 的戲，小活兒、小細節多是他的表演特色。但電影《找樂》的導演是意大利學成回國的寧瀛，受費里尼自然主義紀實派電影的影響，和林兆華相近，追求沒有表演的表演。我看了這部電影，拍得很棒，非職業演員演得真好。可黃宗洛老師喜歡表演細節，設計小動作，當樣片剪接起來一看，角色總在忙活，沒踏實下來。於是導演限制了黃老師表演中的小動作。舉這個例子就想說，藝術技法的定義詞之一是 "控制"，"簡潔是智慧的源泉"，這是莎劇中的名台詞。豐富的深厚的內心體驗要用盡量簡潔單純的手法來體現。這和 "捨" 有關，俗話說 "有招兒不露"。不動則已，動就有意味。據說《瑞典女王》使用長鏡頭緩緩推進到女明星嘉寶臉上，演員內心找不到這麼長時間的表演體驗，導演告訴演員，什麼也別想，捨棄表

演表情，像動物一樣只一動不動看遠方，一切由鏡頭來表演。果然明星靜態的臉，美貌如湖光山色，讓觀眾感到了演員平靜而又豐富的天然美。

　　不十全十滿、面面俱到，是瀟灑的審美心態。中國哲學的"無"字為人文思想打開了智慧之門。退後一步，海闊天空，有了內心充盈，不在乎一招一式。《李白》演到這些年，眉毛也不畫了，表演自在從容，到哪是哪，保持專注，不用力刻意處處要有表現了，甚至一場下來不出汗了。

　　所以我想說，"捨"不僅字面上直譯，指不爭不佔、樂捨善施之品格，也能解讀為道家的那種天然、自在，隨遇而安，求善而又接受力所不能及的缺憾，接受自認為的不完美，平和於當下，不示好，不取寵討好。

　　我們的生活當然離不開物質，但要不被其所累，而追求"乘物以遊心""萬象為賓客"的瀟脫。

　　幾年前家裏裝修，收拾舊物，歸堆兒打包時才曉得家裏幾十年的積累，

沒用的太多了。我們若天天連著大餐，腸胃一定會有意見，吸收不了呀。酒喝過量，一定暗念："捨！捨！不再喝了！"反正，沒有"捨"字的修行，人會累，心會衰。年輕的時候，初生牛犢啥都敢幹，累也扛，名利什麼的都想要，所以也不斷被機會捉弄。現在也許年紀到了，不覺得什麼都是機會而去爭了。木心的詩句"一生只夠愛一個人"。古時候創造精緻的文物古董的工匠，一輩子只專心幹一件事，我們今天一切太快太匆忙，很多事小胡同趕豬直來直去就跑過去了。事兒倒是做了，沒什麼意義。慢下來、靜下來也是"捨"的一種功夫。功夫就是花費的時間、精力。近些年，臨帖認真了，量也有了，筆力便增強了。靜心臨帖是真快活，把時間用在這兒了，別的捨去，不幹也沒什麼。朗誦《岳陽樓記》，真的有感於范仲淹的美文："不以物喜，不以己悲⋯⋯吾誰與歸。"不隨大溜兒，那獨立自由之精神也是"捨"的寫照。表演是門勇敢的專業技能，不怯場，就要捨去擔心不完美、怕出錯、想討觀眾好的心思。勇敢登台，敢當眾表達自己的願望，有小錯會自糾，即興調整想辦法，是表演中最具觀賞性、最生動的一刻。

我們已經積累很多經驗，會自以為是地覺得自己全對，這是老人常有的心態。我到小學校參加活動，看著天真爛漫的、從教室跑向操場的孩子，時常想，我還能像他們這般單純、喜悅嗎？還能有他們那樣清澈好奇的目光嗎？鶴髮而童顏，只有以"捨"的修養、平等甚至若水般對待人和事，才能有這份童心。我刻了一枚閒章"懷幼"。放下如屠刀般的煩惱，立地成為有智慧的人！

六　了

"了"就是結束。我們每次演完《茶館》，謝完幕，只要幕一合上，大夥便集體一聲："得嘞！""得嘞"什麼意思？饅頭揭鍋蒸熟了，飯做完可以上桌了。我雖已受邀參加了電視台的"夕陽紅"節目，但我生命所排的隊，前面還有一大截子，千萬不要"加塞兒"，不往前搶。上坡爬高些，到下坡的年齡下得當然得慢點兒。

細想，每天每時，我們其實都在不斷地醒來睡去，上班下班，見面分別，開始和結束。我們都在體驗著這種循環往復。我們敬佩的先賢哲人、祖上前輩都先走了，我們排著隊往前挪。像我們那會兒打牌玩的"爭上游"，抓到好牌，一摔，贏了，多好！可是你出局了，別人還在玩，像還在世間爭鬥。我還想到讀過的聞一多先生的《奇蹟》："因為那，那便是我的一刹那／一刹那的永恆——一陣異香，最神秘的／肅靜，（日，月，一切星球的旋動早被／喝住，時間也止步了）最渾圓的和平……"弘一大師的"悲欣交集"；魯迅先生自喻野草，願地火奔突；曹操的"對酒當歌，人生幾何？慨當以慷……"；張孝祥的"穩泛滄浪空闊……不知今夕何夕……"；李白"乘長風而來兮，載明月以歸……"養育我的父母都告別了世間的時間，但願"去去就來"，但來了也定不可見，唯有念想而已。

我離"了"還遠，但不妨先做做功課。其實，我已想到我早晚要告別舞台，自覺還有三五年好時光，還能將演員這行幹得再好點兒嗎？張和平任院長的那

《窩頭會館》古爺，我的化妝術如何？

些年，也是我創作、演出密度最大的一段時間，我全力以赴，用演出、演出、再演出彌補我對北京人藝領導不力的虧欠，或許在我退休後不至於在單位裏覺得灰溜溜的。無愧心才可以放下，能讓我"了"得從容些，"滿船空載月明歸"……

※　　※　　※

　　我演了一輩子，知道自己演不了李白了，因為我必須用繃帶纏起來腿和腳踝才能發力，才能跑起來。如果不跑，節奏就下去了。台詞“千里江陵一日還”就是要喊出來，躍下平台李白要道盡前半段人生，他要打一下滾，他要撒一下野，他要面向上蒼盡興發洩，他的詩歌是可以噴薄的。如果我沒有身心能量了，觀眾會覺得沒勁兒，會覺得我沒有盡心，他們就不會陶醉。

話劇《家》中飾覺新，謝幕時將花束拋向觀眾

話劇《吳王金戈越王劍》中飾勾踐

話劇《洋麻將》中飾魏勒

六十歲上，此時國家大劇院希望我參加新組建的戲劇演員隊的工作。我猶豫自己分不開身，這十多年在北京人藝的劇目中擔任了很多角色，身上的戲不少，再加上不願又跑到另一個國有院團負起一份責任。於是，只應下幫助新招收的十幾位演員進行表演業務訓練。請了曲藝、戲曲形體方面的教員，開辦台詞、形體等基本功課，選了些戲劇片段進行了表演片段訓練，並向國家大劇院的領導做了匯報。這是我第一次當教員。這也是在總結自己幾十年專業方面的經驗教訓，吸取借鑒很多好的導演的工作方法，用於啟發這些三十歲上下的青年演員。

我在國家大劇院

12章 我在国家大剧院

那时，团还是一个团政的事情。可以多干五年
才退体。说来长还没觉醒。此时国家大剧院
许多项戏剧（重新组建的）逐步化的工作。我获得配合
项。因此家人一些剧目计五十部。担任很多角色
此戏不少，再加上不顾又跑剧另一个国有院团
已一行基隆。于是只为下些师新的招收。
们要先进行表演出各训练。请了曲艺、哎
形体方面以教员和词韵律，看了些戏剧片断
行表演断训练。并国家大剧院的绝手做
报。这是许第一次掺触当教员的经历。
是总结的只是经验教训，吸取借鉴很
的导演的工作方法。用于启发这些三十岁上下
青年演员。

我总在想，别的老师都有明确的思路心甚主
情，接触，搞清哥子的有共性、节拍、速度。

〈一〉

一　說好中國話

我總在想，別的藝術行當都有明確嚴格的基本功訓練，有標準。音樂有音準、節拍、速度；舞蹈有身體的柔韌、發力、手位、腿腳的動作規範；美術有構圖、透視、光比；戲曲有唱唸做打一套程式，都是不能錯的。而話劇表演，更多地強調個人的內心、感情的表演，似乎還沒有在基本功上有一以貫之的規律、統一的訓練標準。我就試著總結了幾條，用於在國家大劇院的訓練工作。

台詞方面，我覺得有四條標準。

一是：字正腔圓。唇、齒、舌、咽部再加上鼻腔共鳴，這些口腔阻氣共振的部位要運動到位，舞台語音要加大這些部位的運動，而且要有力量，不

能像生活中的自然發音，必須咬文嚼字，字音有力度地送出來。

二是：呼吸運用通暢。有爆發力和強氣息支撐語音，使語言有力量，能送得遠，這是舞台語言必需的。但如今，太多的演員學影視表演方法，追求鬆弛自然，不重視台詞，因此缺少舞台表現能力。

三是：四聲到位。中國語言的四聲，是字音的重要標準，特別是一句話最後字詞音準的到位。我總結，一聲是平音，要向前送；二聲的音勢像對勾，先頓一下，再往上揚；三聲是先下後揚的對稱音；四聲是先提後下的入聲字，或也是頓一下，再果斷地落下音的調兒。只有這樣，才能達到字音完整，音腔圓潤飽滿。

四是：達意。台詞中要有語言中最要傳達意圖的一個或幾個字，要輕重緩急地將這意思傳出去或強調出來。我們在生活中其實都會說，但當唸台詞，說別人編的詞的時候，按文法標定的標點符號來一句句地唸台詞，就不生動了。在一定意義上，要模糊標點符號的作用，隨著內在意思說台詞，台詞要像生活中說的話 —— 這就是所謂口語化的台詞要求。讓觀眾聽見、聽清、聽懂、聽得有趣，體現出中國語言之美。中國語言字音的四聲，是極有音樂性的，是極有韻律的。我們是語言藝術工作者，更要把中國話說好！

所以我在國家大劇院演員隊的台詞訓練中，從繞口令開始，到古詩詞，再到現代詩歌。我也通過為國家大劇院訓練摸清台詞基本功訓練的這些標準對不對。如今北京人藝還堅持在話劇表演中不戴麥克，保持真實的，而不是電脈聲的台詞語音，這是不容易的。現在各地蓋起的大劇院，觀眾席越來越大，令人費解的是非要有三樓，讓觀眾似鳥的角度俯瞰舞台。舞美的過度設計會讓演員在舞台後區說台詞，我們想讓觀眾在聽覺上能聽清真實的人體肉嗓子的聲音，這有很大的挑戰。很可惜，現在戲曲界唱戲，因為劇場太大和樂隊規模的擴大，全部都用上了無線麥克，觀眾再也不知何為演員的生命之音和"絲竹之聲"了。

二 演了莎士比亞的 "兩個王"

我很高興成為國家大劇院演員隊的藝術指導,能有機會參加他們製作的四部話劇的演出,先是《李爾王》《暴風雨》兩部莎士比亞的經典劇目,然後參加了原創話劇《林則徐》,第四部是《簡‧愛》。幾十年前看的電影《簡‧愛》裏,美國著名影星喬治‧斯科特演羅切斯特。如今有機會像他那樣飾演這個豐富的、有個性的角色,大劇院的舞台給了我另一個新的創作空間。

《李爾王》是英國皇家莎士比亞劇團 "莎士比亞全球推廣計劃" 的一個項目,導演由我們北京人藝的導演李六乙擔任,《李爾王》也是李導的戲劇工作室與國家大劇院的聯合製作。李爾王這個角色是一個昏君,任性地要把國土一分為三分給三個女兒,想自己過上無憂無慮的享樂生活。在分配之前他要三個女兒用讚美自己的話做條件,結果小女兒拒絕像兩個姐姐那樣用甜言蜜語說假話來表達對父親的愛,於是被剝奪了繼承權,被遠嫁法國。可後來老國王受到獲得國土的兩個女兒的百般刁難,被驅逐到暴風雨的荒野中。他的忠臣也被迫害。暴風雨洗禮了他的靈魂,落入平民的地位讓他人性中的善良回歸了。三女兒來救老王,失敗後與父親雙雙入獄,死在了老王的懷抱中。故事情節跌宕起伏,角色性格反差很大,其中還有老王落魄荒野成了精神失常的 "花仙" 的情節,我們設計出他身穿沾滿花和草稈兒的襤褸衣衫,頭頂花冠的 "花仙" 形象。排這場戲之前,我準備了很久,因為演的是個 "瘋子",語言癲狂無邏輯,又句句都在暗喻人世間的哲理,難度很大。這種表演的狀態就好像一道難關,你得勇敢地闖一下,過一關。像不善於游泳,但只要你勇敢地跳入深水就會本能地自救一樣,也許一下就會游泳了。導演一直在等我下私功準備好了再排,全組演員似乎也在等著那天看我怎麼排這場戲。我先理解人物,把詞大體背下來,也做了這樣那樣的設計:那天我準備著咬牙跺腳深吸一口氣撒開歡兒地衝上場,對被挖去雙目的忠臣戈勞斯特和他兒子說著瘋話,但當他漸漸地清醒了,似乎認出了老臣……排練開始,我真的跟飛身一躍蹦極一樣,赤著腳又跑又跳,狂喊著 "我是國王,我是國王" 上了場,成功地開場亮相,贏得了全組人的鼓掌喝彩。演員自我約束、不好意思的那種心理突破了,一下子轉換成了角色,可以任意發揮了。甚至在說

威嚴的國王變成"瘋癲花仙"

"她們的上半身雖然是女人，下半身卻是淫蕩的妖怪"一段台詞時，我抱起一位飾群眾的女演員，滾在地上歇斯底里一番。當然，人家不是職業演員，排練之前我和她打了招呼，爭取了女士的同意。真的，演員這行需要勇敢，要具備突破自我常態的勇氣，不能怯場，性情要有可塑性，從而創造出各種個性鮮明的人物形象來。可以說，"瘋癲花仙"這場的突破，是塑造和豐富李爾王這個角色性格的一個關鍵。

《李爾王》排練是我經歷的最艱難的一次創作，準備得很早，我們還受邀去了莎士比亞的故鄉斯特拉特福德鎮，在皇莎劇院進行了工作交流。出國的前一天我父親去世，母親和家裏人支持我按時去英國，等我六天後回來才為父親辦了後事。我在告別儀式上說："對於戲劇的熱愛，我們的家庭永遠是恆溫的。"

《李爾王》雖然籌備立項早，但建組開排距首演只有一個來月，排練場滿打滿算才一個月，壓力很大，再加上那兩年北京冬季霧霾嚴重，國家大劇院

在地下的排練場空調系統只得閉路循環，在地下排練場常吸氧不足。這麼多台詞，就覺得總背不下來，腦袋都大了。所以，《李爾王》首演那天真的是場挑戰呀，順順當當拿下，真的是喊了"萬歲"跑回後台的。

人藝七十週年的時候，說要拍一組人藝明星模特照，那時候我正在演《李爾王》，好不容易留了長頭髮，我就拍了一張拿吹風機吹亂長髮的照片，挺好玩。我想要白的桌子、白的背景拍，畫面裏就是我和吹風機。結果拍照安排在黑乎乎的舞台上，我得聽安排。但我其實想拍的是北京人藝的各種門，像大門口，還有觀眾席那邊的門，我想求藝之路總是推門尋道。

說《李爾王》是最難的一次創作，對《暴風雨》有點兒不公道，《暴風雨》也難，何況此劇還是在中國首次演出。

《暴風雨》是莎士比亞最後創作的一部經典，講的是一位被兄弟和敵國坑害的老王，攜兩歲的女兒在暴風雨中漂泊到一個荒島，過了十二年，當他用巫術和魔法得知，仇人們將乘船途經荒島，他呼風喚雨令暴風雨掀翻船隻，他驅使精靈們將仇人擄上岸來，讓他們自相迫害，一一受到教訓。最終，老王當面寬恕了仇人們，還將女兒許給仇人的公子。莎士比亞真是奇想無邊的鬼才，"胡編亂造"地寫出這不可思議的故事，最終突顯人性中令人感動的憐憫和寬恕。西方戲劇評論說："排在上帝之後的人是莎士比亞。"

從英國請來的導演提姆是很棒的，我想接受他全新的創作方法。英國的導演們排戲前，要做呼吸、台詞發聲和肢體的訓練，要熱身，還要遊戲，用這樣的方式帶入演員的注意力，身體靈活的本能反應。提姆會用很長的工作時間幹這些。而我們的工作方法往往不是這樣，我們是先分析劇本、熟悉台詞，然後下場走調度、排練，我們是這樣進入的。我本著學習外國經驗的態度，就跟著學、練。有一天提姆的遊戲內容是分五組人，各組以《暴風雨》的劇情編一個小品，但是不能說台詞。這可難住了我們。其他四組，不管怎麼樣，嬉鬧著胡來，也都完成了。我們這組，我肯定是頭兒，我想了幾種方案都沒勇氣完成，結果交了白卷。我很難為情地說："我們沒有想出辦法。"當時在現場覺得很丟臉呀。當然導演沒有批評，接受了我的道歉。我確實是懷著虛心的態度，準備放棄自己的經驗，接受外國導演對我多年形成的演戲的經驗習慣的解構，學習他的創作方法的。比如他要求我們一開始就互相高度專注地心理交流，眼睛不離開對方地說台詞。提姆不懂中文，我們的台詞還沒背下來呢，很難完成他要的真的激情。每次排練時，都用不上排練前做

精靈們

導演提姆·修普

暴風雨
THE TEMPEST

北京國家大劇院
2018.8.9-8.15
濮思洛畫

遊戲時的那些活躍，因為還沒有詞呢。也許外國那種拉丁語的表達和中文的文法嚴謹性差距太大，錯了一個字就說不下去了。所以，排練開始後好一段時間，要適應提姆的工作方法。演員彼此眼睛對眼睛真實地交流，不許向觀眾說台詞。這種方法真的能建立表演的真實感。經過兩個月排練，我做了很大的努力，第二天將要上舞台合成了，他突然宣佈："你們可以並必須做到開放式地向觀眾說台詞。"我一下子覺得，馬上要合成彩排見觀眾了，突然改變這麼大的演法，背的台詞會亂的。也許他覺得詞都是從心裏說出的，心在排練中順暢了，詞怎麼說都行。這點也許他是對的，可我還沒達到完全隨心所欲的表演境界，臨近彩排、馬上要見觀眾的時候我是慌的。我很不高興地突然衝提姆大聲喊了一句："你不叫我們這麼演，誰敢這麼演！"說完就到一旁喝水去了。他聽了翻譯，過了一會兒對我說："能不能明天坐一起吃午餐？"我說："我不在食堂吃飯。"拒絕了他。但他知道我排練會早到，第二天中午他也先到排練廳，對我說："你是中國很好的演員，也有重要職務，我很高興你能全程排練，只請了三次假。"真的，這三次假都是因北京人藝有事。我是全身心地在國家大劇院投入《暴風雨》的排練的。他又說："你在剩下不多的排練中，請專注自己，不必分心幫助別的演員。"我馬上意識到，我是有時在一旁幫年輕演員講講，他可能有誤會，認為我干擾了他對演員的指導。我讓翻譯告訴他，我真的只是在告訴其他演員台詞的問題，因為舞台設計的表演平台超出大幕線五六米以上，劇場的聲場要求演員在說台詞的時候必須更清晰地發音。果然，首演之後，詞聽不清的問題觀眾是有所反映的。

提姆是個很有藝術個性的好導演，我邀請他在大涼山國際戲劇節上做嘉賓。我從他那裏學來對戲劇的態度，對演員表演求真的態度，對聲音極敏感的態度。他在排練場靜靜地觀察，一言不語，可當需要給予演員激情時，他的態度是近似狂熱的，很感染人。這一切是忠誠於戲劇真實感的那種信仰。他是對演員的內心有影響力和感染力的導演。後來當我任導演時，我覺得自己在排練中有些像他。

我當然得意能夠既演了《李爾王》又演了《暴風雨》，要知道，《李爾王》和《暴風雨》的男主角在歐洲像是一種資格，需要由有相當水平的優秀演員來扮演。

排演《暴風雨》時，我和導演提姆正在討論

提姆給我起了個中國音的劇中人名字 "濮思洛"

三　"孤獨"的林則徐

《林則徐》是為新中國成立七十週年而創作的。這個人物是載入史冊的民族英雄。天安門廣場上人民英雄紀念碑的第一幅浮雕裏就有他指揮的廣東兵民焚燒鴉片的畫面。毛主席起草的碑文第三段是："由此上溯到一千八百四十年，從那時起，為了反對內外敵人，爭取民族獨立和人民自由幸福，在歷次鬥爭中犧牲的人民英雄們永垂不朽！"

理解這個人物不難，我小學時就學了這段歷史，知道他是忠臣，敢於擔當禁煙重任，不畏外敵，開創了中華民族反對殖民主義外來壓迫的鬥爭史。這個人物一定是個剛直不阿、正氣浩然的人。可在排練時，導演王筱頔指出，創造這個人物的孤獨感是這個戲的重要的內在力量。王筱頔導演的母親就是給我們北京人藝排曹禺名著《原野》的導演，她們母女倆創造了一個戲劇界當代佳話，因為她們都導演過很精彩的話劇、歌劇，還有戲曲。王筱頔從中央戲劇學院導演系畢業後，隻身南下廣州，重振市話劇團，在艱難的文化體制改革中組建了廣州話劇藝術中心，十多年來擁有了自己的觀眾，創作出了一批優秀作品。

王筱頔以孤獨來解讀林則徐這個角色，是很獨到的，直指人性內心的悲劇性，這也使她對全戲營造這個人物的環境氛圍有了準確的把握。林則徐被貶官赴伊犁前，賢妻出於憐憫而責怪他都是反襯出其孤獨的壓力，真是對我塑造這個角色有很大的幫助。細想，歷史上的先賢——屈原、諸葛亮、顏真卿、李白、杜甫、岳飛……誰不孤獨。通過演林則徐，我才知道，他策劃、主持、推動的《海國圖志》將亞、歐、非、美四洲的地理人文編著成書，影響過近代史的變法運動，對中華民族的歷史有著重大貢獻。

在最後一場戲中，林則徐在赴伊犁途中有一大段獨白，慰藉為自己屍諫的老臣王鼎，悲歌民族受辱之屈，期盼中華民族圖強有日。在這段戲中，我作為演員的心情盡興於舞台，如將軍揮師百萬的過癮啊，像每每演李白相期明月的陶醉，身心升騰在整個劇場中，接著是迎來暴風雨般的掌聲。這是演員最幸福的時刻。

舞台頂端的鏡面映著斜平台"長江""黃河"的燈帶,林則徐在華夏大地上,憂國憂民

四　圓夢羅切斯特

　　最後說說《簡・愛》吧。演這個戲，也是想過把癮。我想學演羅切斯特，想學美國大影星喬治・斯科特的表演，因為早年他的表演深深地打動過我。我還看過他演的《巴頓將軍》，他因演此片榮獲奧斯卡最佳男主角獎，而他卻拒絕去領獎，說：“藝術不是競技場，以比賽去評好作品是不公平的，少數人的評判不能代表每個觀眾評判的權利。”夠牛的。他仰頭翹起的下巴，微眯著的小眼睛，不經意間咧一下笑意的嘴，都讓我記憶猶新。像前輩們一樣去演戲，我心裏的楷模包括他。現在真的實現了，而且是在舞台上，電影演員就沒這個福氣。這個機會來自國家大劇院的慶祝會。我參加了王洛勇和袁泉合作演《簡・愛》十週年的慶祝酒會，他倆都是我的好朋友。在酒會上我小聲向袁泉和導演王曉鷹說：“我也挺想演這個人物的。”他們都很支持，真的。國家大劇院的製作部也同意我的想法。當然，沒敢跟王洛勇說。三年後，計劃出時間排練了，我才打電話給王洛勇。他痛快地說：“濮哥，你來演太好了，你一定能演好，我在廣西拍戲呢，你一定成功。”好家伙，真夠意思！一下子，讓我放下了爭奪角色的內疚，我很感激他。

　　演這個劇，真的是向喬治先生學到了準確詮釋這個性格複雜的人物。羅切斯特因年輕時期浪蕩的生活，受到了命運的捉弄，對女性有著偏見和蔑視。簡・愛來到他家，同樣被他嘲諷、刁難，但簡・愛都以平靜、自強自尊的態度化解了。這讓羅切斯特刮目相看。又經火災被簡・愛相救，他開始對簡・愛產生了不一樣的情感。

　　但在“愛”這個字的解讀上，王曉鷹導演在排練場告誡我：“你盡量少在臉上露出笑。你本性上太和氣。”我一下子明白了深意。我感激曉鷹導演的提示，我得將自己的溫和本性收住，這樣我便接近了我景仰的喬治・斯科特塑造過的這個經典人物，也接近了觀眾對這部作品、這個角色的審美。再仔細研討劇本，讀原著，發現羅切斯特對簡・愛的情感，多是男人並未出於平等的對女性的需要，表示愛意之後他要改變她平民的地位，要將家庭珠寶贈與簡・愛，使她變為物質上的貴族小姐，這在精神本質上違背了簡・愛的品格。他們之間在這一層仍是不平等的，羅切斯特還是有著居高臨下的恩賜

感。當簡‧愛不允，要出走，羅切斯特的苦勸，不是一般人的柔情，而是從男權主義出發的，被拒絕後他暴躁、不滿、憤怒。在劇情最後，羅切斯特的莊園被瘋妻子燒了，自己也雙目失明，再沒有不可一世的優越感，簡‧愛與他擁抱了。文學描寫還是以物質的消失作為精神平等的前提，完美的結局註定還是部世間通俗的讀物。

　　《簡‧愛》這個戲是為觀眾創作的，國家大劇院讓觀眾重溫了夏洛蒂‧勃朗特創作的這部歐洲古典文學。

怎麼想當導演，什麼時候起的念想呢？大約是林兆華導演問我：「你還想演什麼？我來排。」我說：「《雷雨》咱們試試來個新演法？」我把自己的一些對戲的排法向他說了，可是沒弄太好。在天津辦的林兆華戲劇邀請展上，以他工作室的青年演員為班底，只演了兩場，反響平平。細想想，現在我所導演的三個戲，都是我曾演過但沒演好的戲 ——《哈姆雷特》《雷雨》《海鷗》。巧不巧，全是一九九〇年和一九九一年那兩年，我不到四十歲的時候演的。現在，時隔近三十年，怎麼就心裏不安生，導演了這三個戲呢？

第十三章

横看成嶺側成峰

横看成嶺側成峰。

你想当导演，什么时候起的念想儿？大约是……当导演，回试你还想演什么，好事排。可没导……在天一载以，他了什么的青……

……到底，只演了两场，反映平平……的试着事个新道理？……想，那是在……的时候……现在，这演的许戏，都是我曾演过，但……没……演……《哈姆雷特》《雷雨》《浮士德》了吧……都是80年、91年两年不到四十岁时演的。

时隔近三十年，怎么我心里不安生，审导演这戏呢？

演员和导演是俩行当。各有山头，和导演们……了。攀下把自己的山头，到了半山腰，也看到导演的山峰……师有连着的坡……同那年拍《一轮明月》演弘一法师，翻山……从山坡下去横穿山脉向另一个山峰跋涉……航拍的午车头拿捏。（不像现在天人机拍很着急。）

一　試手《哈姆雷特》

有一年我在烏鎮看了俄羅斯聖彼得堡大劇院演的《奧涅金》，對導演運用舞台的浪漫詩意和調動演員生命能量的方法非常讚賞。我想像他們一樣創造這方舞台。

我第一次試手導演的是《哈姆雷特》。二〇一八年，上海戲劇學院邀我任駐校藝術家，開辦自己的戲劇工作室，參與教學。我覺得自己在北京還忙不過來呢，沒有精力分到上海。後來上戲兩次當面相邀，最後聽說可以選擇為剛入校的一個藏族本科班做助教，我馬上答應了。我記得一九八二年我曾在上海看過上戲培養的藏族班畢業大戲《羅密歐與朱麗葉》，藏族演員們演兩個家族打鬥的戲，男演員們性情彪悍，非常生猛，女演員們長得可好看了，當時還是空政話劇團演員的我佩服得五體投地。我們還跑到後台看演員們。我想起了那次給我留下的深刻印象。這次若能為藏族學生做點兒助教工作，我是願意的。

第一次在教室裏見到這群藏族孩子時，他們剛入校半年，大部分不是從拉薩來的，不但漢語基礎差，連拉薩話說得也不是特別好。藏族語言中也有因交通不暢形成的地方方言。但是他們年紀輕，自己編生活小品，演得很投入，很真摯，真摯到演到失戀、拌嘴的時候，女孩上手就一耳光，男孩捱了這麼重的沒有控制的耳光不出戲還繼續演，這一般是不可能的，專業劇團也不會真打，都是用技術動作代替。起初我記不住他們的藏族名字，心裏把那個打人的女孩叫"能量"，其實生活中她靦腆極了，我每次跟她打招呼說話，她馬上往後躲，還會吐吐舌頭。在最後的畢業大戲上，她很精彩地演了母后。

四年教學中碰到新冠疫情，只能上網課，很艱難地學下來，要畢業了，上戲徵求我的意見，我想到了一九九〇年林兆華戲劇工作室版的《哈姆雷特》，我覺得莎士比亞的戲最適合他們，為此我徵得了林導的同意。為了讓二十二個藏族學生都有機會演，我們決定排 A、B 兩組。又有一個動議，像當年《羅密歐與朱麗葉》一樣，除了用漢語排一組外，再用藏語排一組，可以將這個戲當禮物送給西藏話劇團，這樣以後他們還能繼續演。

於是我馬上開始聯繫，由西藏話劇團的尼瑪頓珠先生翻譯。比期待的要

快，譯本來了，帶班的藏族老師宗吉告訴我翻譯得真好，我心裏有底了。演員們很快就背下了台詞，我聽到他們的音調很好聽，真有點兒像英國劇團的演出。我知道，我們在幹一件很有意義的事情，這不僅是民族文化的交流項目，也是藏語文化解讀世界經典的一次實踐。後來在上海匯報演出時，觀眾評論中最令我高興的一句是："彷彿當年莎士比亞就是為這些演員寫的這個戲。"

在林導版《哈姆雷特》的基礎上，我做了一些改動。比如，不突出"人人都是哈姆雷特"的創意，沒讓其他演員唸哈姆雷特的獨白，而是哈姆雷特一個人完成自己的獨白；比如，兩次出現老王鬼魂時，所有演員出場，群體唸老王的台詞；比如，瘋了的奧菲莉婭歡歡喜喜地和天使對話、對唱，天使來到台上，溫暖地擁著奧菲莉婭遠去；比如，戲子們上場與哈姆雷特相見，歡快地跳起著名的藏族鍋莊舞。上戲的舞美系等專業給予了大力支持，製作專業的團隊也很給力。

　　在解讀人物和台詞方面，藏族學員們跟進得很快。四年間，特別是最後一年，他們的普通話進步很大。每每在排練前，我用半小時讓他們輪流朗讀余秋雨先生的《中國文化課》，要張開口、大聲地朗讀，每每對詞、排練都提示他們大聲、有力量地說話，同時必須呼吸通暢，要用丹田氣頂住聲音，唸台詞要口語化，不必嚴格按照語法句型，可以模糊標點符號的定義，按著意思說台詞，體現話劇特有的"不說詞說意思、不演戲演人"的表演理念。當然，沒有表演的表演仍是表演，說意思便是說出思想動作，像是一邊想一邊說出來，戲就演對了。藏族的男女學員們都有著雪域高原特有的善良、率真、勇猛，很好地體現出我第一次做導演的嘗試。我的一個朋友來看排練，

說：“這些藏族孩子的笑，才是笑。”這句話讓我悟了半天。

當然，我也很賣力，每天上午和下午兩次排練，與他們在台上摸爬滾打，大聲地鼓動他們“滿弓滿調”地唸台詞，中午吃從食堂打的盒飯，不休息，一天下來，肺好像空了，累得很。但什麼也影響不了我心裏漸漸接近成功的暗喜。

上戲對這個畢業班給予充分的支持和肯定，破天荒地安排了十場演出，普通話和藏語各五場。為了讓更多的上海觀眾走進劇場，必須用售票的方式來運營，票價最高百元，效果很好，場場滿座。上海文藝界、評論界和媒體都有極高的評價。最後一場戲演完我就要與藏族班告別了，那天我戴著一脖子的哈達，滿耳縈繞著他們為我而唱的藏族民歌回到了北京。我和宛萍給他們每人買了一個最大號的旅行箱，讓他們把四年的上海生活帶回去……

後來，我專程去了拉薩，看到畢業後全部在西藏話劇團就業的這二十二名學生，他們在家鄉為父老鄉親演《哈姆雷特》，演出結束，看到他們的父母、親友上台祝賀，一旁的我深深地被感動。

二　今又《雷雨》

二〇二一年這一年，我一口氣當了兩把導演。從上海完成了《哈姆雷特》回到北京後，我就開始了已準備多年的新版《雷雨》的導演工作。

一九三四年，二十四歲的曹禺先生寫出了中國劃時代的經典作品《雷雨》。一九五六年，曹先生面對當時的文化環境做了修改，突出了階級鬥爭的主題，這在一定程度上改變了原著的思想內涵。北京人藝以及全國各個劇團幾十年來演的《雷雨》，都是一九五六年的版本。與我聯合導演新版《雷雨》的唐燁欣喜地將她淘到的一九三六年印刷的《雷雨》劇本送給我的時候，我高興極了。先後兩個版本一對照，除了原版的序幕和尾聲外，故事劇情線索和台詞也有著很多不同點。

我們在四鳳的台詞中發現，周樸園在回家的三天中，背著不下樓的繁漪準備搬家，甚至有些大件的東西已經搬運了，為什麼？當周樸園懷疑著眼前突然出現的侍萍，轉身去對照“遺像”時，侍萍說：“樸園，你在找侍萍嗎？

她在這兒呢！”多麼有情感的台詞，在修訂版中竟然刪除了。這是全劇中侍萍唯一一次說不帶姓的親稱“樸園”。大概當年反對人性論，所以把這句優美的台詞刪了。再有，周萍要連夜離家去礦上，那把後來用於自殺的槍不是父親周樸園給的，而是同胞親兄弟魯大海給的，那是他在礦上罷工時撿到的警察的槍……

看老版《雷雨》時，台下有哄笑的反效果，在解讀劇本時我們要思考這是什麼原因。根源就像藍天野老師在一次藝委會會議上所說：“我不知道被反覆宣傳的北京人藝表演藝術風格是什麼。我只說北京人藝的表演：不應該是虛假的，不應該是概念化的，不應該是情緒化的。”我反省自己當年演《雷雨》的周萍，他是像很多人認為的那樣帥氣嗎？他是值得繁漪愛的大少爺嗎？他是玩弄女性、不負責任的“周樸園第二”嗎？周樸園到底知道不知道自己的妻子和大兒子之間的情感糾葛？他真的在自己的家族有風波的第四幕中近一整場的時間裏都在樓上睡覺嗎？

我們對照一九三六年的原版劇本，以修訂版劇本為基礎，刪減了使戲劇節奏拖沓的台詞，加入了周樸園因明瞭家族風波而整頓家族秩序的動作線，突出了魯貴不甘被繁漪辭退、擔心女兒被捲進周家是非的線索，清晰了作為全劇背景的罷工和家族風波這兩大事件，使觀眾明瞭這個故事結構其實就是周、魯兩家人進入彼此的空間。

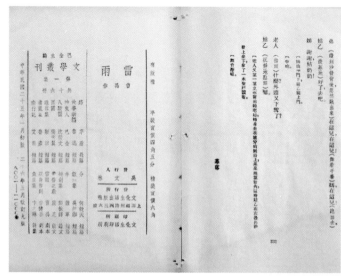

曹禺先生以小見大，我們似乎在尋找他老人家隱在劇本中的密碼，那一定是他青年時代閱讀歐洲名著後的人文情懷，對中國當時社會中人間苦難的憐憫和悲情，他同情他筆下所有的人物，包括後來往往被當作批判對象的周樸園和魯貴。

鄭榕老師在劇院一直呼籲繼承和發揚北京人藝傳統，對當下戲劇表演中出現的不良傾向提出質疑，他提出："現實主義創作也容易出現因表演內心體驗過度而造成劇情拖沓、節奏沉悶的傾向。"

在以前的《雷雨》中，因要表現這遮蔽著窗簾的屋子氣氛的壓抑，悶得即將要下一場大雨，三個多小時的演出確實又悶又拖。我體會到，也許曹禺先生更希望所有的人物衝出令人悶氣的空間，到原野，到天地間去向往新生活。所以，我們這版《雷雨》似乎在破解曹禺先生劇作的密碼，加強了出走的主題：四鳳早已暗自萌生與周萍私奔的念頭；周萍想逃；繁漪想衝破現狀；周樸園要改變生活而暗自安排搬家，以平息家醜風波，不能讓外人說出一點兒閒話，當然有大事化小小事化了的考量；周沖向往與四鳳一起乘小帆船去天邊遠航；侍萍要盡快逃離此地，擺脫三十年來命運給予她的厄運；魯大海因罷工失敗而被開除，他在迷茫中亂闖，半夜還去拉洋車，似乎只有魯貴想維持現狀，還想回周家當管家。

出走，是曹禺先生四部名著共同的主題，也是魯迅以及後來的巴金那一代作家探討的主題。

我覺得，《雷雨》一定可以從一個具象的物體房間中拓展出想象的空間，像俄羅斯的話劇《奧涅金》一樣。我與舞美設計王琛用了兩年多時間，想打

開這令人悶氣的兩場佈景，想讓天地、雷電、暴雨摧毀、衝破象徵網的房間，用電風扇吹動窗簾，甚至吹動牆體，魯貴的家隨著怒火中燒的繁漪拉開窗子而破裂，在雷電之下的原野上有五個人影在奔跑⋯⋯這些設計最終都很好地呈現在舞台上。

尾聲的舞台設計我特別滿意。三個剛剛死去的年輕人打著三把油紙傘，護著痛不欲生的父母，走向天邊，我覺得那遠方的天幕缺少一線“明的光亮”，好像謝幕前的詩意有一口氣沒吐出來，要吐出那口氣才好。我打開手機電筒，跑到舞台最後一道天幕的後面，看有沒有可能加一排燈。當電筒的光打在台板上，反射在天幕底部的光就是我想象的效果。我跑去和正忙著的燈光設計孟彬商量，他說“這容易”。沒過一會兒就實現了。真的，這是整部戲最後一個舞台變化，用燈光創造出最後一句詩 ——“天邊有明的光亮”。

靈感是不期而至的。《雷雨》的戲核是什麼？就是三十年前一段愛的因緣。在礦上鬧罷工、家裏出風波的困擾下，周樸園願意一個人在專門佈置的、與三十年前愛戀時一樣的房間裏休息，這個房間的家具，被來到周家的侍萍認出來了：“這些家具⋯⋯這個櫃⋯⋯”沙發，最後還有那個鑲著自己遺像的相框。她的眼睛，在一個一個地辨認⋯⋯

二〇二〇年，我在蘇州一個叫雕花樓的景點遊覽，這棟樓建成於民國初年，我注意到裏面陳設著一套洋沙發，很特別，靠背和扶手的下部不同於別

的沙發，是鏤空的，功能是夏天坐在上面透氣。我馬上意識到，這就是周樸園從南邊搬到北邊多年後一直不肯丟下的沙發。我在那裏拍下照片，久久盯著沙發，聯想著，生出了新版《雷雨》序幕的舞台景象。一個這樣的雙人沙發靜靜地被一束光打亮，放在那空的舞台上，迎接觀眾入場。戲正式開始，周樸園示意僕人們將三十年前的其他家具搬上來，因為他不在家的時候，繁漪是會將這些象徵老爺舊情的家具撤掉的。戲一開始，家庭矛盾以家具的語匯揭示出來……

我的朋友幫助聯繫承德的一個沙發廠，以雕花樓的單人沙發的樣子，放大尺寸，做了個夠三人坐的沙發，因為舞台整體面積大，家具的尺寸也得相應地大一點兒。沒想到，人家沙發廠克服疫情困難，終於在舞台合成時將貨送到。一卸車，我傻眼了，寬和高的尺寸是對的，可是座深的尺寸也加大了，人的背，靠不到沙發背兒。我們唐燁導演坐上去，靠到沙發背兒，小腿就伸直了。怪我們沒有把舞台的要求講清楚。馬上把沙發拉回去，把座的深度截下一塊兒。那夜在下雨，我焦急的心感受著雨滴砸在地面的嘩嘩聲，那是極悲愴的詩意般的記憶。好在我的朋友向廠家求情，終於在見觀眾彩排前等來了稱心如意的沙發。新版《雷雨》在這個沙發的靜物中拉開了序幕⋯⋯

說到新版《雷雨》，我還要感謝中國文聯的領導請來蔡懿先生的紀錄片團隊，這個團隊花了兩個月時間，基本上在排練廳和劇場全程拍攝了《今又雷雨》的紀錄片，全長三個小時。蔡懿先生告訴我，投資成本靠發行是收不回來的，但他願意為有價值的當代藝術留下史料。我代曹禺先生的經典作品真心感謝為文化藝術的傳承和發展默默做出貢獻的人們。

三　《海鷗》現在時

學英語有過去時、現在時之分，寫到這兒，最後談談"現在時"。我正在導演，還未完成的作品，契訶夫的《海鷗》。演員都是目前北京人藝的青年演員，甚至演管家夫人的是年齡不大的雪歌，她的同班同學演她女兒。我真的願意為培養劇院青年演員做點兒努力。

當導演，我常會想到對我很有影響的林兆華先生。他的作品都有自己內在的創作理由，常有他每部戲為什麼要排的隱喻。舞台是劇本的二度創作，是形象的文學，在尊重劇作家的同時，當然要有導演解讀劇本的態度。林兆華懂得使用舞台空間。他年輕的時候曾幹過錄音，對聲音，也對美術有著特殊的審美敏感。他的舞台常不被劇情故事束縛，天馬行空運用舞台藝術的假定性，一戲一格，常不像他的戲，又是他的戲。我父親批評他的戲沒有道理，他聽說後笑答"我就是沒有道理"，你說氣人不氣人。我還曾在會上當他面說："大導像孫猴子，在人藝排的戲，好像都叫座，還有所謂現實主義的緊箍咒把持著他。而他在自己戲劇工作室導的戲，更實驗、更前衛，沒人約束他，往往上座差。"可賣不動票，圈內往往有好評。他敢失敗，不怕別人說不好，他還說："要讓莎士比亞的劇本為我服務。"美術界有相同的觀點：

「畫我心目中的物象。」你能說戲劇不能排他心目中的戲嗎？當然我在《海鷗》導演構思中，沒敢全學他，還是以故事、敘事為重，讓沒看過此劇和劇本的廣大觀眾能看懂契訶夫的故事和人物。我還是抒發著我喜歡的、契訶夫式的詩意和幽默，對每個人物要尊重他們的人性弱點，對人的不同性格的同情、諷刺、批判，要以善意的喜劇性表達出來。我會學林兆華戲劇觀念中的簡潔、樸素的風格，台詞口語化，表演地位盡可能靠前，角色走位的調度，學中國戲曲平行、對角、直線直拐、三角品字站位，以減少生活化常使用的瑣碎細節。他利用演員天性，可誰也出不了他設下的大空間。可是我合作過的外國導演，不同於林兆華，英國的提姆，俄羅斯的葉甫列莫夫、阿遼沙，他們有很強的對演員心性的影響力，啟發、鼓動演員時用心性和肢體的模仿給予示範，很生動，常不坐在導演的位子上，常溜達在任何位置，甚至就站在演員身後小聲提示。我這次導演《海鷗》，防止演員先理性化地想象角色什麼樣、性格會哪樣而先有了外在的殼兒。曹禺先生說，人的性格主要表現在思想。所以我基本上沒有一般排練開始時的導演闡述、分析劇本的專門時間，而是邊幹邊講解，對詞的同時，分析解讀動作，用動作性開發演員進入劇情。當然，我對劇本的解讀，刪改了一些段落，構成這次創造的工作台本，同時要有導演在舞美、燈光上的設計，建立二度創作的形而上的意圖。解讀和設計之後，進入合作實現意圖的創作階段，與舞台美術各部門，當然更多的是與演員在排練廳的合作，對每個演員的生命能量的重塑，成為角色，又讓他們個人天性得到煥發，讓角色支配他們扮演角色。我一直沒有像通常那樣請專家來講座，講時代社會背景，讓剛進入排練的青年演員先想半天角色是個什麼樣兒，而被概念和情緒束縛。

宣傳處的人讓我寫演出說明書要用的導演的話，近來有兩句話對我特別有影響，一句據說是蘇格拉底的名言：「我唯一知道的是我不知道。」還有一句是托爾斯泰說的：「多麼偉大的作家，也不過是在書寫個人的片面而已。」我哪裏敢認為自己導演的《海鷗》揭示了契訶夫的創作主題。於是我寫下：「一百年前，契訶夫為新世紀創作了這部著名的《海鷗》。二十一世紀，我們為這部話劇經典完成了一次舞台習作。」

我想契訶夫在十九世紀末一定有對新世紀的思考。他對當時俄羅斯世俗

生活中的百態人生有著深刻生動的描寫，如寫生如素描。第一幕的戲中戲裏，科斯佳那段關於未來世界的話語："二十萬年後，人和所有動物在完成了可悲的輪迴之後滅絕了，幾十億年過後，在夕陽的腐水邊，新生出的單細胞，仍有著曾經人類全部的精神，那就是我！要永遠與物質之父‘撒旦’進行鬥爭……"第四幕中，科斯佳了卻了世俗情愛，沒有與世俗生活道路和僵死的通俗文學同流而選擇了自殺，以達到精神的純粹和完整，這是否是契訶夫留給我的更深一層的思考？精神的神聖是否只有在物質真正與肉體分離後才能得以完整，才會如海鷗一樣自由地飛翔？若這是我們認識的《海鷗》這部作品的密碼，那麼劇情中妮娜還繼續揹負著生活的十字架，選擇忍耐命運的困苦，在當演員的艱辛道路上前行，也是另一種海鷗精神。這是在劇本解讀中尋覓到的雙重主題，以世俗生活和精神生活這兩種人生樣式供觀眾感悟、思考。

契訶夫在劇情環境中寫，這裏有一片美麗的湖水。我們用契訶夫好友列維坦畫的湖作為天幕佈景，劇中人像海鷗一樣眷戀這湖水，每隻"海鷗"不安生地抖動翅膀，但眼睛卻盯著水中的魚蝦，不願飛向天空……這彷彿是契訶夫既尊重生活的真實，又憐憫同情地描寫所有人物性情中的弱點，並給予幽默、含蓄和善意的批判。

感謝舞美設計曾力和王威為舞台提供了唯美的景象：列維坦的畫兒、兩棵有象徵意義的大樹、戲中戲的小舞台、一架三角鋼琴，還有數十隻皮箱，成為演員表演的支點。一個小型的現代樂隊在上場口現場參與演出，使這台戲有了浪漫的氣質。我相信天堂的契訶夫會看到一個中國的劇院在一百年後又在演他的第一個劇本。明年便是他逝世一百二十週年了。

導演的山峰不好攀，要耗費心力好幾年，想呀想，不鬆一口氣地長時間與各方講述自己的想象，好在我的合作者、舞美設計曾力是一九九〇年一起創作《哈姆雷特》就相識的老友，他也六十歲要退休了。退休前與我合作這部經典他很高興，舞台創作全交給他我真的放心了。

演員和導演是倆行當，各有山頭，在一個個戲裏，我和導演們各自攀爬自己的山頭。到了半山腰，我扭頭看看導演們的山峰，似乎也能看清山脈的走勢、溝壑、山脊，有蓄的湖，有流的瀑，有從山下爬上去的路，山脈之間還有連著的坡道，如同那年拍《一輪明月》時我為演弘一法師翻山越嶺，從山坡下去橫穿山樑向另一個山峰跋涉，產生了航拍的鏡頭角度。

　　演員橫跨過"山樑"，爬導演的"山峰"，是有短板的，會多從演員角度出手，而在文學和舞台設計、燈光、音響等方面有欠缺。我以為，導演工作有三大任務。第一是解讀劇本，在理解作者的過程中感受或發現自己將作品轉化為舞台劇的意圖，發現將來與觀眾一同分享的話題。第二是產生新穎且適當的舞台面貌，包括修訂劇本，包括設計舞美、音樂、演員表演的樣式。第三是在創作中與舞美、演員、劇院業務部門等的合作，最費精力的是與演員的合作，因為演員在台上一出現，一定是觀眾最關注的視點。演員是戲劇精神空間中的最大畫面。在舞台上按照美術創造奇觀和美景固然重要，演員在表演中釋放的生命能量才是觀眾買票進劇場的最大理由。

這就是《哈姆雷特》中唯一的舞台支點，一把可以移動的老式剃頭椅

我覺得生命的概念就是時間和空間。人的生命有限時間百年左右，感恩父母給予我生命，排上了歲數的浩蕩隊伍。向前張望著未來，向後瞅，又有一撥撥新的生命排在了後面。

P320—P347

第十四章

我的父母師長

晚年想托我把他一辈子写的教材、理论文章、发起出书。为了培养话剧人才，我父亲一生做了许

父亲在上世纪七十年代刚恢复成立的北京艺术学长，主持工作，他那时四十多岁，每天早上从前行车去蓟门桥邮电学院租的校址去上班，天黑下，无论雨雪风尘。在戏曲、话剧、交响乐、舞蹈业的教学中，他虚心学习各门专业，尊重也还尚那时没戏可演的各行专业的老艺术家，为几年后放的北京市文艺人才队伍的建设做过贡献。在人作的87级表演班，我父亲是班主任。1991年我时，饰演繁漪的龚丽君就是他的学生。87班里小艺都跟我父亲学习过。

的《艺术人生》节目中，我父亲的结束语是："严以待人。"他为剧院的很多老同事，甚至是年轻写过赞扬的律诗。他为自己写的自题诗是："咏秋不争春，枝干疏密根自暮催花放，愿随白雪共芳芬。"

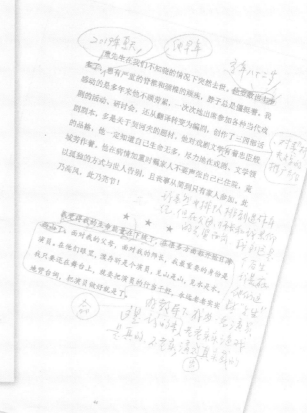

一　屬於我父親的經典

　　我父親是北京人藝老演員，在舞台生涯中塑造了幾個經典角色。所謂"經典"，意思是後人可學可仿，有典範價值。

　　在五十年代排演歷史話劇《蔡文姬》時，我父親飾演周進。他們老一輩演員們學習了京劇唸白，讓半文言話劇的半文言台詞有戲曲的韻味又不失話劇的生活和動作性。一九七八年，劇院為了致敬時代，首先恢復排演的就是《蔡文姬》。這些一度"靠邊站"的老人真叫本單位那些曾經喊要"打倒一切"的造反派不得不服。《蔡文姬》首演日，觀眾為了買票，頭天夜幕下就在售票處前排起了長隊，那叫一個壯觀。早上開票時，把售票處旁的牆都擠塌了。應該說，從一九七八年的《蔡文姬》開始，票販子就開始倒人藝的票了。那時的票價才塊八毛的，但幾張下來，票販子掙的差價也夠下一頓館子了。

　　緊接著排的第二齣戲是《雷雨》。《雷雨》是全世界上演次數最多的中國話劇經典，全國各地的劇團應該也差不多都演過，大約都是一九五六年曹禺先生參與的《雷雨》修改版本。一九五四年，北京人藝在建院兩年後想排這個戲，曹禺身為這個劇院的院長，可竟懷疑："這新的年代，我的戲還能演嗎？"經曹禺先生修訂，沒有了序幕、尾聲，被突出了階級鬥爭意圖的新版本的《雷雨》首演了。

時隔二十餘年，這一九七八年復排的《雷雨》陣容，用現在的話說叫"超豪華"：英若誠的魯貴，李翔的魯大海，胡宗溫的四鳳，米鐵增的周沖，繁漪換為謝延寧阿姨，鄭榕、朱琳和我父親仍演原來的角色。那年我也有二十五歲了，已是空政話劇團的學員了。我坐在台下，有生以來第一次似乎看懂了小時候看不懂的戲。

我那時候在空政話劇團當演員，坐著火車趕回來看最後一場的演出。我到後台的化妝間看我父親化妝，他那時候是五十二歲。他用眉筆畫眼線，上眼皮有些鬆了，不像年輕人一筆就能畫下來，得一下一下地畫。周萍的年紀，台詞裏說："我都快三十了，你才十八。"當時我的心裏就想："父親的年齡已經不像周萍了。"後來我五十歲的時候堅決退出了《雷雨》劇組。

在六十年代初排的俄羅斯奧斯特洛夫斯基的《智者千慮，必有一失》中，他扮演的是男主角葛路莫夫，最後的大段斥責達官貴人們的獨白被稱道至今。後來來了個俄羅斯劇團在北京保利劇院演出此劇，上了年紀的我父親和導演歐陽山尊先生也去看了。雖然他們對俄羅斯的演員大加讚賞，我倒真的覺得他們當年演得比俄羅斯人好。

二　父親的背影

我父親是典型的知識分子，為戲劇事業奉獻了一生。他不太關心生活瑣事，記憶中他幾乎沒逛過商場。記得改革開放初期，他好不容易出趟國，劇團的人都進商場買東西，他拿著點兒外匯不知道買什麼、怎麼買。尷尬之餘，聽人勸胡亂買了些送家人的禮物，又貴又不合適。回來被母親和我們笑話了一通。我父親吸煙，這個他會買。早年好煙曾經是限購商品（生活困難時期很多商品都限購），好煙每人每次只能買兩盒。我還在空政話劇團的時候，有一次我和他騎自行車路過西單，在當年的首都電影院邊的一個小賣店有好一點兒的煙，他說："咱倆去的話能買四盒煙。"可等他買完出來，他猶豫了一下，說："你還穿軍裝呢，別去。我包上圍脖擋住臉，再去買兩盒。"我見他捂得只剩下眼睛，反身又進了小店。結果，他可以說是狼狽而逃地急步回來，騎上車就走，說賣東西的認出他了。我想象那售貨員一定話沒說完："同志，您不是

剛才……"極自尊的父親已經跑出了門。看他騎在前面的背影,我想到了朱自清。

三　父親的啟蒙

常說"嚴父",但我父親的嚴格其實很少在嘴上。在我印象中,我小時候他不太管我們,他的心思全在工作和自己喜歡的學問上。

我父親回到家,待得最多的地方就是他的書桌,總在那裏寫寫畫畫。他二十歲左右在國立北平藝專（中央美術學院的前身）學水墨山水。父親曾給我們三個孩子畫肖像，可像了。我還看過他臨摹毛主席像的全過程。父親對畫畫的愛好影響了我，我現在也可以畫人物素描。

父親還教育我們，寫字要工整，文法要通順，不能有錯別字。後來我當知青到了黑龍江，給家裏寫的信有錯字、病句，他用紅筆圈畫出來，隨信又寄還給我。這對我的成長有重要的影響，不光使我的書寫能力提高了，還使我能自學，《新華字典》總在手邊。他晚年看我寫的毛筆字，隨口一句"行氣十足"，令我汗顏。他老人家去世後我還在練字。新冠疫情期間，我報了書法班，正規地學習，堅持每天臨帖交作品。

我還不知道戲劇是怎麼回事的時候，就經常跟父親到劇院裏去，能去後台玩，有時可以混到觀眾席裏坐一坐。那時首都劇場觀眾席在甬道的外側，裝有沒靠背的副座，一般不賣這個座的票，自己劇院的人可以和觀眾一起觀摩、學習，這可真好。現在沒有副座了。我父親在《霓虹燈下的哨兵》裏演路指導員，我那時就想到後台去玩他用作道具的駁殼槍。那手槍可是真的，只是槍的撞針卸掉了。在《李國瑞》中他演一名八路軍戰士，用的是步槍"三八大蓋"，還能摸別的演員用的歪把子機關槍、小手槍，還有朱旭老師演的"趙大大"用的就是橫子彈夾的衝鋒槍。童年時在後台的難忘經歷，也許註定了我熱愛話劇，走上演員道路。

我父親對於文化的追求潛移默化地影響了我。父親在我爺爺的教導下，等於上過私塾，古典文學功底被是之老師稱為人藝第一人。我很感激我的父親在我適齡的時候把從劇院圖書館借來的書籍擺在我面前，感激他讓我養成了閱讀的習慣。那是我十二歲的時候，父母不允許我離開家去全國"大串聯"，於是我開始看書，看了很多。後來我在黑龍江當知青，從關閉了的圖書館裏讀到了契訶夫的短篇小說《一個文官的死》，忽然第一次有了對號入座的感覺。那個文官打了一個噴嚏，唯恐前面那個高官對他有誤解，最後他竟抑鬱而死。當時我二十歲，想回北京，專業考試都考上了部隊文工團，卻不敢敲政委的門去說，因為我喊過口號，還想入黨，還是團代會代表，怎麼可以提出這個要離開邊疆的要求？我感覺到自己的卑微，害怕看政委的眼睛，有點兒那個文官的感受。最終我沒有敢敲門。那個時候我讀了《一個文官的死》，好像是在文學中解讀自己。

作為一個演員，我越來越意識到我是一個語言工作者。不論是電影劇本還是話劇劇本，特別是話劇劇本，全都是台詞。我現在能以一個語言工作者的身份參加各種朗誦會，主持節目，給學生授課。很多觀眾也許沒看過我演話劇，但在手機上、網上聽過我朗誦的《將進酒》《琵琶行》。這一切是受父親的影響。我父親當導演的時候，很重視台詞。他喜歡朗誦。小時候我也參加了小學的朗誦組。

四　那一次的握手

我父親一九四六年入黨，在北平從事地下黨工作。六十年代父親是北京人藝最年輕的黨委委員，負責青年工作。他後來也進了"牛棚"，我父親我母親住的房間門上也被貼了造反派的對聯。我目瞪口呆地看著他拿了網兜裝了牙膏、毛巾、洗臉盆離開了家。

他被關在北京人藝現在的菊隱劇場，那時是佈景工廠。曹禺先生也在。在被關的人裏，我父親剛過四十歲，年輕力壯，他負責給大家打飯，天天騎著自行車往返於燈市口和人藝的食堂，弄一鐵鉤子橫擔在後車架，這邊掛著一桶菜，那邊掛著一桶饅頭。

有一回我父親被批准回家取衣服，大概因為多日不見，我父親到了家挨個握手，很正式的，跟我也握了手。我呆呆地看著他，心想："握什麼手啊？"他招呼我，摸摸我腦袋。我那時候小，才十三歲，覺得好玩兒。可是他和我姐握手的時候，我姐因父親進了"牛棚"而當不上紅衛兵，就把手背著，拒絕握。父親多少天的壓抑爆發了，打了我姐一下。我姐"哇"的一聲，跑出家門。母親當時一通埋怨父親。

五　父子同台

父親飾的周萍對我的影響太深，以至我一九九一年對這個角色沒有多少自己的理解，差不多是描紅模子般按照他一樣地演，動作、語氣、細節的連

1993 年，我與父親同獲文華獎
話劇《李白》獲文化部頒發的劇本獎、演出獎、導演獎、舞美設計獎和表演獎五個文華獎項

接，都是從我父親那兒來的。藍天野老師在世時說過"話劇表演三大忌"："我不敢說什麼是北京人藝的表演學派，我只知道北京人藝的表演不能是虛假的，不能是概念化的，不能是情緒化的。"當時我在一旁聽著反省自己，我曾經就有這三個問題。我把周萍演成一個殼了。我只是沉浸在前輩的影響中，一知半解地表演。父親曾寫過一篇演員創作體會，標題是《替周萍找同情》。顯然，他也是擔心創作中容易出現概念化的問題。

我認識到自己錯了，也到了五十多了。我想起了曾看到的化妝鏡中的已五十歲的父親。於是，二〇〇三年我提出了退出《雷雨》劇組的申請。

我和父親幾次合作，除《李白》，還有以曹植寫《七步詩》的故事排的《天之驕子》，是他導我演。我還因飾李白獲得了中國戲劇表演最高獎"梅花獎"。二〇一二年要去台灣地區演《李白》，但考慮到父親的身體情況，劇院決定不讓他去。我父親在一次家宴中把我叫到沒人處，很不高興地問我："是你的意見嗎？"那時他剛出院，身體不好，但仍然想要去台灣，最終劇院做通了他的工作，沒讓他去。

六　父親的兩個不滿意

我父親還有兩件事對我不太滿意。

一件事是他覺得我排戲不認真。排《李白》期間，有一次我回家，我父親不說話，我母親問："今天你們排戲怎麼了？"她說我父親不高興，說我排戲的時候"怠慢"。有句俗話叫"狗攬八泡屎"，我當時就是那樣。那時候真是累，頭天在煙台參加商業活動，但絕對不能耽誤第二天九點在北京人藝排練，所以活動之後晚上十點了，得馬上回北京。沒有飛機了，我連夜從煙台坐麵包車到北京，在車裏睡覺。倆司機換著開車，跑了一整夜，開到剎車片嘎啦嘎啦響，終於在七點之前到了北京。司機師傅沒去過天安門，問我能不能繞路去看看，那必須答應啊。他倆到天安門轉了一圈回來，八點多鐘把我送到人藝，沒有耽誤排練，但我真的是暈頭轉向。當時我父親耳朵已經有點兒背了，他似乎聽我在排練的時候說了一句，"我真不想排，累死了。"所以不高興。

第二次是我當了劇協主席之後回家看他，我母親大聲地在他耳邊說："昕昕當劇協主席了。"他沒抬眼。我母親又說了一遍，我父親仍以耳背的態度不作反應，不說話，也不抬頭。他當時耳朵確實背，但不論我母親怎麼說，他就是不理。我在邊上待著，又汗顏了。我知道，他心裏在想：那個位置是你待的？中國劇協主席是我敬重的田漢先生、曹禺先生的位置，是我的老友李默然、尚長榮的位置，你算老幾！

二〇〇七年，國家紀念中國話劇百年的活動，評選、表彰了一批對中國話劇發展做出貢獻的藝術工作者，最高獎項是只有三十個名額的"中國話劇突出貢獻獎"，還有七十個名額的"優秀藝術家獎"，共一百人。我榮獲了最高獎項，而兩個獎項都沒有我父親。我將此事告訴他時，他靜默一下，淡淡地說了一句："咱這一輩子也不是圖這個。"他在整八十歲的生日當天為自己寫下"槳去水合"四個字，後來我們把這四個字刻在了他的墓碑上。

這種國家級別的頒獎是歷史、社會對一個藝術工作者的肯定，幹了一輩子話劇的他怎能沒有遺憾，但他淡泊、大氣的君子之風令我敬佩。今天，我在中國劇協的領導位子上，別人不絕於耳地稱我"主席""主席"的，可我時時警醒自己，要銘記父親的君子之風，像父親當年任北京藝術學校副校長時那樣，尊重戲曲各行各派，還有歌劇、交響樂、舞劇、舞台美術等方面的藝術家，向姐妹藝術學習，並借鑒他們的長處來提高自己的藝術修養。在當劇協主席的致辭的開頭我說："我是一個演員，不停地在台上創作，與大家一樣，是名舞台藝術工作者。我想表個態，買的時候什麼樣，賣的時候還是什麼樣。"以此表示，本分為重，我永遠是演員，擔任劇協主席仍舊是演員。閻肅老師曾有"天分、勤奮、緣分、本分，本分最不易"之說。演員的本分，做人的本分，我父親守了一輩子本分，他的言傳身教也讓我時時告誡自己，不能把自己"擺錯位"。

七　父親的一次表揚和一次失望

　　我父親真正當面誇我，是在二〇一二年紀念林兆華開創小劇場戲劇三十週年的演出期間，那也是我唯一的一次小劇場演出。我找到林兆華，說想排契訶夫獨幕劇中的《天鵝之歌》。這齣戲的主角是一個俄羅斯的三流劇團裏面不被看中的丑角兒，謝幕永遠站後邊，但他什麼台詞都能背，而且看不起站在前面的主角。這一天表演結束之後，他喝多了，沒走成，在深夜的劇場裏面把莎士比亞演了個遍。這是于是之老師曾經想演的戲，作為一個演員，他想演演員的苦悶，想表達自己最後要告別舞台時的落寞，但他沒演成。這個戲是獨幕戲，非常短，最多半個小時就全演下來了，所以我塞了很多"私貨"，編了很多台詞，比如："什麼是表演，不就是把假的往真了演嗎？可真正的好演員是敢把真往假了演，誰行？丑！我們丑行！"

　　我父親和我姐來看戲，坐在第一排正中間。在小劇場，演員離觀眾很近，演員可以和觀眾任意地交往互動，這是一種無疆界的、似演非演的狀態。我在我父親面前跪著演的時候，我摘下頭套之後頭髮壓扁了，可以看到頭頂毛髮稀了，突然間他字正腔圓地對我姐說："他禿頂了。"他個兒比我矮，平日裏看不到我的頭頂，這下看到了。他因為耳朵不好，不覺自己說話

聲很大，觀眾都聽見了。當然我沒聽見，入著戲呢，演完之後我父親誇我：
"好！你現在是文武崑亂不擋了。" 說完這句話他就走了。"文武崑亂不擋"
是京劇界誇讚同行最高的褒獎，意思就是什麼都能演。父親能這麼誇我讓我
心潮澎湃。

　　我父親晚年想託我把他一輩子寫的教材、理論文章、發言稿集在一起出
書。為了培養話劇人才，我父親一生做了許多工作。我父親在二十世紀七十
年代剛恢復成立的北京藝術學校做過副校長，主持工作，他那時四十多歲，
每天早上從前門大街騎自行車去薊門橋郵電學院租的校址去上班，天黑下班
回家，無論雨雪風塵。在戲曲、話劇、交響樂、舞蹈全科藝術專業的教學
中，他虛心學習各門專業，尊重各門專業的老師，為後來迎來改革開放的北
京文藝人才隊伍的建設做過貢獻。他一輩子寫過很多文章，主持出版《焦菊
隱導演藝術論文集》，還有他多年積累的教學大綱、台詞課教材等等。但我因
劇院沒有意圖給他出專集，也沒有自己出資出版他的書，令他一度失望。更

何況，我先後與童道明先生合出過兩本書。我現在覺得很對不起我父親。

在央視的《藝術人生》節目中，我父親的結束語是："嚴於律己，寬以待人。"他為劇院的很多老同事，甚至是年輕的演員們都寫過讚揚的律詩。他為自己寫的自題詩是《詠梅》："不計夏秋不爭春，枝幹疏密根自深。何期歲暮催花放，願隨白雪共芳芬。"

我父親很重視台詞。舞台語言很重要，特別是獨白。後來我教藏族班的孩子們演《哈姆雷特》，他們的普通話原來很不好，我教學時每每讓他們排好順序大聲讀書半個小時，對普通話的提高很有幫助，表演時我讓他們大聲地說台詞，口齒清楚，傳達意思也準確，心裏流露的東西和台詞是一致的。在中國，《哈姆雷特》有了普通話版的，現在又有了藏語版的，畢業演出後他們還因為台詞的質量得到了上戲領導和專家的讚譽，這個成果令我很高興。希望這可以抵消一點兒我對父親的愧疚。

八　父母愛情

　　我母親家是大宅門，母親在我小時候的印象中是嚴厲，管教多，常發脾氣的。現在我明白了，一九五七年生我弟弟的時候，她被錯劃為右派，更不幸的是患了神經官能症，所以有時候情緒不好，愛任性，心裏有點兒事容易鑽牛角尖。她在單位裏心情肯定不好，因此回到家她會因一些家務事批評人，用這批評來證明自己的正確。那些年，我父親能體諒寬慰她，支撐她的生活信心。央視《藝術人生》欄目採訪時說到那段日子，我母親非常感激我父親，她說："蘇民是個大好人，沒有他的理解、安慰，那些年我是熬不過來的。我和他過一輩子真是太好了。"坐在台下的我很受教育，要珍重婚姻，尊重對方的人格、自尊心，他們的一輩子有著患難與共的愛。

　　我父母都是一九四六年加入共產黨的，參加北平城市工作部的地下黨活動。他們的相識是因藍天野老師的姐姐，城市工作部的負責人石梅，她委派我母親做我姑姑的工作，幫助她脫離了痛苦的封建婚姻，參加了進步運動。石梅見我母親工作積極，人又漂亮，就搭橋讓我父母有了交往。我母親雖不是搞文藝的，但她嗓子好，後來唱《紅燈記》李奶奶痛說革命家史一段可以說聲情並茂，是她每每聯歡會的拿手戲，常獲陣陣掌聲。

　　在父親晚年病重的十多年間，我母親悉心照料，每次吃的什麼藥，大小便的質量，都一一記錄，匯報給醫生，醫生們都為我母親點讚。她的眼睛似乎永遠不離開父親，以至父親有時還發火，你不要什麼都管，惹得母親也委屈。吵歸吵，沒辦法，似乎關懷是她的天性，她仍全身心專注於父親的一舉一動。父親屬虎，母親屬龍，民間有"龍虎鬥"這麼一種說法，可他倆鬥了一輩子嘴，還是誰也離不開誰。大概一切緣於那美好青春的相愛，一切緣於艱難歲月共同的度過，一切也緣於藝術家庭的文化修養，內心向善向好，才能相濡以沫。

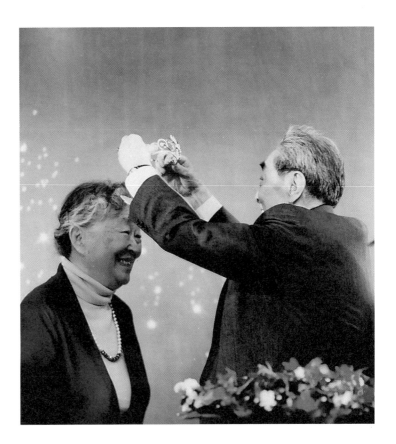

九　永遠的愧悔

我有幾件愧悔的事對不起母親。

一是小時候貪玩，功課不好，老師讓把評語帶回家給父母看，還要簽字，我以為自己模仿父母的筆跡能蒙混過關，沒給父母看就交上去了，老師讓同學把我的"陰謀"送到我家。母親雷霆般地批評我，可恨的我假裝聽，心裏用唱歌抗拒。母親發現我竟在小聲哼歌，一氣之下暈了過去，頭差點兒磕在了煤球爐子上。看著她躺在了地上，我才大叫家裏人來救助。現在想想都後怕。

還有一次是我去黑龍江當知青，一九六九年八月二十九日從北京出發的那天。我母親一定知道我此去是一輩子的事，自己的孩子從此沒了北京戶口，成了黑龍江邊上的居民，要過一輩子了，那時我姐頭一年去了內蒙古牧區，這家要散了。於是從河南"五七幹校"趕回來為我收拾行裝，匆匆忙忙之中竟沒把箱子裝太滿，就送到學校裝車運走了。那天一大早，我堅決不讓她送出門。後來她追到街上，隔著車窗送來吃飯的勺，可我只說了一句"您回去吧"，就又和同學說笑去了。我真是太傷母親的心了，真的不懂"兒行千

里母擔憂"。

長大也還是不意味著完全懂事。還有一次我對不起母親是在父親去世三四年後。我母親晚年身體不好，我時常回她家看她，安慰她別老激動，因為血壓不穩會引發基礎病，對心臟不好。但她就想把感情發洩出來，那一次她突然抓著我的手，想把我攬在懷裏，我的身體沒有隨著她，她又用嘴吻我的手背，我心裏有些拒絕，抽回了手。沒有滿足的她便大哭起來，姐姐也從外屋進來幫我勸她，半天她才平靜了些。我想我不該不理解她的孤獨感，長子如父，她在我父親去世後真的需要家人的撫慰，她心裏有話說，有情要表達，但我這種理智、甚至冷漠的態度真的讓她失望。如今，我已然是算沒媽的孩子了。老人家在世的最後時刻，連這點兒要求也拒絕，我現在想起仍愧悔不已。

十　願隨白雪共芳芬

我父親和我母親生命的最後時刻，其實是最後一次對我們的教育課。

有一天，我母親悄悄地告訴我："你爸昨天晚上跟我說了，他說他真的不想死。"這句話是父親對自然規律的一聲歎息。

我父親是在九十歲生日僅差一天的一大早在家中去世的。頭天晚上我從劇院食堂打了點兒飯菜。聽說是給我父親打飯，食堂師傅老付一定不要錢，還盛得滿滿的。我記得三年困難時期，我父親是院裏負責食堂工作的黨委委員。他與食堂的師傅想盡各種辦法，粗糧細作，給菜起好聽的名。我記得我愛吃的"麵棒槌"是用玉米麵、標準粉和在一起，還加了點兒糖精，做成一個棍狀，像現在的法棍麵包。當時我拿在手裏覺得好玩，餓了自然也覺得好吃。那一年過年，劇院會餐，大家都敬他酒，白薯釀的酒喝多了，他進家門就吐了一地，我和母親好一通打掃。我打來的食堂的菜，父親說好吃，讓我謝謝付師傅，但沒吃兩口就說累了，順勢躺在了床上。吃完飯，我母親說："趁你們都在，開個家庭會吧。"是關於父母的財產分配的事兒，我不大愛聽——父親病重，母親還好好的，可母親非要說這個事兒。我們姐弟三個都表示沒有個人要求，由我母親安排決定，還定下寫好材料去公證處立遺囑。

我們開完會，看我父親已睡了，就各回自己家了。

　　我父親在生命的最後時刻，是在睡夢中一下醒了，自己坐起，喚了下阿姨小李。她是甘肅人，是藍天野老師親自從熟悉的家政公司選來的。在照顧我父親的十多年裏很敬業，還獲得了市裏家政服務系統評比的優秀家政服務員的表彰。多年來，小李一直在客廳支行軍床睡。小李起身來到臥室，父親已頭衝床尾躺在那兒了。睡在書房的母親聞聲過來時，父親已沒了呼吸。後來人們都說，這算是喜喪。父親晚年，心肺衰老，疾病纏身，吃了不少苦。所謂喜喪，大概是高齡老人不再受疾苦的意思吧。凌晨三點半我的手機響了，我姐打來的電話。我趕到父母家，急救車閃著燈在宿舍樓門口停著，弟弟已到了。母親平靜得令我吃驚，她支使著我們拿出準備好的壽衣，就是我父親朗誦演出、出席活動時常愛穿的淺駝色西服。我和弟弟是主力，給已無生命體徵的父親換衣服，我攏起他的頭頸，很重，我仔細地感受著最後時刻的父親，知道他老人家一會兒就會被樓下那輛急救車拉走，再也不回來了。

　　與急救中心的人員辦好手續，當我們用擔架抬著父親進電梯的時候，半天不語的我母親說了一句："他最後一次坐這個電梯了。"我的眼淚快出來了。父母從七十年代就住在這兒了，我父親是北京人藝副院長，看著單位分房緊張，便選擇住在級別比自己低的母親單位分的筒子樓。我結婚的時候，我和媳婦就是在這筒子樓公共廚房請客做的菜。後來原址拆遷，他們就住在了劇院的辦公室，後來一段時間又在石景山租的拆遷房住。九十年代初，他們搬回在原址新蓋好的單元樓，只有六十多平方米。後來我母親其實有分大房的機會，她為別人著想，放棄了。後來有記者或友人來家裏，吃驚於我父母都是一九四六年入黨的離休老同志，怎麼住這麼小的房子。此時的我自己都買大房子了，我也看到我父親羨慕我的大書桌的眼神，於是我給父母在四惠橋附近買了房子，天野老師特意為父親置了大書桌。可我母親還是習慣在單位分的房子住，因為鄰里親密有人說話，不願離開，所以他們在這個六十多平方米的兩居室住了四十來年，盛飯菜的盤子一直還是用了幾十年的搪瓷的。儉樸是他們這一輩的美德。真的，說出來可能沒人信，我母親為節約用水，上完廁所就問："有誰上廁所？一塊沖。"我想讓一進門的小客廳頂燈亮一點兒，母親不同意換大瓦數的燈泡。我父親一心為藝術，對生活要求很

低。他們倆就這樣在六十多平方米的房子裏度過了晚年。靈車啟動了，傳達室的師傅一直在向我父親揮手。再有一天就是我父親九十歲的生日，就差這一天，他九十歲的生命輪迴就圓滿了。長安街上還無車無人，清水剛灑過，有時濺起水花像乘快艇。我坐在副駕駛位上，華燈在水影中片片閃過，向西，向西……

　　五年後，我母親在離九十四歲不到一個月的日子也去世了。我母親住院正逢新冠疫情期間家屬不能探視，多虧有阿姨小李，在我母親七個多月的住院時間裏，她精心護理，達到很高的專業標準，被大夫和護士表揚。有幾次，我們被特批進了病房，一個多小時必須離開的時候，已無力說話的母親那留戀的眼神至今讓我難忘……她去世後，我覺得她的一切功德是圓滿的，一輩子經歷了太多，解脫是福分吧。對父母的晚年的照顧，多是我姐姐和弟弟付出的。弟弟在陪母親的時候甚至得了"纏腰龍"。我作為大兒子，深覺愧悔，因演出和社會活動多，我沒有多些的時間與父母在一起。

　　我的父母去世後，我們整理他們的遺物，看著他們年輕時的照片，感歎他們那時多英俊、多美啊，每個人都有青春，都有生命中最燦爛的時光。我母親當年那些照片很樸素，是種天然的美。

我六十歲之後，常常特別強烈地感覺到，到哪兒我竟都是年齡最大的了。珍惜歲月，保重身體，已是老友聚會時說得最多的話。吃飯落座，我常被安排坐在中間 C 位了。我是體育愛好者，現在打不動球了，而當今的體育明星們已經都是差我兩輩的了。我為他們得冠軍、獲得好成績讚歎不已，在電視上看他們讓國旗升起、國歌響起，我會有淚。不可輕視年輕一代，後生可畏！他們會比我們強，我常這麼想。《窩頭會館》演到最後一幕，何冰演的羅大頭掟了小達子一槍後，聽到屋裏要生孩子的兒媳婦痛苦地叫，"疼死我了！"他回了一句台詞："傻丫頭，你也想死？後邊排著去吧。"那一刻我演的是古爺，在台上，正躺在還沒刷好漆的給自己定製的棺材裏，假裝瑟瑟發抖呢。是的，這句台詞讓我總在回味，人生都是在排隊，向死而生，好好活著，活在當下。父母的養育之恩使我們得以來到這人世走一遭。如今他們都已完成了自己的使命。父母合葬的時候，我寫了感言："感恩父母的養育之恩，一切都源於愛，我們繼承這份愛，在人世間愛你們，愛他人並自愛地生活——你們的兒女。"父母在世，排在前面是為我們擋著死亡的簾，他們不在了，該輪到我們為自己的兒女兒孫擋著這道簾了。

十一　我的三位恩師

在我的演員路上，有兩位表演界的師長對我恩重如山，就是于是之老師和藍天野老師。

我小時候口齒不清，一直叫于是之為"榆樹枝兒"。我記得，于是之老師一家當年住在劇院四樓一間也就三十來平方米的屋子裏，那麼小，還得睡覺、讀書、會客、吃飯，用一個小屏風和書櫃隔開，在門口的樓道裏做飯。于是之老師與我父親有四十多年的交情。于是之家境貧寒，他學了點兒法語，給人做翻譯，但法語翻譯機會很少，沒有錢吃飯。於是我父親把他介紹到他們地下黨組織的、有學生運動背景的祖國劇團，是之老師在那裏參與演出，開始了演藝生涯，而且還在我家住過。他們後來又從祖國劇團到了別的劇團，新中國成立後北京人藝成立時他們都是元老。

　　為了工作，是之老師與我父親曾在領導院裏工作中有過矛盾，甚至你摔酒杯我摔筷子地吵過架。那時是之老師是第一副院長，主持劇院工作，因為謝晉導演邀請是之老師去拍電影。市領導也覺得于是之同志應該有拍電影的創作機會，而且是謝晉導演邀請，經過慎重考慮，同意他去拍電影，劇院工作由也是副院長的蘇民同志負責擔當。管理劇院很不容易，八十年代初，《茶館》去了歐洲四國訪問，很轟動，而且是中國話劇第一次走出國門，那時候出國是多麼令人羨慕的事情，誰都想去，當時劇院把演員分成兩隊，一隊以《茶館》劇組人員為主，二隊是以《王昭君》劇組為主建立的。《茶館》劇組裏有一些非專業演員，都是辦公室、舞美隊的，分別飾演收電燈費的、賣耳挖勺的、下棋的茶客等等，他們演得好極了。那麼，出不了國的二隊主要演員怎麼辦呢？我父親想讓演員都有機會出國開眼界，平衡了一下，讓二隊的一些主要演員替換下《茶館》劇組裏的非專業演員。

　　這事確定之後，是之老師回來了，是因為謝晉導演當時沒有籌到一千萬元，電影項目撤銷了。換演員這件事情于是之老師是不同意的，他覺得那幾位非專業演員演得地道，很像老舍筆下的人物。幾番院裏開會，最終決定按是之老師的意見，角色再換回來，保持原來的建制，結果劇院就炸了鍋。雖然經歷了被形容為地震般的巨大矛盾，最終這件事按照是之老師的方案處理了。多少年之後，我們後輩能理解于是之的道理，他是在乎《茶館》的藝術品質，那種味道。

　　我父親和他的矛盾到了摔杯子的地步，是在討論評級問題的時候。當時有林兆華和李龍雲在場，是在是之老師的屋子吃食堂打的飯，是之老師認為某個人應該評二級，我父親覺得綜合排隊、基數等情況這個人得下一次再說。加上他們在前面《茶館》換人的事情上有過節，肚裏悶著氣，倆人就掰了。于是之摔了杯子，說：“你別忘了咱們是四十年的交情！”我父親摔了筷子，說：“我正是因為我們有四十年的交情！”林兆華趕緊拉著我父親說：“上樓去，您回您的屋。”李龍雲趕緊安撫著于是之，說：“于老師，您別生氣。”我父親回家後，氣得不行，寫了一幅字——“傀傻”，現在還在我家掛著。但他們真是正人君子，在劇院工作時還在一起合作，一起開會，該幹什麼幹什麼。後來我父親和母親還專門去于是之老師家，探望生病的他。

在我的藝術成長道路上，上輩師長的君子之風，上輩師長不把個人意氣和成見混在工作中，是我們敬仰和學習他們的理由。雖然是之老師與我父親有工作上的分歧並因此傷了四十年的私交，但我人生最重要的幾次命運關口都是他成全的——我能到北京人藝工作是于是之批准的。我演周萍是于是之推舉的，他把我叫到辦公室，說：“下面重新排演《雷雨》，你演周萍。” 那時候我水平很差，演的叫什麼呀！可他在台底下為我們鼓掌。因為演《雷雨》中的周萍，我獲得了人生第一個專業獎——于是之院長主持劇院工作時創辦的 “春燕杯” 青年演員進步獎，他在全院大會上宣佈獲獎名單，然後把獎狀交給當時的吳儀副市長，由吳市長給我頒獎。

莫斯科藝術劇院總導演葉甫列莫夫來人藝排《海鷗》，在酒會上他問于是之：“誰演科斯佳？” 我就站在邊上，于是之把我招呼過來，指著我說：“就是他。” 我知道他和我父親的矛盾，所以當時我格外感動。這當口，央視《三國演義》正選演員，我被選上飾諸葛亮，可我不敢違背于是之老師和劇院給我的進步機會，留在人藝排《海鷗》了。

那時北京人藝走基層，到工礦企業、到大學去演出小節目，往往由他領隊。我在台上表演《李白》獨白也好、《雷雨》對白也好，他都陪著人家單位領導坐在觀眾席第一排，微笑著鼓掌。幾十年後的今天，我慚愧自己當年的表演有多麼幼稚、多麼膚淺，但長輩們的鼓勵對還在進步的年輕人又是多麼的重要。是之老師火眼金睛，憑他的經驗怎能看不出我表演上的問題！他這是在耐心地給予年輕人成長的時間，允許年輕人慢慢地進步，我今天想起來越發感恩。

除了他在舞台和排練場創作的身影，他那沉浸在角色中的滿足感，他對人藝的愛和痛苦的一些事情，我也親眼得見。我聽過是之老師被辱的傳言。一天他吃完午飯正在辦公室小憩，躺在沙發上的他突然覺得有鼻息，睜眼一看，一張臉壓在眼前。那人因沒分到房，手撐著沙發扶手，鼻子對鼻子地威脅：“分不分我房？” 然後用髒話噴向是之老師。當時是之老師能說什麼呢？那是院務會集體決定的，而對這個狂妄之徒，是之老師只能盡量和氣地說：“別這樣，下午我這兒還要排戲呢。” 直到罵聲隨著一聲摔門消失。我想象不出他那天下午是帶著怎樣的心情走進排練廳的，我只要一說到這件事就無限地同情他、憐憫他……

是之老師病重，我聯繫了協和醫院，把他從中醫醫院轉到了協和醫院。劇院六十週年院慶的時候，我約上我母親和萬方去了協和醫院看望久住醫院的于是之老師。他多年前就神志不清了，怎麼與他說話他都沒有任何反應。我摸他的手，腫得很硬，因為長期臥床，四肢血液不流通了，我就給他搓搓手、揉揉腿。這時，萬方大聲說："今天是人藝院慶日，晚上演《茶館》，我帶您看戲啊。"話音剛落，于是之老師竟微微地睜開了些眼皮，眼裏有淚水。他有感知了！護工也高興地說好久沒這樣了。過一會兒又去相隔不遠的是之老師夫人的病房，李阿姨聽了也很驚喜，她說他很久什麼知覺都沒有，說什麼都不理，聽到"茶館""院慶"，他能睜開眼、流了淚，太好了。于是之先生去世後，我們提議讓他的靈車在清晨繞道來他一生為之奮鬥的北京人藝的首都劇院繞一圈，也讓院裏的同事送送他。靈車停下，為他老人家鞠躬時，我用最大的聲音喊："向我們敬愛的老院長于先生、是之老師三鞠躬……"

幾十年後的今天，我慚愧自己當年的表演有多麼幼稚、多麼膚淺。雖然我曾覺得是之老師偏愛宋丹丹、梁冠華，而當年我沒有得到偏愛感受到的壓力對我又是多麼有益。"壓力出動力"，這是石油工人的英模"鐵人"王進喜的豪言。

為了紀念是之老師，我現在手寫"是"這個字，都用他簽名的方式來寫。先寫一個日字，這個日字特別長，我覺得比王羲之的好看。

北京人藝七十週年院慶前幾天，藍天野老師也去世了。他的生日是青年節五月四日，所以，一到這天，人藝演員的手機朋友圈都是一片青年人發給天野老師的生日祝福。有幾次他的生日在排練場上過，分蛋糕時，那就更熱鬧了，我想把奶油抹他臉上，可沒敢，還是因敬重，不能沒大沒小的。可是天野老師跟年輕人在一起的時候真是其樂融融。

天野老師的形象風度翩翩，稍長的銀髮永遠背攏在頭上，很早就拄上桃木拐杖。他走路常是鶴步之態，步幅大而慢，跟他說話一樣。邁第一步時，常有些若有所思的樣子。他愛看、愛聽京劇，迷裘盛戎，只要說看京劇，他必應前往。

二〇一一年排巴金同名小說、曹禺編劇的《家》，他飾大壞蛋、欺辱少女的假聖人馮樂山，沒想到，儀表堂堂的天野老師竟演這個角色，而且演得入木三分，這個角色那種道貌岸然卻惡毒至極的形象，被天野老師塑造出來了。

天野老師是我的恩師，我能在北京人藝當一輩子演員，就是因為他執意借我來北京人藝演公子扶蘇。這恩德如天呀。二〇〇八年因張和平來人藝當院長，他晚年出山演戲、導戲，成為文藝界的佳話。他演的角色，我給他當B組，他導的戲，我全都參演角色。他年過九旬，身體也漸弱，年根上吃飯時他問我：「明年你說我還導個什麼戲？」我心說：「可千萬不能累著了。」可別說，他真行，有一次排《貴婦還鄉》，他感冒發了燒，誰不得歇個一週或十天才能恢復，可他老人家三天後就戴著口罩來導戲了，而且真就沒再嚴重了。

應該是二〇一一年排《家》的時候，發生過一次險情，他也沒倒下。那天在舞台合成，晚上九點多了，導演李六乙在後台廣播裏請天野老師和朱旭老師兩位老前輩先回家休息。朱旭老師應聲站起，看著與年輕演員聊得正歡的天野老師，意思是可以走了。天野老師說：「你先回去吧，我等會兒就走。」又聊了一會兒，他起身正要走出化妝間，聽廣播傳來六幕的演員上台走位。他說：「都等到這時候了，就上台排一會兒，先不回去了。」我跟在他後面上了舞台，走位置時還在對光，一會兒亮一會兒暗的，沒想到光太暗，他過一道門檻的時候絆在了門框，向前撲出去，膝跪在五十公分高度的平台上，手撐空了，整個人頭朝下栽了下去。八十五歲的老人，臉掄在了台板上，眼鏡腿折了。當時我是在他身後一把沒扶著，趕緊跳下平台，圍上來的人要扶，我大喊：「誰也別馬上扶，讓天野老師先別動，緩緩勁兒，看看血壓心臟情況或者有沒有骨折等問題。」天野老師挺清醒，大概是看大夥全圍著，他出於要強，自己要起身。於是大夥攙起他，看到眉額處已被眼鏡劃傷出血了，腿腳還行，便前呼後擁地將他扶進化妝間。他想拵拵頭髮，一抬手，眾人又發現他左手小拇指完全反著折斷了。又一陣驚呼。劇院衛生員在場，量著血壓，但見手指折了也沒轍。我馬上給鄰近飯店一位認識的推拿師徐大夫打電話，真巧，他剛要下班，蹬著自行車就來了。神奇的是，天野老師讓徐大夫揉著，還不喊疼，不一會兒，脫臼的手指復了位。怎麼沒喊疼就好了呢？今天我也不得而知。一場虛驚，集體送天野老師離開時，他仍然邁著鶴步回頭說：“讓大家受驚了，對不起！”第二天，天野老師不聽勸阻，還是來了，奇蹟般地沒事，只是額頭上貼上了紗布，眼鏡腿也被誰給修好了。

九十多歲的老藝術家已經創造了不少的奇蹟，可他還要導戲，根本閒不住。他曾經演過第一版《北京人》裏的曾文清，他也導過北京人藝青年演員版的《北京人》。這麼大年紀了他還想再導《北京人》。我知道導演是一個耗心力的工作，所以那次過年前吃飯時我說：“千萬別導《北京人》，目前劇院裏的演員完不成您的要求了。這個戲真的是找不著演愫方的演員就甭排。”天野老師不歇著，不導《北京人》，去演了萬方的《冬之旅》。

天野老師在排練場總是很開心，有時他還想為演員做個大的示範動作，會驚起一陣勸阻，但他總是笑著，認真著。看著他，我心裏感動，一直以來我以跟著他好好演戲、當個好演員、不給他丟人為榮，內心裏也想報答他當年提攜我的恩德。建黨百年那一年，天野老師九十三歲，四月份他查出了癌症，七月份榮獲了黨員的最高榮譽——“七一勳章”。我在電視上看著他走上領獎台，姿態挺拔，沒拄拐杖，邁著鶴步，接受了總書記的頒獎，真的為他老人家高興。其實在鏡頭之外，集體合影後他摔倒了。他不接受手術，醫生說他最多還有六個月的時間，第二年，他便去世了。天野老師的一生是光榮的。

除了表演界的師長，我還有幸遇到了童道明先生，他也是提攜我的恩師。他是二十世紀五十年代留蘇的學生，專攻契訶夫文學。他的參與和支持新戲劇，他寫的評論文章，在中國當代戲劇方面貢獻是很大的。他和于是之老師是至交，又對林兆華的新戲劇給予大力的支持，他對于是之和林兆華都很有感情，對我也十分偏愛。童先生引領我出了兩本自傳，第一本是《演員濮存昕》，第二本《我知道光在哪裏》還獲得了五年一評的中國傳記文學二等獎。

童老師一向溫文爾雅，但在紀念中國話劇小劇場三十週年的紀念活動上，他當場在座位上大聲反駁林兆華關於對于是之“表演心象說”的誤解。林兆華當時的意思是，“心象說”被理論家誇大到不恰當的程度，把“心象說”說成于是之老師重要的表演經驗和藝術創造特徵，局限了、僵化了于是之老師的藝術成就。但林兆華當時的表達聽起來有點兒批判于是之，於是童先生直言不諱，當眾指出林兆華的口誤。

二〇一九年夏天，童先生在我們不知曉的情況下突然去世，享年八十二

歲。他早年患有嚴重的脊椎和頸椎的頑疾，脖子總是僵挺著。我感動的是多年來他不顧勞累，一次次地出席各種當代戲劇的活動、研討會，還從翻譯轉變為編劇，創作了三四部話劇劇本，多是關於契訶夫的題材。他對戲劇文學、對推廣和介紹契訶夫文學有著忠臣般的品格，他一定知道自己生命無多，盡力地在戲劇、文學領域勞作著。他在病情加重時囑家人不要聲張自己住院，竟以孤獨的方式與世人告別，且喪事從簡到只有家人參加。此乃高風，此乃亮節！

　　其實影響過我的人太多了。《雷雨》裏演繁漪的謝延寧阿姨是個特別好的演員，曹禺曾經說過，謝延寧演的繁漪是解讀最準的。她那麼矮的個兒，但是在跟我父親（我父親演周萍）演對手戲的時候，她那個聲調我都能想起來：
"你不能這麼對待我！你把一個人救活了，偏偏又不理我，讓我枯死，慢慢地
渴死。"謝阿姨退休之後我再也沒見到她。說起來，謝阿姨是我們濮家人，有
親戚關係。她的丈夫是李暢，是李鴻章的重孫子。她的文化和修養那麼好，還
是南京第一期國立藝專學電影表演的學生。一九五五年蘇聯專家來，只誇她一
人。但是她吃虧在長得矮，有我們濮家的大方臉。她形象不出眾，知道自己的
弱點，但是她是真會演戲，真的是不張揚，不爭，不搶，不佔，演 B 組就演
B 組。她曾經演祥林嫂，一出來那種感覺，神神道道的，特別好。謝延寧阿姨
的一生，包括表演意識，老實之極，沒有一點過分的地方，但是一出手就很
對，這是我特別敬佩的。她去世後，她的家屬將後事全都安排完了，才通知北
京人藝，這也讓我敬佩，那時劇院裏認識她的人已經不多了。

※　　　※　　　※

我雖然也排隊排到退休年紀，但在父母、師長和我景仰的先賢面前，永
遠是個後生。我是在他們這些 "先生" 的教導下成為一名演員的。這是我的
命之幸運。演員是一份講誠實的工作，不老實，缺誠實是演不出角色的真實
感的。

在一個電影表演學會上發言，旁側是著名的電影前輩舒適老師

童道明先生說我是"被角色提升的演員"。除了角色，還有那麼多的老師幫助過我，所以我覺得，還應該說，我是被前輩優秀演員藝術家提攜起來的後生。

結語

我是觀眾的考生

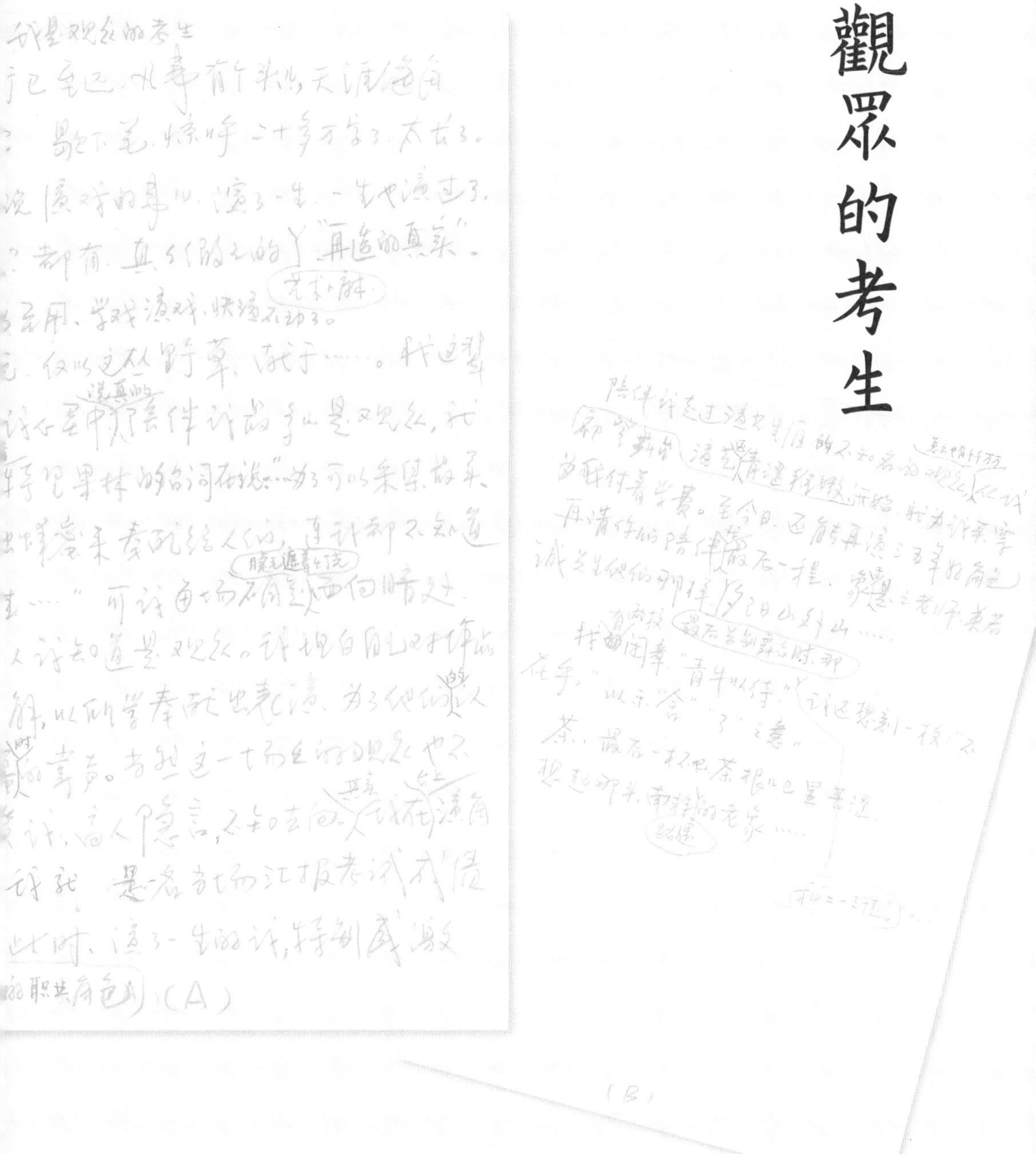

水窮處，行已至遠。凡事有個頭兒，天涯海角，邊緣何在？歇下筆，驚呼：二十多萬字了，太長了。我在向大家說演戲的事兒，學了一生，一生也演過了。是角色是我？都有。真真假假，"再造的真實"。人生呢，學以致用，學戲演戲，我知道快演不動了。

魯迅先生說："我以這一叢野草，在明與暗，生與死，過去與未來之際，獻於友與仇，人與獸，愛者與不愛者之前作證。"說真的，我這輩子當演員，在我心靈中，陪伴我最多的是觀眾。就像契訶夫在《海鷗》裏借特里果林的台詞說："為了可以採集最美的花朵，創造出蜂蜜來奉獻給人們，連我都不知道這些人們是誰……"可我確定，每一場演出，睫毛遮著燈光，面向暗處，我知道那裏坐著觀眾。我在坦白自己對作品、對角色的理解，以所學奉獻出表演，"明月裝飾了你的窗子，你裝飾了別人的夢"。為了觀眾的認可，為了可以享受落幕時的掌聲。當然，這一場場的觀眾，也不盡然都誇讚我。高人隱言，不知去向。我在台上演角色，其實在觀眾眼中我就是一名當場被考試的學生。這才是我的職業真實的角色。

彼得・布魯克說："一生不過就是幾個瞬間。"藝術都是有空間感的，我一想到我扮演過的角色，尤其是在話劇舞台上演了很多年很多場的角色，就會想起很多畫面，像莫奈風景油畫中的點點筆觸。

此時，演了一生的我，特別感激陪伴我走過演藝生涯的不知名的觀眾，怎麼也得有千千萬萬。他們從還青澀稚嫩的我初登舞台開始，就為我買票，為我付著學費。時至今日，還能再演三五年好角色。再請你們陪伴我最後一程，讓我像我敬仰的前輩們那樣，最後告別時，那夕陽山外山……

我有兩枚閒章，"青牛以待"和"二一之徒"。我還想刻一枚"不在乎"的章，真的"輕舟已過"，以示"捨""了"之意。

我在南非，朋友帶我去國家公園遊覽，看到十多頭象排隊在路旁草地上走過。我正在副座上拍照，朋友說："迎面對著車走來的老象，你可得搖上車窗，可別拍照。"我一看，小路上，對著我們的車走來一頭老象，步履很慢，真的很高，像座山。我們熄了火，不敢出一點兒聲音干擾牠。當牠貼著我們的車走過，地有震動感，隔著玻璃，我確信牠的一隻眼看著我，我們對視了。據說象老了，在最後的時刻都自動離開象群，走到原野的隱秘處孤獨地迎接死亡，真悲壯，有種詩和音樂感。

　　茶，最後一杯吧，茶根兒已顯苦澀，我又想起那頭在南非偶遇的老象……

鳴 謝

本書在出版過程中，得到了下列機構和人員的支持：

北京人民藝術劇院

國家大劇院

中國愛樂樂團

上海黃浦文化旅遊集團

《時尚先生》雜誌

南瓜視業

北京一輪明月文化藝術交流中心

泉州廣播電視中心

陳家林

丁蔭楠

顧長衛

郝羿

李春光

李舸

劉大力

錢程

秦彩斌

史春陽

孫翰洋

王海森

王小京

王小寧

王曉溪

徐白曉 等

特此致謝。

（以上排名不分先後，人名按漢語拼音首字母排序。）

責任編輯	林　冕
書籍設計	吳冠曼
排　版	楊　錄

書　　名	濮存昕：我和我的角色
著　　者	濮存昕
出　　版	三聯書店（香港）有限公司
	香港北角英皇道 499 號北角工業大廈 20 樓
	Joint Publishing (H.K.) Co., Ltd.
	20/F., North Point Industrial Building,
	499 King's Road, North Point, Hong Kong
香港發行	香港聯合書刊物流有限公司
	香港新界荃灣德士古道 220-248 號 16 樓
印　　刷	寶華數碼印刷有限公司
	香港柴灣吉勝街 45 號 4 樓 A 室
版　　次	2023 年 12 月香港第一版第一次印刷
規　　格	16 開（170mm × 240mm）368 面
國際書號	ISBN 978-962-04-5378-6

© 2023 Joint Publishing (H.K.) Co., Ltd.

Published & Printed in Hong Kong, China